Akademie der Wissenschaften und der Literatur · Mainz

Jahrbuch 2007

Akademie der Wissenschaften und der Literatur Mainz

Jahrbuch 2007

(58. Jahrgang)

FRANZ STEINER VERLAG · STUTTGART

herausgegeben von

Akademie der Wissenschaften und der Literatur · Mainz
Geschwister-Scholl-Straße 2
55131 Mainz
Tel. (06131) 577 0
Fax (06131) 577 111
www.adwmainz.de

(Redaktionsschluss: 30. Mai 2008)

Fotonachweis:

S. 16–19: Ernst-Dieter Hehl

Bibliografische Information der Deutschen Nationalbibliothek
Die Deutsche Nationalbibliothek verzeichnet diese Publikation in der Deutschen Nationalbibliografie; detaillierte bibliografische Daten sind im Internet über <*http://dnb.d-nb.de*> abrufbar.

ISBN: 978-3-515-09246-3

© 2008 by Akademie der Wissenschaften und der Literatur, Mainz.

Alle Rechte einschließlich des Rechts zur Vervielfältigung, zur Einspeisung in elektronische Systeme sowie der Übersetzung vorbehalten. Jede Verwertung außerhalb der engen Grenzen des Urheberrechtsgesetzes ist ohne ausdrückliche Genehmigung der Akademie und des Verlages unzulässig und strafbar.

Umschlaggestaltung: Rüdiger Tonojan, Denzlingen
Herstellung: Gabriele Corzelius [E-Mail: gabriele.corzelius@adwmainz.de.]
Druck: Rheinhessische Druckwerkstätte, Alzey
Gedruckt auf säurefreiem, chlorfrei gebleichtem Papier.

Printed in Germany

Inhalt

Präsidium	9
Verwaltung	10
Generalsekretär	10
Geldverwendungsausschuss	11
Verein der Freunde und Förderer	11
Personalrat	11
Jahresfeier der Akademie	
Auszug aus der Rede der Präsidentin	13
Todesfälle	21
Nachrufe	
Nachruf auf Kurt Böhner von Hrn. Müller-Wille	22
Nachruf auf Wilhelm Lauer von Hrn. Winiger	25
Nachruf auf Hans Bock von Hrn. Herrmann	29
Nachruf auf den früheren Generalsekretär Dr. Günter Brenner von Hrn. Zintzen	32
Neuwahlen	36
Antrittsreden der neuen Mitglieder	
Antrittsrede Hr. Reiner Anderl	38
Antrittsrede Frau Renate Wittern-Sterzel	40
Antrittsrede Hr. Peter Wriggers	42
Plenar- und Klassensitzungen	45
Kurzfassungen der im Plenum gehaltenen Vorträge	47
Colloquia, Symposien und Ausstellungen	53
Akademiepreis des Landes Rheinland-Pfalz	55
Verleihung der Leibniz-Medaille an Herrn Professor Dr. Jörg Michaelis	65
Verleihung des Walter Kalkhof-Rose-Gedächtnispreises zur Förderung des wissenschaftlichen Nachwuchses an Herrn Dr. Peter Martin Virnau	65
Verleihung des Rudolf-Meimberg-Preises an Herrn Professor Dr. Stefan M. Maul	66
Verleihung des Förderpreises Biodiversität an Herrn Dr. Lennart Wolfgang Pyritz	66
Festvortrag anlässlich der Jahresfeier 2007	67
Mitglieder (Anschriften)	68
Sachverständige der Kommissionen (Anschriften)	95
Zeittafel	103
Ehrenmitglieder	103

Ordentliche Mitglieder	103
Korrespondierende Mitglieder	107
Inhaber der Leibniz-Medaille	110
Verstorbene Inhaber der Leibniz-Medaille	112
Preisträger der Wilhelm-Heinse-Medaille	112
Preisträger des Nossack-Akademiepreises	113
Joseph-Breitbach-Preis	114
Orient- und Okzident-Preis	114
Akademiepreis des Landes Rheinland-Pfalz	115
Preisträger des Walter Kalkhof-Rose-Gedächtnispreises	115
Preis der Commerzbank-Stiftung	116
Rudolf-Meimberg-Preis	116
Ehrenring der Akademie	116
Förderpreis Biodiversität	117
Johann-Heinrich-Zedler-Medaille	117
Walter und Sibylle Kalkhof-Rose-Stiftung	118
Kurt-Ringger-Stiftung	118
Erwin-Wickert-Stiftung	118
Wilhelm-Lauer-Stiftung	118
Colloquia Academica	119
Poetikdozentur der Akademie der Wissenschaften und der Literatur an der Universität Mainz	120
Präsidenten der Akademie	121
Vizepräsidenten der Mathematisch-naturwissenschaftlichen Klasse	121
Vizepräsidenten der Geistes- und sozialwissenschaftlichen Klasse	121
Vizepräsidenten der Klasse der Literatur	122
Generalsekretäre	122
Verstorbene Ehrenmitglieder	123
Verstorbene Mitglieder	123
Verstorbene Generalsekretäre	127

Kommissionen

I. Mathematisch-naturwissenschaftliche Klasse	128
II. Geistes- und sozialwissenschaftliche Klasse	130
III. Klasse der Literatur	138
Arbeitsstellen	139
Personenregister	151

Inhalt CD-ROM

Berichte der Kommissionen
    Geistes- und sozialwissenschaftliche Klasse
    Klasse der Literatur
    Mathematisch-naturwissenschaftliche Klasse

Musikwissenschaftliche Editionen – Jahresbericht 2007

Schriftentausch

Veröffentlichungen der Akademie
    Abhandlungen der Mathematisch-naturwissenschaftlichen Klasse
    Abhandlungen der Geistes- und sozialwissenschaftlichen Klasse
    Abhandlungen der Klasse der Literatur
    Sonstige Veröffentlichungen der Akademie

Veröffentlichungen der Mitglieder

Akademie der Wissenschaften und der Literatur, Mainz

Präsidentin
Dr. Elke Lütjen-Drecoll, o. Professorin
Büro: Juliane Klein

Vizepräsident Mathematisch-naturwissenschaftliche Klasse
Dr. Gerhard Wegner, o. Professor

Vizepräsident Geistes- und sozialwissenschaftliche Klasse
Dr. Gernot Wilhelm, o. Professor

Vizepräsident Klasse der Literatur
Albert von Schirnding

Verwaltung

Generalsekretär

Professor Dr. Claudius Geisler
Sekretariat: Bianca Müller

Büroleitende Beamtin

OAR Gisela Neuheuser

Koordinierungsaufgaben

Dr. Andreas Kuczera

Öffentlichkeitsarbeit

Petra Plättner, Referentin der Klasse der Literatur
Sieglinde Olszowy

Lektorat und Herstellung

Olaf Meding M.A.

Bibliothek und Schriftentausch

Ruth Zimmermann
Barbara Heinzelmann-ter Beck

Akademiekasse, Finanz- und Personalverwaltung

Karola Borg, Gabriele Corzelius, Mario Duvnjak, Sabine Gill,
Birgitt Hatzinger, Marc Stütz, Heidi Thierolf

Hausdienst

Reinhard Lukas, Christa Müller

Koordinierung der musikwissenschaftlichen Editionen

(Union der deutschen Akademien der Wissenschaften): Dr. Gabriele Buschmeier
Sekretariat: Gabriele Biersch

Geldverwendungsausschuss

Präsidentin: Lütjen-Drecoll
Vizepräsidenten: v. Schirnding, Wegner, Wilhelm
Mitglieder: Barthlott, Fried, Hesse, Luckhaus
H. Otten, Pörksen (Vertreter: H. D. Schäfer), Stolleis, Zintzen
Generalsekretär: Geisler

Verein der Freunde und Förderer der Akademie der Wissenschaften und der Literatur zu Mainz e.V.

Vorsitzender:
Helmut Rittgen

Personalrat

Dr. Andreas Kuczera, Mainz; Reinhard Lukas, Mainz;
Olaf Meding M.A. (stellv. Vorsitz), Mainz; Dr. Hans-Christoph Noeske, Frankfurt/M.;
Dr. Dieter Rübsamen (Vorsitz), Mainz;
Dr. Manfred Wenzel (stellv. Vorsitz), Marburg; Dr. David Wigg-Wolf, Frankfurt/M.

Sprecher der wissenschaftlichen Mitarbeiterinnen und Mitarbeiter

Dr. Andreas J. Grote (Würzburg), Vertreterin: Prof. Dr. Daniela Philippi (Mainz)

Beauftragte

Dr. Rüdiger Fuchs (Datenschutz),
Tanja Gölz M.A. (Gleichstellung), Vertreterin: Sabine Gill,
Professor Dr. Ernst-Dieter Hehl (Netzwerk und Sicherheit)

JAHRESFEIER
DER AKADEMIE DER WISSENSCHAFTEN UND DER LITERATUR

am Freitag, dem 9. November 2007, im Plenarsaal der Akademie

AUSZUG AUS DER REDE DER PRÄSIDENTIN
ELKE LÜTJEN-DRECOLL

Meine sehr geehrten Damen und Herren,
zu unserer diesjährigen Jahresfeier darf ich Sie alle ganz herzlich begrüßen. Ich freue mich, dass Sie so zahlreich erschienen sind, und werte dies auch als ein Zeichen dafür, dass Sie an der Arbeit unserer Akademie lebhaften Anteil nehmen.

Zunächst möchte ich Ihnen herzliche Grüße von Frau Staatsministerin Ahnen übermitteln, die leider kurzfristig ihr Kommen absagen musste. Ich freue mich aber über die Anwesenheit von Herrn Staatssekretär Ebling, den ich hiermit herzlich begrüße. Die harmonische und konstruktive Atmosphäre, die die Zusammenarbeit mit dem Ministerium schon unter Herrn Senator Zöllner geprägt hat, ist in diesem Jahr weiter intensiviert worden. Mein Dank gilt auch den Mitarbeitern des Ministeriums, und ich darf Herrn Mentges, Frau Klempt und Herrn Seus hier herzlich begrüßen.

Auch die guten Verbindungen zum Landtag und zur Stadt, mit denen wir mehrere gemeinsame Veranstaltungen durchgeführt haben, sind gerade in diesem Jahr besonders hervorzuheben, und ich begrüße die Vertreter der Landtagsfraktionen und des Stadtrates ebenfalls ganz herzlich.

Die Akademien sind Träger von Langzeitprojekten, die von Bund und Ländern finanziert und durch die Bund-Länder-Kommission betreut werden. In diesem Jahr hat das zentrale Bewilligungsorgan für das Akademieprogramm in den Räumen unserer Akademie getagt und uns die Gelegenheit gegeben, einige unserer Projekte vorzustellen. Dass Sie, Frau Kötting vom BMBF, Sie, Herr Mangel vom Wissenschaftsministerium in Wiesbaden, und Sie, Frau Karwatzki vom hiesigen Finanzministerium, auch heute an unserer Festveranstaltung teilnehmen, freut mich sehr.

Es ist eine alte Tradition unserer Akademie, auch die Kontakte zu den verschiedenen Religionsgemeinschaften zu pflegen, zumal Herr Kardinal Lehmann seit vielen Jahren unser Mitglied ist. Ich begrüße daher die Vertreter der verschiedenen Religionsgemeinschaften ebenfalls hier sehr herzlich.

Das ohnehin gute Verhältnis zu den Universitäten des Landes ist in diesem Jahr durch einige äußerst gelungene gemeinsame Veranstaltungen weiter vertieft worden. Die Anwesenheit der Präsidenten der Universitäten Trier, Mainz, und der Fachhochschule Mainz, Schwenkmezger, Krausch und Muren sowie der Altpräsidenten Michaelis und Reiter, unterstreicht dies nachdrücklich. Ich begrüße Sie alle sehr herzlich.

Für die Akademie von großer Bedeutung sind die Freunde und Förderer, die in diesem Jahr wesentlich dazu beigetragen haben, dass dieser schöne Saal in seiner ursprünglichen Ausstattung erneuert und mit einem neuen Flügel ausgestattet werden konnte. Ich danke Ihnen allen und darf Ihren Vorsitzenden, Herrn Rittgen, sowie seinen Stellvertreter,

Herrn Adam, herzlich willkommen heißen. Ebenso gilt mein herzlicher Willkommensgruß Frau Sibylle Kalkhof-Rose, Herrn Prof. Meimberg und Herrn Barthlott, als Stifter der heute verliehenen Preise, sowie den Preisträgern Dr. Peter Virnau, Prof. Dr. Stefan Maul und Dr. Lennart Wolfgang Pyritz selber.

Herzlich begrüße ich auch den Präsidenten der Union der Akademien, Herrn Gottschalk und die Vertreter der deutschen Akademien, die Herren Neumann/Düsseldorf, Bulirsch/München, Hillermeier/Berlin, Hahn/Heidelberg, Elsner/Göttingen sowie Herrn Kraus als Vertreter der Jungius Gesellschaft/Hamburg.

Meine Damen und Herren, ein besonderes Anliegen unserer Akademie besteht darin, stärker ins Bewusstsein der Öffentlichkeit zu gelangen. Daher haben wir in diesem Jahr die Arbeit der Akademie den drei Mainzer Rotary-Clubs in diesen Räumen vorstellen können. Ich freue mich, dass ich Mitglieder dieser Clubs auch heute hier begrüßen kann.

Mein besonderer Gruß gilt schließlich den Vertretern der Medien, die unsere Anliegen zu unterstützen in besonderem Maße berufen sind.

Ich bedaure, dass ich aus Zeitgründen nicht alle Anwesenden namentlich begrüßen kann. Aber seien Sie überzeugt, dass ich mich über Ihrer aller Anwesenheit sehr freue.

Meine Damen und Herren, bevor ich zu meinem Jahresbericht übergehe, möchte ich den verstorbenen Mitgliedern für alles, was sie zum Wohle dieser Institution geleistet haben und was sie als Persönlichkeiten darstellten, danken. Wir werden sie nicht vergessen. Eine ausführliche Würdigung erscheint als Nachruf im Jahrbuch unserer Akademie.

Die Kontinuität der Arbeit der Akademie wird durch die Zuwahl neuer Mitglieder gewährleistet. Auch in diesem Jahr wurden herausragende Persönlichkeiten aus dem Bereich der Wissenschaften und der Literatur in unsere Akademie aufgenommen. Zusätzliche Informationen über die Akademiemitglieder und ihre fachlichen Kompetenzen finden Sie auf der Homepage der Akademie (Kompetenzhandbuch) im Internet sowie im Expert Locator. Ich freue mich auf die Zusammenarbeit mit ihnen und hoffe, dass sie sich in unserer Gemeinschaft wohlfühlen.

Meine Damen und Herren, die Akademie ist ein Ort der Ruhe und Besinnung sowie der Begegnung und des Dialogs. Die interdisziplinären Gespräche können durch Überzeugung der Beteiligten neue kreative Ideen hervorbringen, die dann in der Gesellschaft fruchtbar wirken können. Dass dieses Bild der Akademie für mich, aber auch für die, die die Aktivitäten der Akademie in diesem Jahr begleitet haben, unverändert besteht, grenzt nahezu an ein Wunder.

Sie wissen, dass unsere Akademie am Anfang dieses Jahres in ihren Grundfesten erschüttert worden ist. Am 8. Februar wurde festgestellt, dass die Leiterin der Finanzabteilung, die seit fast 25 Jahren bei uns beschäftigt war, mehrere hunderttausend Euro veruntreut hat. Der Tatzeitraum erstreckte sich über sieben Jahre. Die Tat wurde von unserem neuen Generalsekretär, der erst vor wenigen Monaten aus der hessischen Justiz übergewechselt war, aufgedeckt. Herr Dr. Geisler hat in dieser schwierigen Situation geistesgegenwärtig reagiert. Er hat sofort mit großem Nachdruck und hoher Präzision die erforderlichen Schritte eingeleitet und alle Hebel in Bewegung gesetzt, den Vorfall vollständig und rückhaltlos aufzuklären. Es verging nach Aufdeckung der Tat keine

Stunde, bis er bei der hiesigen Staatsanwaltschaft im Namen der Akademie Strafanzeige stellte. Noch am gleichen Abend wurden die privaten Wohnräume der Mitarbeiterin durchsucht. Die Akademie hat sich noch am Tag der Aufdeckung der Tat von dieser Mitarbeiterin getrennt. Es wurde unverzüglich ein unabhängiges Wirtschaftsprüfungsunternehmen mit der Schadensanalyse beauftragt. Gegen den unmittelbaren Vorgesetzten der Mitarbeiterin wurde ein Disziplinarverfahren eingeleitet. Inzwischen ist dieser Mitarbeiter vorzeitig in den Ruhestand versetzt worden.

Ich möchte an dieser Stelle Herrn Dr. Geisler für sein entschlossenes Handeln und sein professionelles Krisenmanagement danken, durch das weiterer Schaden von der Akademie abgewendet werden konnte. Wir beide hätten uns bei Amtsantritt nicht träumen lassen, dass seine staatsanwaltschaftlichen Berufserfahrungen der Akademie einmal in einem solchen Zusammenhang außerordentlich hilfreich sein würden!

Inzwischen wurde diese Mitarbeiterin im Übrigen zu einer mehrjährigen Freiheitsstrafe verurteilt. Das Gericht ging in seiner Urteilsbegründung von einer kriminellen Beteiligung des mit der Haushaltsüberwachung betrauten Vorgesetzten aus, gegen den die Ermittlungen noch andauern. Dies mag *eine* Erklärung dafür sein, dass die internen Kontrollmechanismen schon im Ansatz nicht griffen und die mit hoher krimineller Energie verübte Tat über einen so langen Zeitraum unentdeckt blieb.

Über den Verbleib des veruntreuten Geldes wurden in dem Strafverfahren nur unvollständige Angaben gemacht. Gleichwohl ist es der Akademie auf Betreiben von Herrn Dr. Geisler gelungen, Schadensersatzforderungen in Höhe von bislang über 100.000 € zu realisieren. Die Akademie wird ihre diesbezüglichen Bemühungen mit Nachdruck fortsetzen.

Unter fachkundiger Mitwirkung des von uns beauftragten Wirtschaftsprüfungsunternehmens sind die Schwachstellen im internen Kontrollsystem inzwischen sorgfältig analysiert und ausnahmslos abgestellt worden. Der gesamte Bereich der Finanzverwaltung ist neu organisiert worden. Eine Vielzahl von zusätzlichen Kontrollmechanismen wurde integriert.

Es ist mir an dieser Stelle ein großes Bedürfnis, den Mitarbeiterinnen und Mitarbeitern der Akademie für ihre aufopferungsvolle Tätigkeit herzlichen Dank zu sagen. Sie haben alle unter erheblicher Einbuße von Freizeit mit großem Einsatz und Engagement die durch die Vakanz der beiden Leitungspositionen entstandene Mehrbelastung in kaum zu verantwortender Weise zu bewältigen vermocht!

Selbstverständlich wurde das Ministerium für Bildung, Wissenschaft, Jugend und Kultur umgehend und fortlaufend informiert.

Mein aufrichtiger Dank gilt besonders Frau Ministerin Ahnen, die uns gerade in diesem Jahr in Anbetracht dieses Ereignisses auch in der Öffentlichkeit so wirkungsvoll den Rücken gestärkt und immer wieder die Bedeutung der Akademie hervorgehoben hat. Tatsächlich hat die Akademie gerade in diesem Jahr besonders zahlreiche Tagungen und Symposien auch in Zusammenarbeit mit anderen kulturellen Einrichtungen der Region durchgeführt, die eine so positive Resonanz hatten, dass wir den Mut haben, trotz der erschwerten Bedingungen auch in Zukunft in dieser engagierten Form weiterzuarbeiten. Ich bin überzeugt, dass die Akademie, um ein Bild zu gebrauchen – wie Phoenix aus der

Asche – belebt und zu neuen Aktivitäten stimuliert aus den Ereignissen der Vergangenheit hervorgehen wird.

In unserer öffentlichen Februarsitzung haben wir uns unter dem Thema „Zukunftsfragen der Gesellschaft" mit neuen Erkenntnissen und Zielen der Astro- und Kosmophysik beschäftigt und ein interdisziplinäres Symposium zum Thema „Digitale Modellierung, Simulation und Visualisierung – wie zuverlässig kann man Zukünftiges vorausberechnen?" durchgeführt.

Die Aprilsitzung war nachmittags wieder den öffentlichen Colloquia Academica gewidmet, für die in diesem Jahr Frau Wittinger und Frau Thränhardt ausgewählt wurden.

Erstmalig in diesem Jahr wurden alle Preisträger der Colloquia Academica und die Kalkhof-Rose Preisträger zu einer zweitägigen Sommerakademie eingeladen, in der diese jungen „Nachwuchswissenschaftler" gemeinsam mit unseren Akademiemitgliedern drei wichtige Themenbereiche Klimaforschung, Neurowissenschaften und der Mensch und sein Gott, Gottesbilder in Antike und Renaissance, behandelt haben. Es war eine Freude zu erleben, mit welchem Engagement sich die jungen Wissenschaftler an den Diskussionen beteiligt haben. Auch waren der Präsident der Universität und sein Vorgänger lebhaft in die Diskussionen involviert, denn auch die Studenten der Gutenberg-Akademie der Mainzer Universität sind zu diesem Treffen eingeladen worden. Ich freue mich besonders darüber, dass gerade diese Studenten inzwischen auch die Einladung zu weiteren Veranstaltungen der Akademie angenommen haben.

Jubiläumskolloquium der Walter und Sybille Kalkhof-Rose-Stiftung zur Förderung jüngerer Wissenschaftler am 6. und 7. Juli 2007

In diesem Jahr besonders herausgehoben waren auch die Veranstaltungen zum Jahr der Geisteswissenschaften, die gemeinsam mit der Johannes Gutenberg-Universität, dem Institut für Europäische Geschichte und dem Römisch-Germanischen Zentralmuseum unter der Leitung von Frau Dingel organisiert worden waren.

Die Veranstaltungsreihe hatte das Leitthema „Mythos Rhein" und begann mit einer Podiumsdiskussion im Landtag zum Thema „Mythos Rhein – Kulturraum, Grenzregion, Erinnerungsort", für die wir mit Alfred Grosser, Falko Daim, Heinz Duchhardt, Mechthild Dreyer, Johannes Fried und Gustav Adolf Lehmann herausragende Historiker gewinnen konnten.

Podiumsdiskussion im Landtag Rheinland-Pfalz zum Thema „Mythos Rhein – Kulturraum, Grenzregion, Erinnerungsort" mit u. a. den Professoren Alfred Grosser, Mechthild Dreyer und Gustav A. Lehmann. Moderation: Patrick Bahners.

Eine wunderbare erbauliche Veranstaltung fand im Schifffahrtsmuseum unter dem Titel „Mythos Rhein – ernst und heiter, kulturelles Gedächtnis in Dichtung und Musik" statt. Äußerst begabte Schüler von Frau Professor Claudia Eder, die im November letzten Jahres den vom Kultusministerium und der Akademie verliehenen Akademiepreis erhalten hat, haben im Wechsel mit unserem Mitglied der Literaturklasse Norbert Miller durch diese Soiree geführt. Der Raum selbst war nicht nur mit Ausstellungen zu Akademieprojekten, sondern auch mit wunderbaren Installationen zum Thema geschmückt. Frau Mentges, die dieses Kunstwerk geschaffen hat, ist heute anwesend. Ich darf sie herzlich begrüßen.

Aber auch die Ausflüge, die zum Thema „Mythos Rhein" stattfanden, waren vollständig ausgebucht und fanden großen Anklang. Die Schüler, die an der Ackerbegehung teilgenommen haben, bedankten sich anschließend mit der Übersendung einiger Bilder.

Mythos Rhein – Kulturelles Gedächtnis in Dichtung und Musik. Soiree im Museum für Antike Schifffahrt am 15. Juni 2007. Mitwirkende: Studierende der Hochschule für Musik. Moderation: Prof. Norbert Miller.

Sie fanden es äußerst interessant, auf gepflügten Feldern nach Münzen und Keramiken zu suchen und zu entscheiden, ob diese es Wert seien, weiter analysiert zu werden, wobei sie diese Analyse schließlich selbst vornehmen durften.

Ich danke allen Mitgliedern und Mitarbeitern der Akademie, die diese Ausflüge ermöglicht und begleitet haben.

Aber auch für die Klasse der Literatur war das Jahr 2007 ein herausgehobenes Jahr.

Es war das 50. Todesjahr Alfred Döblins, des Mitbegründers unserer Akademie. Zu seinen Ehren fand im Mai die Vorauffführung des sehr sehenswerten Dokumentarfilms von Jürgen Miermeister sowie im Oktober im Rahmen unserer Veranstaltungsreihe Literatur im Landtag eine ergreifende Lesung mit dem Thema Schicksalsreise statt. Für diese Lesung konnten der bekannte Schauspieler Günter Lamprecht sowie der Döblin-Forscher Wilfried Schoeller gewonnen werden.

Eine besonders gelungene Veranstaltung war auch in diesem Jahr wieder die Verleihung des Joseph-Breitbach-Preises, der mit 50.000,- € einer der höchstdotierten Literaturpreise ist. Der Preis wurde im Stadttheater Koblenz an Friedrich Christian Delius verliehen.

Schließlich haben Herr Detering und Herr von Petersdorff in diesem Jahr die Mainzer Poetikrunde ins Leben gerufen und eine gut besuchte und äußerst anregende Podiumsdiskussion zu den Themen „Religiöse Dichtung – im 21. Jahrhundert?" und „Gibt es Gesetze des Erzählens?" mit bekannten Dichtern durchgeführt.

Literatur im Landtag am 23. Oktober 2007: Alfred Döblins „Schicksalsreise". Frau Präsidentin Lütjen-Drecoll im Gespräch mit dem Schauspieler Günter Lamprecht und dem Literaturkritiker Wilfried F. Schoeller.

Die Räume unserer Akademie sind inzwischen auch ein beliebter Tagungsort geworden. Im letzten Jahr wurden über 30 externe Veranstaltungen hier durchgeführt. Bei einigen dieser Tagungen war die Akademie Mitveranstalterin, und ich möchte auf zwei dieser Veranstaltungen hinweisen, die so gut besucht waren und so viel Resonanz fanden, dass sie wahrscheinlich in ähnlicher Form in den nächsten Jahren fortgesetzt werden sollen. Im Sommer hatten die jungen Gründer von Wikipedia angefragt, ob sie durch ein Symposion mit der Akademie Anregungen dafür bekommen könnten, wie die Qualität der so viel genutzten Lexikoneinträge verbessert werden kann. Eine Jury aus Akademiemitgliedern wählte zusätzlich den besten Eintrag aus, für den die Zedler-Medaille verliehen wurde.

Eine zweite Veranstaltung mit dem Thema „Perspektiven des Strafprozessrechts", die von Herrn Geisler mitinitiiert worden war, war hochkarätig besetzt und wurde von der Generalbundesanwältin Monika Harms geleitet.

Meine Damen und Herren, ich möchte meinen Bericht nicht abschließen, ohne noch kurz auf die wissenschaftlichen Aktivitäten der Akademie einzugehen.

Die Mainzer Akademie betreut 49 Langzeitprojekte, d.h. Projekte mit einer Laufzeit von über 12 Jahren, sowie 17 Musikeditionen, die ihre Standorte über ganz Deutschland verteilt haben. Diese Projekte werden mit insgesamt etwa 10 Mio. € jährlich gefördert. Im Einzelnen kann ich auf die Projekte jetzt hier nicht eingehen. Ich möchte aber in diesem Zusammenhang zwei herausragende Ereignisse erwähnen, die die Musikeditionen betreffen. Im Juni wurde mit einem Festakt in der Thomaskirche in Leipzig der Abschluss der Bachausgabe, im selben Monat in Salzburg der Abschluss der Neuen Mozartausgabe gefeiert.

Besonders gefreut haben wir uns auch darüber, dass der Akademie in diesem Jahr die Mittel für zwei neue wissenschaftliche Langzeitprojekte bewilligt worden sind: Wissenschaftlich-kritische Edition Max Regers sowie Regionalsprache.de (REDE), ein Forschungsprojekt zu den modernen Regionalsprachen des Deutschen.

Meine Damen und Herren, die zahlreichen Aktivitäten in diesem Jahr – dem Jahr der Geisteswissenschaften – sollen auch im nächsten Jahr 2008 – dem Jahr der Mathematik – mit einem ähnlich breit gefächerten Programm fortgesetzt werden.

Ich hoffe, dass Sie die Zeit finden werden, auch an diesen Veranstaltungen teilzunehmen. Ich darf Sie schon jetzt auf die Verleihung des diesjährigen Akademiepreises am 22. November an Frau Professor Verhoeven-van Elsbergen hinweisen. Die Veranstaltung mit dem Titel „Ägyptologie? – Ach, das ist ja interessant" findet ausnahmsweise im Römischen Zentralmuseum statt.

Am 27. November, also nur 5 Tage später, findet um 19.30 Uhr im Erbacher Hof ein Gesprächsabend zum Thema „Chancen und Grenzen der Reichsreligionsgespräche (Hagenau, Worms, Regensburg 1540/41)" unter Mitwirkung von Herrn Kardinal Lehmann sowie den Herren Professoren Steinacker, Ganzer und zur Mühlen statt. Ich würde mich sehr freuen, wenn wir uns auch da wiedersehen.

Ich danke Ihnen.

Todesfälle

Es verstarben die Mitglieder

Kurt Böhner
Prähistorische Archäologie
am 31. Mai 2007

Wilhelm Lauer
Geographie
am 24. Juli 2007

Werner Thomas
Indogermanische Sprachwissenschaft
am 1. Januar 2008

Hans Bock
Anorganische Chemie
am 21. Januar 2008

Erwin Wickert
Literatur
am 26. März 2008

NACHRUF AUF KURT BÖHNER

von

Hrn. Michael Müller-Wille

Am 31. Mai 2007 ist Kurt Böhner im Alter von 92 Jahren in Dinkelsbühl verstorben. Er war seit 1975 korrespondierendes Mitglied der Akademie der Wissenschaften und der Literatur in Mainz und dort bis zum Jahre 2002 Mitglied der Kommission für Vor- und Frühgeschichtliche Archäologie.

Am 29. November 1914 wurde Kurt Böhner in Halberstadt geboren. Er siedelte 1925 nach Kaiserslautern über, besuchte dort das humanistische Gymnasium und studierte nach dem Abitur in den Jahren 1933–1939 Prähistorische und Klassische Archäologie sowie Mittellateinische Philologie an den Universitäten München und Erlangen. Im Jahre 1940 wurde er in München mit einer von Hans Zeiß betreuten Arbeit über die fränkischen Altertümer des Trierer Landes promoviert, die er erst viele Jahre später in stark erweiterter Form veröffentlicht hat. Nach der durch Verwundung bedingten Entlassung aus dem Heeresdienst war Kurt Böhner von 1943 an erst als wissenschaftlicher Mitarbeiter und sodann seit 1956 als Direktorialassistent am Rheinischen Landesmuseum Bonn tätig. Zwei Jahre später wurde er zum Direktor ernannt, konnte jedoch nicht mehr alle Pläne verwirklichen, die ihm hinsichtlich der Neuaufstellung der Sammlungen und ihrer wissenschaftlichen Auswertung vorschwebten, wurde er doch schon 1958 als Nachfolger von Wolfgang Fritz Volbach auf die Stelle des Geschäftsführenden Direktors des Römisch-Germanischen Zentralmuseums in Mainz (RGZM) berufen. Ein Jahr später wurde er zum Honorarprofessor an der Johannes Gutenberg-Universität Mainz ernannt, an der er mehrere Studierende zur Promotion führen konnte. Bis zum Jahre 1981 leitete er die Geschicke des Zentralmuseums. In dieser Zeit (1962–1981) war er zugleich Vorsitzender des West- und Süddeutschen Verbandes für Altertumsforschung.

Die wissenschaftlichen Verdienste Kurt Böhners fanden vielfache Anerkennung. So wurde er zum Mitglied des Deutschen Archäologischen Instituts und zum korrespondierenden Mitglied der Heidelberger Akademie der Wissenschaften, zum Ehrenmitglied der Anthropologischen Gesellschaft Wien und zum *doctor honoris causa* der Universität Uppsala ernannt.

Kurt Böhner blieb nach Ende seiner Dienstzeit noch viele Jahre in Mainz, wo er 1984 seinen 70. Geburtstag zusammen mit zahlreichen Gästen im Mainzer Schloss gefeiert hat. Sein Abschied von Mainz und seinem Haus in Hechtsheim – mit seiner Frau zog er nach Ehingen bei Dinkelsbühl – dürfte ihm nicht leicht gefallen sein. An seinem alten Wohnort engagierte er sich in der Evangelischen Kirchengemeinde, deren Vorstand er von 1966–1991 angehörte. In dem Nachruf der Gemeinde heißt es: „Er verstand es, den Glauben in Worte zu fassen und als Prädikant zu vermitteln. Dabei halfen ihm sein profundes Fachwissen und seine tiefe christliche Prägung, präzise und zugleich allgemeinverständlich zu sein" (Claudie Huber-Barat, Gemeindebrief 157, September-November 2007).

KURT BÖHNER
1914–2007

Bis zu seinem Tode war Kurt Böhner wissenschaftlich tätig gewesen. Sein umfangreiches Oeuvre umfasst Veröffentlichungen von 1939 bis 2007. Im Mittelpunkt seines Forschungsinteresses standen archäologische und historisch-literarische Quellen der Römerzeit und des frühen Mittelalters, vor allem in den romano-fränkischen Gebieten des Rhein- und Mosellandes, Belgiens und des nördlichen Frankreich sowie der alemannischen Gebiete in Südwestdeutschland und der nördlichen Schweiz. In seinen zahlreichen Beiträgen hat er sich mit sehr verschiedenen Aspekten der archäologischen Überlieferung beschäftigt, besonders der Formenkunde und Chronologie, der Siedlungsgeschichte und -topographie, der Kontinuität von der Antike zum Mittelalter, der fränkischen Reichsbildung, der Christianisierung, der Ikonographie und Ornamentik. Eine profunde Materialkenntnis und vorbildliche Analyse des Fundgutes bietet die Dissertation, die in überarbeiteter Form als zweibändiges Werk im Jahre 1958 erschienen ist. „Die fränkischen Altertümer des Trierer Landes" leiten die Reihe „Germanische Denkmäler der Völkerwanderungszeit" (Serie B) ein, die Kurt Böhner bis zu Band 19 betreut hat. In ihr sind fränkische Reihengräberfelder des Mosel- und Rheinlandes dokumentiert und analysiert, darunter die mehr als 6000 Gräber umfassenden Nekropolen von Krefeld-Gellep am Niederrhein. Der Herausgeber selbst hat in mehreren Beiträgen herausragende Grablegen der Merowingerzeit erläutert, so das Grab des Königs Childerich in Tournai, das Grab des Herrn von Morken sowie die Kölner Domgräber (Frauen- und Knabengrab).

Mit der Gründung der Reihe „Führer zu vor- und frühgeschichtlichen Denkmälern" schuf Kurt Böhner in Zusammenarbeit mit den Verbänden für Altertumsforschung ein Publikationsorgan, in dem der regionale und lokale Denkmäler- und Fundbestand und seine siedlungsgeschichtliche wie auch -topographische Analyse allgemein verständlich dargestellt wurden, wobei gleichermaßen gelehrte Originalität und Exaktheit gefordert waren. In den Jahren 1964–1982 erschienen allein fünfzig Bände, darunter elf mit Beiträgen aus der Feder Kurt Böhners zu einzelnen Siedlungsplätzen und Kleinregionen. In weiteren Studien hat er in ähnlicher Weise einzelne Orte und Städte vorgestellt, beispielsweise Bonn und Mainz, Alzey, Ingelheim und Eltville im Rheingau, durch dessen malerische Gassen er die Akademiemitglieder bei einem Sommerausflug geführt hat. Unvergessen sind seine Führungen durch Trier und in Rheinhessen, an denen ich zusammen mit Studierenden der Johannes Gutenberg-Universität Mainz in den Jahren 1976–1981 teilnehmen konnte.

Über die fränkisch-alemannischen Siedlungsgebiete hinaus hat Kurt Böhner die vielfältigen Beziehungen zwischen dem Norden und dem Kontinent zur Merowingerzeit im Spiegel der archäologischen Überlieferung studiert, wie seine umfangreichen Beiträge zu Schwertern, Helmen, Reitzubehör sowie zur Bilderwelt und Ornamentik belegen. Gleichermaßen hat er dabei auch die Verbindungen zum mediterranen Raum und zum Nahen Osten berücksichtigt. Einen weiten Blick lassen schließlich die Veröffentlichungen erkennen, die im Zusammenhang mit Ausstellungen des RGZM entstanden sind, so der gemeinsam mit Detlev Ellmers und Konrad Weidemann verfasste Führer zum frühen Mittelalter (1970, zweite Auflage 1980), der Katalog zur Ausstellung Sveagold und Wikingerschmuck (1974) und das vierbändige Werk „Ausgrabungen in

Deutschland, gefördert von der Deutschen Forschungsgemeinschaft 1950–1975", mit dem die Monographienreihe des RGZM eingeleitet wurde.

In den letzten Jahren ist Kurt Böhner nochmals zu den fränkischen Grabdenkmälern von Moselkern und Niederdollendorf aus der Zeit des Glaubenswechsels zurückgekehrt, mit denen er sich schon in den frühen Nachkriegsjahren beschäftigt hat. Seine letzte Studie widmete er der frühmittelalterlichen Topographie von Wittislingen und den dortigen Grabfunden aus der Merowingerzeit, besonders dem reich ausgestatteten Grab einer alemannischen Dame mit prunkvollem Schmuck aus dem frühen 7. Jahrhundert.

In allen Jahren der vielfältigen wissenschaftlichen Tätigkeit hat Kurt Böhner, seinem historischen und literarischen Interesse folgend, kenntnisreiche Beiträge zur Forschungsgeschichte und einfühlsame Würdigungen und Nachrufe von Forscherpersönlichkeiten seines Faches geschrieben. So erinnerte er im Jahre 1998 zusammen mit seinem Studienfreund Bertil Almgren aus Uppsala an das hundertjährige Jubiläum des berühmten Buches von Oscar Almgren (Studien über nordeuropäische Fibelformen der ersten nachchristlichen Jahrhunderte, Stockholm 1897). Die zwei Jahre später erschienene „Altertumskunde heiter. Karikaturen einer Wissenschaft, betrachtet und erläutert von Kurt Böhner" belegt die liebenswerte Art und die humorvolle Sicht, mit welcher der Autor, so auch bei vielen Begegnungen und Gesprächen, die Welt der Forschenden zu betrachten pflegte.

In dem Wahlvorschlag der Mainzer Akademie wurden die wissenschaftlichen und organisatorischen Leistungen Kurt Böhners gebührend hervorgehoben, insbesondere seine langjährige Tätigkeit am Römisch-Germanischen Zentralmuseum in Mainz: „Hier hat er eine außerordentlich vielseitige Tätigkeit entfaltet, das Museum erweitert, einzelne Abteilungen ganz neu geschaffen und durch moderne Neubauten die räumlichen Möglichkeiten der Anstalt in großem Umfange verbessert. Vor allem aber ist es ihm zu verdanken, dass dieses Museum heute infolge der Veröffentlichungen, die aus ihm hervorgehen, der gleichmäßigen Berücksichtigung von Denkmälern aus dem gesamten Bereich der Vor- und Frühgeschichte Europas und nicht zuletzt der vorzüglichen Laboratorien, die ihm durch seine Initiative zuteil geworden sind, zu den führenden Europas auf diesem Gebiet zählt, so dass es als Mittelpunkt der Forschung gelten kann". Von den kürzlich eingeleiteten Schritten zu einem umfangreichen Neubaukomplex unweit des römischen Theaters in Mainz hat Kurt Böhner nicht mehr erfahren können.

NACHRUF AUF WILHELM LAUER

von

Hrn. Matthias Winiger

Nach kurzer, schwerer Krankheit verstarb am 24. Juli 2007 im Alter von 84 Jahren Wilhelm Lauer, ordentliches Mitglied und langjähriger Vizepräsident der Mathematisch-naturwissenschaftlichen Klasse unserer Akademie.

WILHELM LAUER
1923–2007

Wilhelm Lauer wurde am 1. Februar 1923 in Oberwesel, der traditionsreichen Stadt am Mittelrhein, geboren. Er wuchs dort auf und blieb seiner rheinischen Heimat zeitlebens emotional und auch wissenschaftlich verbunden.

Bereits während seines vierjährigen Kriegsdienstes als Flieger an der pommerschen Ostseeküste absolvierte Wilhelm Lauer Wehrmachtkurse in Meteorologie. Unmittelbar nach dem Krieg begann er 1945 mit dem Studium der Fächer Geographie, Meteorologie, Botanik, Geologie, Geschichte, Ethnologie und Latein an der Universität Bonn. Er wurde 1950 von Carl Troll, einem Gründungsmitglied unserer Akademie, mit dem landschaftsökologischen Thema „Humide und aride Jahreszeiten in Afrika und Südamerika und ihre Beziehung zu den Vegetationsgürteln" promoviert, ehe er 1951 das Staatsexamen für das Lehramt an Höheren Schulen ablegte. Von den Überlegungen in seiner ökologisch richtungsweisenden Dissertation angeregt, erfüllten sich endlich seine lange gehegten Pläne, in den Tropen und Subtropen selbst forschend tätig zu werden. In Spanien und Spanisch-Marokko untersuchte er 1952 Formen des Feldbaus semiarider Gebiete. Als Gastforscher des *Instituto Tropical de Investigaciones Científicas* trat er 1953 eine einjährige Forschungsreise nach El Salvador an und erforschte dort die Auswirkungen der anthropogenen Einflüsse auf die Naturlandschaft im Rahmen seiner Habilitation „Vegetation, Landnutzung und Agrarpotential in El Salvador". Von 1956 an lehrte er als ordentlicher Professor an der *Universidad Austral de Chile* in Valdivia, baute das dortige Geographische Institut auf und leitete es bis 1958. Während seiner Gastdozentur in Valdivia studierte er den glazialen Formenschatz des südchilenischen Seengebietes und initiierte Schülerarbeiten zur Besiedlung und wirtschaftlichen Erschließung des Raumes seit dem 18. Jahrhundert sowie zu Migrationsproblemen im Großen Norden Chiles.

Mit der Übernahme einer ordentlichen Professur für Geographie in Kiel endeten 1958 die „Wanderjahre" Wilhelm Lauers. 1961 wechselte er auf eine Professur nach Marburg und folgte schließlich 1966 dem Ruf der Universität Bonn (1966–1988) als Nachfolger seines Lehrers und Förderers Carl Troll. Von Bonn aus entfaltete er zusammen mit Schülern eine intensive Forschungsaktivität in den Ländern Zentral- und Südamerikas (Argentinien, Bolivien, Brasilien, Chile, Ecuador, Mexiko), Afrikas (Elfenbeinküste, Namibia, Südafrika, Sudan, Tunesien) und des Vorderen Orients (Afghanistan, Türkei), studierte die Höhenstufen des Klimas und der Vegetation in den tropischen und subtropischen Hochgebirgen und begeisterte eine große Schülerschar (u. a. 37 Doktoranden) für innovative Ideen, die er während seiner Forschungen in den tropischen und außertropischen Ländern der Alten und Neuen Welt entwickelt hatte.

Wissenschaftlich stand Wilhelm Lauer ganz in der Tradition von Carl Troll und war letztlich – wie so viele physische Geographen – dem wissenschaftlichen Konzept Alexander von Humboldts verpflichtet. Mit der Idee einer „Vergleichenden Hochgebirgsforschung" folgte er sowohl thematisch als auch räumlich in den südamerikanischen Anden den wissenschaftlichen Fährten Trolls und Humboldts. Es ging dabei zumeist um die Analyse der Zusammenhänge zwischen der physischen und biotischen Umwelt, um das Wirken des Menschen im klimatisch-ökologischen Gefüge. Lauer folgte dabei methodisch dem ‚klassischen' Expeditionskonzept mit detaillierten Geländeaufnahmen – dabei immer bestrebt, aus den neuesten Entwicklungen der Messtechnik und Datenverarbeitung Nutzen zu ziehen und die gewonnenen landschaftsökologischen Erkenntnisse durch hervorragende kartographische Darstellungen zu dokumentieren. Zu seiner geographischen Forschung gehörten aber auch quantitative Studien zum Wärme- und Wasserhaushalt der Erde mit Blick auf die ökologische Wertigkeit einzelner Landschaftsräume. Die Idee einer ökologisch-orientierten Klimaklassifikation, die er bereits seit seiner Dissertation verfolgte, führte ihn zusammen mit seinen Schülern zu neuen Ansätzen zur Berechnung der potentiellen Landschaftsverdunstung. Dieses Projekt vollendete er 2002 mit der Veröffentlichung einer modernen „Klassifikation der Klimate der Erde auf Grundlage der ökophysiologischen Merkmale der realen Vegetation" – ein Werk, das im Rahmen des Akademievorhabens an der Bonner Arbeitsstelle als Teamarbeit entstand, seit Jahren zum festen geographischen Wissensbestand geworden ist und in keinem größeren Atlaswerk fehlt. Aus dem interakademischen Austausch zwischen der Kommission für Erdwissenschaftliche Forschung (Wilhelm Lauer) und der Kommission für Biologie (Wilhelm Barthlott) unserer Akademie entstand die mittlerweile Standard gewordene Karte der globalen Diversität von höheren Pflanzen, zu welcher Wilhelm Lauer den klimatologischen Teil beisteuerte. Wie viele seiner Forschungen, gewinnen gerade diese umfassenden Ansätze hohe Aktualität im Zusammenhang mit Fragen der globalen Veränderungen von Klima und Umwelt.

Wilhelm Lauer war ein begeisternder und innovativer Hochschullehrer, ein äußerst angesehener und profilierter Kollege und eine engagierte Forscherpersönlichkeit. Durch seinen festen Charakter, sein offenes und ehrliches Wesen hat er auch viele Kollegen für die Belange seiner *Alma mater* begeistert. Nicht nur wegen seines Engagements in Lehre und Forschung, sondern auch als Förderer des universitären Lebens wählte ihn 1978 die Mathematisch-Naturwissenschaftliche Fakultät der Universität Bonn zu ihrem Dekan.

Seit 1970 war Wilhelm Lauer ordentliches Mitglied unserer Akademie. Durch Ideenreichtum und richtungsweisende Impulse wirkte er mit bei der Gestaltung unserer Akademie zu einer Stätte der modernen Wissenschaft, sei es als Vizepräsident (1985–1995), als Mitglied der Senatkommission (seit 1990), als Leiter der Mathematisch-naturwissenschaftlichen Klasse (1985–1998), als Vorsitzender der Kommission für Erdwissenschaftliche Forschung (1975–1999) oder als Vorsitzender des Verlagsausschusses und Herausgeber der Buchreihe „Erdwissenschaftliche Forschung". Damit blieb die Akademie bis zum Schluss seine zweite „akademische Heimat". Mit Stolz blickt die Akademie auf die Ergebnisse eines von Wilhelm Lauer initiierten und im Rahmen der Kommission für Erdwissenschaftliche Forschung (Arbeitsstelle Geoökologie, Bonn) bis 2001 betreuten Langzeitvorhabens „Dreidimensionale Landschaftsgliederung der tropischen Hochgebirge". Im Rahmen dieses Projektes, nicht zuletzt dokumentiert durch zahlreiche Veröffentlichungen in den Akademie-Abhandlungen, ist eines von Wilhelm Lauers Anliegen besonders deutlich geworden: die Förderung junger talentierter Wissenschaftlerinnen und Wissenschaftler. Dies ist wenige Jahre vor seinem Tod unterstrichen worden durch die aus persönlichen Mitteln erfolgte Einrichtung der Wilhelm Lauer-Stiftung an unserer Akademie. Die Stiftung soll es ermöglichen, Projekte vor allem junger Wissenschaftler zu fördern.

Wilhelm Lauer war Mitglied der Deutschen Akademie der Naturforscher Leopoldina (seit 1987, dort 1992–1997 Obmann für Geographie), Korrespondierendes Mitglied der

Bayerischen Akademie der Wissenschaften, München (seit 1981, dort Mitglied der Kommission für Glaziologie) und Mitglied der „Commission on High Mountain Geoecology" der „International Geographical Union" (IGU, dort 1980–1984 Chairman der „Sub-Commission on Tropical High Mountains"). Gerade dieser Kommission gab er über Jahrzehnte hinweg entscheidende Impulse. Er war Mitglied der Arbeitsgemeinschaft für vergleichende Hochgebirgsforschung, München (seit 1981), Mitglied der Gesellschaft Deutscher Naturforscher und Ärzte (seit 1963), Mitglied des Naturhistorischen Vereins der Rheinlande und Westfalens (seit 1966, Vorsitzender von 1968–1974, Ehrenmitglied seit 1974), Mitglied des Beirates der Stiftung Preußischer Kulturbesitz (1970–1986), Gründungsmitglied der Arbeitsgemeinschaft für Lateinamerikaforschung (ADLAF, seit 1960) und Koordinator des Mexiko-Projekts der Deutschen Forschungsgemeinschaft (1969–1979), eines Programms, welches Geographen, Botaniker, Geologen, Bodenkundler, Soziologen, Archäologen und Ethnologen zu einer außerordentlich erfolgreichen Kooperation zusammenführte. Er gehörte zum Editorial Board vieler nationaler und internationaler Zeitschriften, war Herausgeber und Mitherausgeber mehrerer Schriften- und Buchreihen und Gutachter der DFG. Für sein Lebenswerk erhielt er das Verdienstkreuz am Bande des Verdienstordens der Bundesrepublik Deutschland.

Viele Schülerinnen und Schüler, Kollegen und Mitarbeiter Wilhelm Lauers an der Universität Bonn und an der Akademie in Mainz, die mit ihm zusammenarbeiten durften, haben dankbar seine Gedanken aufgenommen. Er war Zeitzeuge und prägender Mitgestalter einer Ära der klassischen geographischen Forschung, die gleichzeitig zum Fundament einer globalen Mensch-Umwelt-Forschung in einem sowohl thematisch wie theoretisch-methodischen erweiterten Kontext geworden ist.

NACHRUF AUF HANS BOCK

von

Hrn. Wolfgang A. Herrmann

Die Bilder der Erinnerung an Hans Bock leben aus der unbändigen Dynamik eines in allen Dingen originellen, spontanen, konsequenten, mitreißenden Denkers, dem mächtig viele Begabungen in die Wiege gelegt waren. In Hamburg geboren und als Wissenschaftler in die Welt ausgeschritten, ist er zeitlebens ein bayerischer, ein barocker Mensch geblieben: „Was kann die Katze dafür, wenn sie im Fischladen geboren wird?" (H.B.)

Seine Laufbahn als Chemiker begann im Münchener Umfeld von Egon Wiberg, wo er mit gefährlichen Arbeiten über wasserfreies Hydrazin promovierte. Nach der Habilitation folgten drei Lehr- und Wanderjahre in die Quantenmechanik bei Edgar Heilbronner, dem lebenslangen Freund, an der ETH Zürich. Daraus entstand der dreibändige, ins Englische, Japanische und – als „Raubdruck" – ins Chinesische übersetzte „Heilbronner/Bock", ein über Jahrzehnte viel benutztes Standardwerk. Bald darauf wurde Hans Bock an die Universität Frankfurt berufen. In der durchaus spannungsreichen, aber

HANS BOCK
1928–2008

kongenialen Allianz mit Gerhard Quinkert holte er der Frankfurter Chemie in beständiger, ja hartnäckiger Qualitätsarbeit jene Reputation zurück, die sie in den 68er-Jahren verloren hatte. Den anorganischen Parallellehrstuhl machte er durch eine stringente, seine Handschrift tragende Berufungspolitik zu einem gut gefederten Sprungbrett für Nachwuchswissenschaftler, die er in seinem inspirierenden Umfeld gedeihen ließ und kraftvoll förderte. Damit hat seine akademische Schule eine „Zweite Dimension" erhalten, wie dies nur wenige von sich sagen können.

Interdisziplinär angelegt, reicht sein wissenschaftliches Werk mit gut 500 Publikationen von der Darstellung neuartiger, oft unerwarteter elementorganischer Verbindungen über physikalische Messmethoden bis zur quantenchemischen Interpretation charakteristischer Moleküleigenschaften. Vielfach stellte er die Photoelektronen-Spektroskopie in seinen Dienst, vor allem, um kurzlebige Moleküle zu identifizieren. Ein Auszug aus der langen Liste beginnt mit dem im interstellaren Raum nachgewiesenen Thioformaldehyd, $H_2C=S$, und führt über exotische Kumulene wie $H_2C=C=S$, $H_2C=C=O$ und $O=C=C=C=S$, siliciumorganische Moleküle mit Mehrfachverbindungen (z.B. Silabenzol, Silaethen, Silaphenylisonitril) zu den Silylenen und kovalenten Aziden. In der Frühphase („Meine Jugendsünden", H.B.) interessierten die Zusammenhänge zwischen Konstitution und Farbe von Azoverbindungen, ausgelöst durch die Entdeckung der unerwartet tiefvioletten Phosphorderivate mit dem Chromophor P-N=N-P. Es folgte die Ermittlung von Substituenten-Effekten durch Störung von π-Systemen, zum Beispiel der heute vielfach genutzten starken Donorwirkung von R_3SiCH_2-Gruppen – Arbeiten, für die es den Erstlingspreis der Göttinger Akademie der Wissenschaften gab. Ab 1970 wurden hunderte PE-Spektren von Nichtmetall-Verbindungen aufgenommen und zugeordnet, darunter die der Polysilane $R(SiR_2)_nR$ – ein guter Grund für den Frederic Stanley Kipping ACS Award (1975). Später folgten höchst originelle Arbeiten über (chemische) Radikale („Von den politischen Radikalen war Frankfurt schlecht bedient", H.B.). Vom selektiven Einelektronen-Transfersystem $AlCl_3/H_2CCl_2$ ausgehend, wurde eine reiche Redoxchemie erschlossen. In der Mitte des wissenschaftlichen Alterswerks stand die Selbstorganisation zwischen elektrisch geladenen und ungeladenen, teils riesengroßen Molekülen. Die zugehörige anspruchsvolle Synthesechemie zeigte krönende Höhepunkte, die es vielfach auf die Titelseite seiner besonders geschätzten ANGEWANDTEN CHEMIE brachten.

Auszeichnungen, die er – immer Mensch, oft mit kindlicher Freude, geblieben – sehr liebte, begleiteten seine brillante Laufbahn in großer Zahl: Gerne trug er das Max Planck-Emblem am Revers, seit er 1977 Auswärtiges Mitglied der MPG geworden war. Logisch folgte die Aufnahme in Akademien (Mainz, Göttingen, Leopoldina), die Adjunct Professorship der University of Michigan (Ann Arbor), die Walter Hieber-Gastprofessur der TU München und Ehrendoktorwürden in Hamburg und Montpellier. Für seine Chemikerzukunft, die ihm so viel bedeutete, nahm ihn die GdCh mit dem „Wilhelm Klemm-Preis" in die Mitte (1987). Die Tschechische Akademie der Wissenschaften verlieh ihm die J. Heyrovsky-Ehrenmedaille (1996).

Die nicht fröhlich sein und nicht lachen konnten, die lernten es bei Hans Bock, sofern sie mit ihm die anstrengenden Arbeitstage zu gestalten gewillt waren. Hans Bock konnte lustig und ausgelassen sein, und für jede ernste Lage hatte er einen heiteren, meist treffenden, stark vereinfachenden Spruch im reichhaltigen Repertoire. Wo er aber das Feuer für die Sache vermisste, wo er Tricksereien vermutete: da konnte er unangenehm und ätzend werden, so selten man ihn grob erleben musste. Hans Bock war ein Mann mit Prinzipien („bibelhart", H.B.), deren Anwendung einen Teil seines Erfolgs als Hochschullehrer und Wissenschaftler ausmachten – neben der Gabe, die Gewohnheiten des Denkens täglich zu überwinden, um zum wirklich Neuen, Grundsätzlichen aufzubrechen. Auf diesen Wegen hat er uns jüngeren, oft an entscheidender Stelle, die Weichen in eine bessere Zukunft gestellt.

So hat Hans Bock seine Pilgerreise als Erdenbürger, bald 80 Jahre, umfassend genutzt. Sein „Sommer war sehr groß", um mit Rilke zu sprechen. Hans Bock selbst war die große Sonnenuhr, auf der jetzt die Schatten liegen. Am 21. Januar ist er in seinem Königsteiner Haus, das für Familiensinn und Gastfreundschaft Legende ist, friedlich eingeschlafen. Die Wissenschaft hat einen ihrer kreativen Chemiker verloren, viele von uns Weggefährten einen treuen Freund.

NACHRUF AUF DEN FRÜHEREN GENERALSEKRETÄR DR. GÜNTER BRENNER

von

Hrn. Clemens Zintzen

Am 31. Oktober 2007 verstarb im Alter von 79 Jahren nach langer, schwerer Krankheit Günter Brenner. Er hat nahezu 30 Jahre im Dienst der Akademie gestanden, davon 27 Jahre als Generalsekretär die Verwaltung geleitet. In dieser Zeit hat er maßgeblich und entscheidend mitgeholfen, die Akademie als eine Institution zu gestalten, in der zeitgemäß Wissenschaftsförderung stattfindet und in der den Erfordernissen unserer modernen Welt Rechnung getragen wird. Brenners Tätigkeit hat die Akademie geprägt.

Günter Brenner wurde 1928 in Mainz geboren. An den Universitäten Mainz und Frankfurt studierte er Jura, Philosophie, Soziologie und Pädagogik. Nach der Ersten Staatsprüfung war er nebenberuflich drei Jahre in einer Rechtsanwaltspraxis tätig. 1957 wurde er an der Universität Mainz promoviert, legte 1958 die Zweite Juristische Staatsprüfung ab und war in den Jahren 1958–1964 als Wissenschaftlicher Assistent am Seminar für Rechts- und Wirtschaftswissenschaften an der Universität Mainz tätig. 1964 trat er als Syndikus seine Tätigkeit an der Akademie der Wissenschaften und der Literatur, Mainz an und wurde 1968 zum Nachfolger von Professor Scheel als Generalsekretär der Akademie gewählt. Dieses Amt hat er bis zur Pensionierung 1993 unter insgesamt fünf Präsidenten ausgeübt.

Als Generalsekretär hat Herr Brenner die Verwaltung der Akademie mit straffer Hand geführt; aber er hat klar gewusst, dass die Verwaltung der Wissenschaft dienen soll, und nicht die Wissenschaft das Exerzierfeld der Verwaltung ist. Er gehörte zu den leitenden Verwaltungsbeamten, auf die ein Präsident sich verlassen kann, ohne dass sie die Akademie gleich in ihre Hand nehmen. Den Mitgliedern stand er in Verfahrensfragen

GÜNTER BRENNER
1928–2007

immer zur Verfügung, und nie hat er die gelegentliche Hilflosigkeit von Wissenschaftlern in organisatorischen Fragen zu persönlicher Machterweiterung benutzt. Wo er ihnen beistehen konnte, geschah es mit Respekt vor der jeweiligen Forschung, und immer war er an der Sache orientiert.

Die Anzahl der von der Akademie und ihren Kommissionen betreuten Vorhaben hat er etwa ab dem Jahre 1975 ständig gemehrt. Unverkennbar war, dass er einen gesunden Ehrgeiz entfaltete, die Akademie Mainz hinsichtlich der in ihr beheimateten Akademieprojekte im Kreis der bundesrepublikanischen Akademien besonders herausgehoben zu sehen. Seine ausgeprägte Liebe zur Musik und sein planerisch ökonomisches Denken brachten ihn zu der Erkenntnis, dass die verschiedenen musikwissenschaftlichen Editionen, die an unterschiedlichen Orten in Deutschland angesiedelt waren und von ganz verschiedenen Trägern finanziert wurden, effektiver arbeiten könnten, wenn sie unter dem Dach der Mainzer Akademie vereinigt als Akademieprojekt behandelt würden. Durch diese Strategie hat er die Finanzierung der musikwissenschaftlichen Editionen auf eine relativ verlässliche Basis gestellt. Dass die Mozartausgabe und die Ausgabe sämtlicher Werke von Johann Sebastian Bach zu einem konkreten und guten Ende gekommen sind, ist maßgeblich von Günter Brenner ins Werk gesetzt worden. Er hat dafür u. a. die Ehrung durch die Verleihung der Mozartmedaille in Salzburg erfahren.

Während seiner Amtszeit und auch noch eine Weile nachher hat Günter Brenner im gegebenen Rahmen nie den Kontakt zu eigener wissenschaftlicher Arbeit aufgegeben. Seine Arbeiten bewegen sich durchweg auf der Linie zwischen Theorie und praktischer Erfahrung. Aufsätze zu Ethik und Naturrecht und einen Leitfaden des medizinischen Rechts für die ärztliche Praxis hat er verfasst. Seine Rechtskunde für das Krankenpflegepersonal ist 1997 in 6. Auflage erschienen.

Herr Brenner wusste, was Grundlagenwissenschaft ist, welche Bedeutung ihr im Gesamtkonzept der in einer Akademie betriebenen Wissenschaften zukommt, und wie man sie schützen kann. So war er auch unermüdlich bemüht, auf Landes- wie auf Bundesebene das Verhältnis zwischen den Gesprächspartnern in der Politik und der Akademie auf eine gute und sichere Basis zu stellen. Die Folge seiner Bemühungen war ein zunehmend gutes Verhältnis zwischen den zuständigen Ministerien und der Akademie. Sein Wirken hat gegenseitiges Vertrauen geschaffen; daraus ergab sich Verlässlichkeit und für die Akademie Planungssicherheit. Die verschiedenen Präsidenten der Akademie haben auf diesem von Brenner geschaffenen Boden für die Akademie manche Förderung erwirken können.

Die Nähe zu den politischen Instanzen brachte es mit sich, dass Günter Brenner lange Jahre hindurch Sachverständiger der Bund-Länder-Kommission für Bildungsplanung und Forschungsförderung war. Als in den 70er-Jahren die bundesrepublikanischen Akademien sich zur sog. Konferenz der Deutschen Akademien zusammenschlossen, hat Herr Brenner über fünfzehn Jahre hinweg neben seiner Tätigkeit als Generalsekretär der Mainzer Akademie auch die Aufgaben des Geschäftsführers der Konferenz der Akademien der Wissenschaften ehrenamtlich wahrgenommen. Diese Position brachte es mit sich, dass er nach der Wende eine bedeutende Rolle spielte, als es darum ging, die Wissenschaftslandschaft der ehemaligen DDR aufzuarbeiten und eine große Anzahl seriöser Wissenschaftsprojekte vor dem Untergang zu bewahren. Herr Brenner hat entscheidend mitgewirkt, solche weiterhin förderungswürdigen Projekte zu evaluieren und teilweise in das Akademienprogramm der Konferenz/Union der deutschen Akademien der Wissenschaften einzubringen. Viele Menschen sind durch seine unauffällige, aber effiziente Tätigkeit, die er ohne persönliche Ansprüche ausübte, vor dem beruflichen und persönlichen Ruin bewahrt worden.

Günter Brenner hat in der Nachfolge eines sehr dominanten Vorgängers seinen eigenen Stil der Amtsführung gefunden. Er besaß die Bescheidenheit, die auf innerem Wert beruht, und richtete sein Denken immer weitblickend auf die Weiterentwicklung und Förderung der Akademie. Die Intensität, mit der er seiner von ihm wahrgenommenen Aufgabe nachging, brachte es mit sich, dass seine Aktivitäten sich nach außen hin gelegentlich in der gesamten Verwaltung mit „erhöhter Betriebstemperatur" auswirkten. Aber die Mitarbeiter achteten ihn, und sie wussten, dass sie ihren Teil zum Gelingen der jeweiligen Unternehmung beisteuern mussten; sie folgten seinen Impulsen. Schon während seiner Amtstätigkeit, aber auch nach seinem Ausscheiden ist der Akademie sehr deutlich geworden, was sie an der unermüdlichen und klugen Schaffenskraft Günter Brenners gehabt hat.

Sein Leben ist in einer langen sich hinziehenden Krankheit, während der ihn seine Gattin aufopferungsvoll gepflegt hat, verloschen. Als er am 8. November zu Grabe getragen wurde, war trotz seiner fast ein Jahrzehnt währenden Abwesenheit aus dem öffentlichen Leben die Gemeinde der ihn Betrauernden sehr groß. Die Mitglieder der Akademie, die ihn erlebt haben, werden sich gerne an Herrn Brenner zurückerinnern. Für die Akademie ist er Mahnung und Erinnerungsmal, dem wir mit Dank begegnen.

Neuwahlen

Die Akademie wählte im Jahr 2007/2008

zu ordentlichen Mitgliedern

Lutz Seiler wurde in Gera/Thüringen geboren. Nach einer Lehre als Baufacharbeiter arbeitete er als Zimmermann und Maurer. 1990 schloss er ein Studium der Germanistik ab, seit 1997 leitet er das Literaturprogramm im Peter-Huchel-Haus in Wilhelmshorst. Mit „pech & blende" (2000) legte Lutz Seiler seinen ersten Band im Suhrkamp Verlag vor. Neben Gedichten publizierte Lutz Seiler Essays und arbeitete als Herausgeber. Für sein Werk erhielt er mehrere Preise, darunter den Kranichsteiner Literaturpreis (1999), den Anna-Seghers-Preis (2002), und den Bremer Literaturpreis (2004). 2005 erhielt er den Preis der SWR-Bestenliste für die Essaysammlung „Sonntags dachte ich an Gott" und die Erzählung „Die Anrufung". 2007 erhielt er den Ingeborg-Bachmann-Preis. Seine Gedichte wurden in verschiedene europäische Sprachen übersetzt.

(Wahl am 20. April 2007, Klasse der Literatur)

Steffen Jacobs, geb. 4. April 1968, lebt als freier Schriftsteller und Übersetzer in Berlin. Seine Gedichtbände (u. a. „Der Alltag des Abenteurers", „Angebot freundlicher Übernahme") wurden mit verschiedenen Preisen ausgezeichnet (u. a. Kunstpreis Berlin, Förderungspreis Literatur; Hugo-Ball-Förderpreis). In der Maske eines Lyrikdoktors bzw. Lyrik-TÜV („Lyrische Visite oder Das nächste Gedicht, bitte", „Der Lyrik-TÜV") publizierte er Essays zur Lyrik des 20. Jahrhunderts. Mit „Die komischen Deutschen" und „Die liebenden Deutschen" hat er zudem zwei umfassende Anthologien deutscher Lyrik herausgegeben.

(Wahl am 9. November 2007, Klasse der Literatur)

Klaus Böldl, geb. 1964 in Passau, studierte in München und Lund (Schweden) Nordistik und Germanistik und lehrt heute mittelalterliche Kultur- und Literaturgeschichte Skandinaviens am Nordischen Institut in Kiel. Er übersetzt auch aus dem Schwedischen und dem Altisländischen.

Für seinen Debutroman „Studie in Kristallbildung" erhielt er 1997 den Tukan-Preis, für „Die fernen Inseln" 2004 den Brüder-Grimm-Preis sowie den Hermann-Hesse-Preis.

(Wahl am 22. Februar 2008, Klasse der Literatur)

zu korrespondierenden Mitgliedern

Barbara Honigmann, geb. 1949 in Ost Berlin nach der Rückkehr der Eltern aus der englischen Emigration.
Studium der Theaterwissenschaft. Seit 1976 freischaffende Autorin und Malerin. 1984 Übersiedlung nach Straßburg. Zahlreiche Preise, darunter 2000 Kleist-Preis und 2004 Koret Jewish Book Award. Ihre Bücher erscheinen im Hanser Verlag. Zuletzt: *Ein Kapitel aus meinem Leben* und *Das Gesicht wiederfinden.*

(Wahl am 20. April 2007, Klasse der Literatur)

Hans Peter Linder, geb. am 8. Mai 1954, ist Professor für Systematische Botanik an der Universität Zürich. Er interessiert sich für die Dokumentation und Evolution der räumlichen und phylogenetischen Muster der Pflanzendiversität, insbesondere für die Vielfalt der Pflanzen in Afrika mit einem Schwerpunkt auf der Kapflora, aber auch für die pflanzengeographischen Muster in der Süd-Hemisphäre. Er arbeitet systematisch und taxonomisch mit afrikanischen Orchideen, Gräsern und der Familie der Restionaceae.

(Wahl am 22. Februar 2008, Mathematisch-naturwissenschaftliche Klasse)

ANTRITTSREDEN DER NEUEN MITGLIEDER

HR. REINER ANDERL

Sehr verehrte Frau Präsidentin, meine sehr geehrten Damen und Herren, ich freue mich sehr, dass ich mich Ihnen heute Abend vorstellen darf.

„Lass dich gut beraten, bevor du beginnst; doch wenn du dich entschieden hast, handle sofort!" – dieses Motto von Sallust (Gaius Sallustius Crispus) fasst meine bisherige Lebenserfahrung kurz, und wie ich hoffe treffend, zusammen.

Als ich geboren wurde, hatte der Sommer gerade begonnen und bis zum Heiligen Abend musste noch genau ein halbes Jahr vergehen. Ich erblickte also im Sommer 1955 in Ludwigshafen am Rhein das Licht der Welt. Ja, ich bin geborener Vorderpfälzer, überzeugter Kurpfälzer, auf alle Fälle bin ich bekennender Pfälzer. Mein Geburtsjahr muss auch ein besonders gutes und mich vielleicht auch charakterisierendes Weinjahr gewesen sein. So schreibt Michael Broadbent, der bei dem Londoner Auktionshaus Christies verantwortlich für die Weinauktionen ist, über den Bordeaux des Jahrgangs 1955: „Alles andere als frühreif, braucht vielmehr Zeit, um in der Flasche zu reifen; Bukett und Geschmack entwickelten sich in den 1960ern und 1970ern beständig weiter. Erst mit 40 Jahren fand er zu sich selbst ... Wird noch lange, lange auf der Höhe bleiben."

Nun, während meiner Kindheit gründeten meine Eltern ein Handwerksunternehmen, und ich wuchs in der Zeit auf, die später dann als die „Zeit des Wirtschaftswunders" bezeichnet wurde. Die verschwimmende Grenze zwischen Familie und Unternehmen, Unternehmen und Familie prägten mich sehr stark, und ich lernte sowohl die euphorischen Höhen wie auch die deprimierenden Tiefen des Unternehmertums hautnah kennen.

Meine Schulzeit verlief reibungslos, wenngleich nicht ohne heftige Herausforderungen. Besonders gut war ich vor allem in sportlichen Disziplinen und erhielt darüber hinaus auch eine Auszeichnung – zu meiner Überraschung – für besonders hervorragende Leistungen in den musischen Fächern. Die 68er-Bewegung erlebte ich während der Pubertät, und das Sichauflehnen gegen das Establishment faszinierte auch mich, allerdings in einer, aus heutiger Sicht, eher harmlosen Variante. Trotzdem wurde ich schon früh in die technischen Entwicklungen von Wärme- und Wasserrückgewinnungsanlagen eingebunden, und ich erlebte dabei auch die wahre Realität eines harten Wettbewerbs, in der sich Umweltbewusstsein anderen Erfolgskriterien wie einer kurzen Amortisationszeit und einer hoher Rentabilität unterordnen musste.

Nach dem Abitur am Staatlichen Max-Planck-Gymnasium in Ludwigshafen am Rhein begann ich das Maschinenbaustudium in Karlsruhe. Ich entschied mich also für ein ingenieurwissenschaftliches Studium. Dabei beeindruckte mich gerade das Wechselspiel zwischen den theoretisch fundierten naturwissenschaftlichen Methoden und den empirisch abgesicherten technischen Erkenntnissen.

Ich kam also aus der Pfalz nach Baden und merkte schnell, dass, vielleicht auch gerade wegen der gut nachbarschaftlichen Beziehungen zwischen Badenern und Pfälzern, auch gelegentliche Sticheleien nicht ausbleiben und sie am besten mit Esprit zu parieren sind. Ich war dabei wohl erfolgreich, denn eine Badenerin entschied sich für mich, und wir sind bis heute glücklich verheiratet.

Schon früh im Studium haben mich die Methoden der Rechnerunterstützten Produktentwicklung, in Englisch Computer Aided Design, fasziniert, so dass ich mich mit zunehmender Begeisterung darauf konzentrierte. Die graphische Ausgabe einer technischen Zeichnung konnte schon damals mit einer beeindruckenden Schnelligkeit, Wiederholgenauigkeit und „Ermüdungsfreiheit" erzielt werden. Maschinen für sich arbeiten zu lassen, empfand ich als geradezu grandios. Der Vollständigkeit halber möchte ich dabei in Erinnerung rufen, dass es in der damaligen Zeit, etwa Ende der 70er Jahre, weder PCs noch Internet, weder E-Mails noch Handys gab, selbst die Methoden der Computer-Graphik wurden gerade erst entwickelt.

Nach meinem Diplomabschluss 1979 eröffnete sich für mich eine große Chance, und ich konnte eine Assistentenstelle am damaligen Institut für Rechneranwendung in Planung und Konstruktion der Universität Karlsruhe annehmen. Als „Nachwuchswissenschaftler" durfte ich bei der Entwicklung und Normung des „Graphischen Kernsystems, GKS" mitarbeiten. Schnell entwickelte ich mich zum sogenannten Integrations- und Schnittstellenexperten, einem Fachgebiet zwischen Ingenieurwissenschaften und Informatik.

Nach der Promotion 1984 kehrte ich als technischer Leiter in das elterliche Unternehmen zurück, das ich jedoch 1985 wieder verließ, um die Stelle des Oberingenieurs an der Universität Karlsruhe anzunehmen. Zu sehr lockten die wissenschaftlichen Perspektiven in dem sich rasant entwickelnden Gebiet der Rechnerunterstützten Produktentwicklung.

Ich konnte mich in eine interessante Zeit einbringen, in der die forschungs- und entwicklungsbegleitende Normung entstand, die Europäischen Forschungsstrukturen entwickelt wurden und in der die internationale Vernetzung einen immer größeren Stellenwert gewann.

In dieser Zeit entstanden meine Beiträge zur Produktdatentechnologie. Es ging und geht noch heute dabei darum, für die digitale Beschreibung von Bauteilen und Erzeugnissen, sagen wir kurz für Produkte, eine formale Spezifikation für ihre Daten zu definieren. Da der grundlegende Ansatz der Produktdatentechnologie durch die Phasen des sogenannten Produktlebenszyklus verankert ist und gerade die Methoden der Modellierung, Berechnung und der Simulation anhaltend neue Impulse liefern, wird der interdisziplinäre Diskurs zur Produktdatentechnologie sicherlich auch weiter von hohem wissenschaftlichem Interesse sein.

Dieses Gebiet entwickelte sich sehr dynamisch und gewann sehr schnell internationale Beachtung und mündete in die weltweite Norm ISO 10303 „Product Data Representation and Exchange", die kurz auch als STEP (Standard for the Exchange of Product Model Data) bezeichnet wird.

Nach der Habilitation auf einem Teilgebiet, nämlich dem der CAD-Schnittstellen, nahm ich 1993 den Ruf an die damalige Technische Hochschule Darmstadt, die heutige Technische Universität Darmstadt, an. Ich wurde also Hesse und kam in einen Fachbereich Maschinenbau, der eine ganz besondere Fachbereichskultur entwickelt hat und diese Kultur auch nachhaltig pflegt. Diese Fachbereichskultur zeichnet sich durch ein ausgeprägtes Miteinander und ein hohes Maß an Identifikation mit dem Fachbereich aus. Das füreinander Eintreten, die Überzeugung, die Zukunft gemeinsam zu gestalten zu können und insbesondere auch das Privileg, junge Generationen bilden und ausbilden zu können, sie zu fordern und zu fördern, sind ein hohes Gut und eine beständige Quelle der Motivation.

Als ich in die Akademie der Wissenschaften und der Literatur, Mainz, aufgenommen wurde, habe ich den Geist dieser besonderen Kultur ebenso sofort gespürt. Zur Akademie zu gehören, ist eine große Ehre für mich, und ich freue mich sehr, Sie alle noch genauer kennen zu lernen.

FRAU RENATE WITTERN-STERZEL

Sehr verehrte Frau Präsidentin, verehrte Festversammlung!

Geboren wurde ich 1943 in Bautzen, wohin meine Mutter mit meinen beiden älteren Geschwistern infolge der schon früh einsetzenden Bombardierungen Hamburgs evakuiert war; meine Kindheit und Jugend habe ich aber in Hamburg verbracht, der Heimat meiner Familie väterlicherseits.

In die Schule bin ich gern gegangen und beschloss sehr früh, Lehrerin zu werden. Nach dem Abitur schrieb ich mich deshalb zunächst mit den Fächern Lateinische Philologie und Sport für das höhere Lehramt ein, tauschte aber nach kurzer Zeit den Sport gegen die Griechische Philologie.

Das Studium habe ich nach der Enge eines unakademischen und durch die Kriegsfolgen durchweg freudlosen Elternhauses – nicht zuletzt dank eines Stipendiums der Studienstiftung des deutschen Volkes – als eine Zeit fast grenzenloser Freiheit erlebt. Jedes Semester war ich erneut überwältigt von dem Reichtum des Angebots an Vorlesungen und Seminaren und habe viele Ausflüge in andere Fächer und Disziplinen, insbesondere in die Theologie, die modernen Philologien und in die Philosophie unternommen. Wenn ich vor dieser Erfahrung die Ausbildungssituation von heute betrachte, dann empfinde ich stets Schuld und Scham darüber, dass wir unseren Studentinnen und Studenten diese Erfahrungen, die mich und meinen Blick auf die Welt entscheidend geprägt haben, mit der Überregulierung durch den Bolognaprozess so sehr erschweren, wenn nicht gar verwehren.

Nach den ersten Semestern in Hamburg, wo mir Gert Preiser, der nachmalige langjährige Direktor des Frankfurter Senckenbergischen Instituts für Geschichte der Medizin, zum Förderer wurde, der mein berufliches Leben in der Folgezeit dicht begleitete und für den ich tiefen Dank empfinde, fand ich meine akademische Heimat in Kiel. Hier promovierte ich 1972 bei dem Gräzisten Hans Diller, einem der Pioniere der modernen Forschung zur antiken griechischen Medizin, mit einer textkritischen Edition einer medizinischen Schrift aus dem fünften vorchristlichen Jahrhundert. Die Arbeit war der erste Schritt auf meinem Weg in die Medizingeschichte, den ich 1973 mit der Übernahme einer Assistentenstelle an dem einschlägigen Institut der Ludwig-Maximilians-Universität München vollständig vollzog.

Die deutsche Medizingeschichte erlebte damals insbesondere durch die Empfehlungen des Wissenschaftsrates einen großen Aufschwung. Und in der Erforschung der antiken Medizin gab es international eine gewaltige Aufbruchstimmung, in deren Folge innerhalb weniger Jahrzehnte die faszinierende Welt des Hippokrates und seiner ärztlichen Kollegen mit neuen wissenschafts- und kulturhistorischen Fragestellungen und Methoden in vielen Facetten erhellt wurde. In beide Strömungen wuchs ich hinein und empfand es als ein Glück, an ihnen teilnehmen zu dürfen. Mit der Medizingeschichte war ich in einer Disziplin im Schnittpunkt von Geistes- und Naturwissenschaften angekommen, was meinen Interessen, die seit je auf beide „Welten" ausgerichtet waren, sehr entgegenkam.

Die Verbindung von antiker Medizin und zeitgenössischer Philosophie, Fragen der Mündlichkeit und Schriftlichkeit, gattungsgeschichtliche Probleme, Fragen zur Begriffsgeschichte sowie die Beziehung von in heutigem Verständnis somatischen zu psychischen Störungen standen im Mittelpunkt meiner damaligen Forschungen. Daneben begann ich mich bald intensiver für den Transfer der antiken Medizin ins Spätmittelalter und in die Renaissance zu beschäftigen. Hieraus erwuchs als erstes Ergebnis meine Habilitationsschrift über die Physiologie und Pathologie des Schlafes in Antike und Renaissance, mit der ich 1978 meine Venia legendi erwarb.

Wenige Monate nach der Habilitation bot mir die Robert Bosch Stiftung in Stuttgart die Leitung eines neu zu gründenden medizinhistorischen Instituts an, eine Aufgabe, die ich nicht ohne Zögern annahm, da sie neben der Forschungstätigkeit Fähigkeiten von mir verlangte, die in meinem Leben bis dahin keine Rolle gespielt hatten und die ich mir damals auch eigentlich nicht zutraute. Es wurde eine lehrreiche, gelegentlich auch schwierige Zeit, mit vielen interessanten Begegnungen, Einsichten und Erfahrungen in Organisation, Personalführung und Öffentlichkeitsarbeit, die sich für meine spätere Tätigkeit an der Universität als außerordentlich nützlich erweisen sollten. Mit der Übernahme des Stuttgarter Instituts war auch der Weg von der Spezialistin für antike Medizin zur „Generalistin" für die Medizingeschichte verbunden, was sich beispielsweise in Studien zur Geschichte der Medizinethik und der Psychiatrie in der Neuzeit niederschlug. Nicht ganz freiwillig auch dem Genius loci huldigend – Robert Bosch hatte zeit seines Lebens als echter Württemberger ein großes Faible für die Homöopathie gehabt und wollte sie auch nach seinem Tode gefördert sehen – entwickelte ich zudem in Stuttgart als neuen Arbeitsschwerpunkt das weite Feld der so genannten alternativen

Heilmethoden und ihres spannungsreichen Verhältnisses zur Schulmedizin in Geschichte und Gegenwart.

Obwohl das Stuttgarter Institut aufgrund seiner üppigen Ausstattung viele Möglichkeiten für die Forschung und für unterschiedlichste Aktivitäten bot, fehlten mir die Studentinnen und Studenten, und so übernahm ich nach erfolgreicher Bewerbung 1985 den Lehrstuhl für Geschichte der Medizin in Erlangen.

1989 erhielt ich einen Ruf nach Heidelberg auf den dortigen medizinhistorischen Lehrstuhl. Die Verlockung, ihm zu folgen, war groß; nicht zuletzt deshalb, weil ich dort zwei wunderschöne und anregende Studienjahre verlebt hatte. Aber ich lehnte den Ruf ab. Erlangen wurde danach für mich zum Ort des höchsten Glücks und des größten Schmerzes. 1993 heiratete ich, fast 50-jährig, den Nephrologen Bernd Sterzel, der 1988 aus den USA nach Erlangen berufen worden war, und wurde damit auch „Ersatzmutter" zweier halbwüchsiger Knaben und zweier Boxerhunde, die mir die zwar späte, aber sehr bereichernde Erfahrung einer Familie schenkten. Doch das Glück war nicht von Dauer. Schon wenige Jahre später musste ich meinen Mann nach langem, aber erfolglosem Kampf gegen einen tückischen Krebs den Weg gehen lassen, den wir alle allein gehen müssen.

Die Rückkehr in den Alltag fiel schwer und ist noch immer nicht ganz gelungen. Aber es war mir eine große Hilfe, dass mein Rektor mich 2002 zur Kandidatur für das Prorektorat vorschlug. Die Hoffnung, dass die Betriebsamkeit einer Hochschulleitung mit ihren unterschiedlichsten Aufgaben mich eher ins Leben zurückführen würde als die Einsamkeit des Schreibtischs, hat nicht getrogen. Ich habe die vier Jahre als Prorektorin der Universität Erlangen-Nürnberg in dieser Zeit des grundlegenden Wandels unserer Hochschulen nicht nur als Aufgabe und Herausforderung, sondern auch als menschliche und inhaltliche Bereicherung erlebt.

Noch während dieser Zeit wurde ich zu meiner großen Überraschung in die Mainzer Akademie aufgenommen. Diese hohe Auszeichnung macht mich nach wie vor beklommen – aber ich danke dafür und freue mich über die neue und anspruchsvolle intellektuelle Heimat.

HR. PETER WRIGGERS

Frau Präsidentin, meine Damen und Herren,
wie wird man als Sohn eines Kunstmalers Ingenieur? Diese Frage – wie man so aus der Art schlagen kann – habe ich mir selbst häufiger gestellt, hat doch das Elternhaus oft eine Vorbildwirkung, meine beiden Kinder (Junge und Mädchen) z.B. studieren beide ein technisches Fach. Auch lagen meine frühen Interessen eher im „Durchschwarten" der elterlichen Bibliothek und beim Segeln. Erkennen, dass mein zeichnerisches Können zwar zum technischen, aber nicht zum expressiven Zeichnen reichte, hat mich nach der Schulausbildung in Hamburg

zum Studium des Bauingenieurwesens an der damaligen TH Hannover verleitet. Damals beeinflussten die großen Brücken und der Hamburger Hafen mit seinen imposanten Bauwerken meine Entscheidung. Außerdem hingen in unserer Wohnung viele Industrie- und Hafenbilder meines Vaters, deren Präsenz weiterhin meine Neugier für die Technik weckte. Ich wollte Großes bauen oder zumindest an derartigen Konstruktionen beteiligt sein. Aber es kam dann im Studium ganz anders, schon in den ersten Semestern erwachte mein Interesse an den Grundlagen, speziell der Mechanik. Entsprechend entschied ich mich, nach meinem Abschluss am Institut für Baumechanik an der Universität Hannover zu promovieren. Dies war eine schöne Lehrzeit, damals – noch unberührt von Gedanken an Exzellenz und Antragsdruck – konnte ich meinen Neigungen nachgehen und promovierte 1980 mit einer Arbeit zum Kontakt fester Körper. Dies hat jedoch nichts mit der mechanisch-mathematischen Modellierung des Tango Tanzens zu tun – obwohl das auch möglich wäre –, sondern ist im Sinne technischer Interaktion gemeint. Ich wollte die von mir umgesetzten Modelle und Algorithmen weiterentwickeln und ging dann im Jahr 1983 mit einem Stipendium der DFG an das Department of Civil Engineering an der UC Berkeley. Dies war damals das Mekka meiner Forschungsausrichtung der „Computational Mechanics". Dort konnte ich unvergessliche Eindrücke sammeln. Die Professoren saßen in ungewohnt kleinen Zimmern, wenn auch mit unvergleichlichem Blick auf die Golden Gate Bridge, und wir, die Doktoranden und Postdocs, in fensterlosen Räumen; aber es herrschte ein Forschungsgeist und eine Begeisterung, die ich so noch nicht zu Hause kennen gelernt hatte. Professoren mit großen Namen waren immer ansprechbar und diskutierten mit uns Postdocs bis ins kleinste Detail. Angefacht durch diese Begegnungen, arbeitete man buchstäblich Tag und Nacht, getrieben von neuen Ideen und Ansätzen. Ein klassischer Karriereweg für einen deutschen Mechaniker: Elitehochschule in den USA. Aber es war mehr; diese Zeit prägte sicher nicht nur mich allein, sondern eine ganze Generation von deutschen Mechanikern. Es entstanden viele Arbeiten mit den dortigen Kollegen, so dass die Habilitation, die ich als akademischer Rat dann wieder in Hannover anfertigte, eigentlich nur eine Formsache war. Doch Kalifornien lockte wieder und so begab ich mich in 1988 wieder an die UC Berkeley, wo ich als Gastprofessor eine Vorlesung im dortigen Curriculum hielt. Heute noch treffe ich regelmäßig Professoren in Italien, Frankreich und den USA, die damals in meiner Vorlesung saßen. Nach einem aus familiären Gründen nicht angenommenen Angebot auf eine Professur in Stanford, bekam ich im Jahr 1990 einen Ruf auf eine Professur für Mechanik am damaligen Fachbereich für Mechanik an der TH Darmstadt. Dies gab mir die Gelegenheit, nun mit eigenen Doktoranden meine Forschungsrichtung im Bereich der Mechanik und der Umsetzung der entstehenden Modelle in numerische Simulationsverfahren auszubauen. Bei diesem Unterfangen halfen auch die vielen interdisziplinären Beziehungen zu Kollegen aus dem Ingenieurwesen, der Werkstoffkunde und der Mathematik, die mir die Mitarbeit an Forschergruppen und SFBs ermöglichten, die eine große Themenvielfalt mit sich brachte. Diese acht fruchtvollen und interessanten Jahre in Darmstadt endeten, als ich einen Ruf an die Universität Hannover annahm und seitdem als Nachfolger meines Doktorvaters Erwin Stein in Hannover das Institut für Baumechanik und Numerische Mechanik leite. Hier konnte ich meine Arbeitsgebiete vertiefen, die internationalen Kontakte – durch Freisemester in England, Frankreich, Australien und den USA gewonnen – ausweiten, aber auch wieder wissenschaftlich in neue Bereiche vorstoßen, wie z. B. der Mehrskalenanalyse, -beschreibung und -simulation von Werkstoffen.

Fachlich reizt mich bis heute, ingenieurphysikalische Probleme zu durchdringen, diese dann durch mechanische und mathematische Modelle zu beschreiben, die numerischen Methoden zu entwickeln, diese dann in Algorithmen umzusetzen und auf technische Problemstellungen anzuwenden. Dass dieses Streben zu der Aufnahme in die Akademie geführt hat, erfüllt mich mit Stolz aber auch mit Ehrfurcht vor der Vielfalt des hier versammelten Wissens. Ich bin begeistert, am akademischen Leben der Akademie teilnehmen, meinen Horizont erweitern und so Neues lernen zu können und danke Ihnen für die Aufnahme.

Plenar- und Klassensitzungen

Februarsitzung

22. Februar abends:	Klasse der Literatur Autorenlesung mit Eva Zeller: Das unverschämte Glück. Lyrik und Prosa
23. Februar vorm.:	Hr. Dirk von Petersdorff spricht über das Thema: „Das Lied. Zur Gegenwart einer lyrischen Gattung"
23. Februar nachm.:	Symposion Zukunftsfragen der Gesellschaft „Neue Erkenntnisse und Ziele der Astro- und Kosmophysik"
24. Februar vorm.:	Hr. Gernot Wilhelm spricht über das Thema: „Die reinen und die unreinen Tische. *Obere und untere Götter nach altanatolischen und altsyrischen Texten*"

Aprilsitzung

19. April abends:	Klasse der Literatur Mainzer Poetikrunde: 1. Religiöse Dichtung – im 21. Jahrhundert? 2. Gibt es Gesetze des Erzählens?
20. April vorm.:	Hr. Bernhard Schink spricht über das Thema: „Kurz vor dem Nichts: Energetische Grenzen mikrobieller Stoffumsätze in der Natur".
20. April nachm.:	Colloquia Academica PD Dr. Angela Thränhardt, Philipps-Universität Marburg, Fachbereich Physik: „Schneller als das Licht" PD Dr. Michaela Wittinger, Universität des Saarlandes, Rechts- und Wirtschaftswissenschaftliche Fakultät: „Europäische Staaten" oder „wo endet Europa?"
21. April vorm.:	Hr. Bernard Andreae spricht über das Thema: „Die Gräber von Paestum"

Junisitzung

21. Juni abends:	Klasse der Literatur Elisabeth Borchers und Arnold Stadler lesen aus ihren Werken

22. Juni vorm.:	Hr. Uwe Pörksen spricht über das Thema: „Wird unser Land zweisprachig? Vorsichtige Überlegungen zur Geschichte und Zukunft des Deutschen"
22. Juni nachm.:	Hr. Michael Veith spricht über das Thema: „Selbstorganisation bei Molekülen und Feststoffen (?)"
23. Juni vorm.:	Hr. Albrecht Riethmüller spricht über das Thema: „Musik als Zeichen und Bild: Überlegungen im Ausgang vom antiken Seikilos-Lied"

Novembersitzung

8. November abends:	Klasse der Literatur Autorenlesung mit Sigrid Damm
9. November vorm.:	Hr. Dieter Hoffmann spricht über das Thema: „Ding-Bild und Ding-Gedicht"
9. November abends:	Jahresfeier der Akademie Ansprache und Bericht der Präsidentin (S. 13) Festvortrag des Mitglieds Ernst Osterkamp: „Einsamkeit. Über ein Problem in Leben und Werk des späten Goethe" (S. 67) Verleihung der Leibniz-Medaille (S. 65) Antrittsreden der neuen Mitglieder (S. 38) Verleihung des Walter Kalkhof-Rose-Gedächtnispreises (S. 65) Verleihung des Rudolf-Meimberg-Preises (S. 66) Verleihung des Biodiversitätspreises (S. 66)
10. November vorm.:	Hr. Martin Claußen spricht über das Thema: „Was ist eigentlich Klima?"

KURZFASSUNGEN DER IM PLENUM GEHALTENEN VORTRÄGE

Dirk von Petersdorff: Das Lied. Zur Gegenwart einer lyrischen Gattung (23. Februar 2007 vorm.)

Wenn die Gegenwart ‚Volkslieder' hervorbringt, dann entstammen sie dem Bereich der Popkultur. Die Lyrik hat ihre lange Zeit wichtigste Untergattung in der zweiten Hälfte des 20. Jahrhunderts kaum noch fortgeschrieben oder weiterentwickelt. Der Vortrag stellt ein Plädoyer für eine neue Liedproduktion dar. Dazu wird auf die wichtigste Phase der Liedgeschichte, auf das späte 18. und frühe 19. Jahrhundert, zurückgegriffen. Die Sammlung „Des Knaben Wunderhorn" von Clemens Brentano und Achim von Arnim stellt einerseits ein Reservoir an Liedtexten bereit, demonstriert aber gleichzeitig, wie eine Gegenwart produktiv mit Zeugnissen der Vergangenheit umgehen kann. Denn vor allem Brentano schreibt Lieder aus der Tradition um, passt sie dem Lebensgefühl seiner Zeit an. In der Folge kommt es bei Brentano und dann vor allem bei Eichendorff und Heine zu einem außerordentlichen ästhetischen Schub: Angeregt durch die Bereitstellung der Tradition und ihr Umschreiben, ihre Verfremdung, ihre Revision entstehen liedhafte Gedichte, die zu den Höhepunkten der Gattungsgeschichte gehören. Im Anschluss wird die Frage gestellt, warum das 20. Jahrhundert die Liedform vernachlässigte und für überholt erklärte. Die Gründe liegen in einer geschichtsphilosophisch argumentierenden Ästhetik. Lässt man deren Argumente fallen, dann ist eine Erneuerung des Liedes denkbar. Denn seine Themen sind universal, sie bedürfen nur einer zeitspezifischen Realisierung und Formulierung. Mit Blick auf einige Beispiele aus dem Bereich der Popmusik werden die Möglichkeiten gegenwärtiger Liedkunst erörtert.

Gernot Wilhelm: Die reinen und die unreinen Tische. Obere und untere Götter nach altanatolischen und altsyrischen Texten (24. Februar 2007 vorm.)

Die über 20 000 Fragmente von Keilschrifttexten, die vor gut 100 Jahren in der Hauptstadt der Hethiter gefunden wurden, bieten ein umfassendes Bild der religiösen Vorstellungen im spätbronzezeitlichen Anatolien (1550–1200 vor Christus). In der neueren Forschung sind viele Verbindungen zwischen der geistigen Welt der Hethiter und sehr alten religiösen Traditionen des syrisch-kanaanäischen Raumes entdeckt worden. Aus diesem Grunde konnten hethitische Rituale sogar dazu beitragen, archaische Praktiken des Alten Testaments wie zum Beispiel den Sündenbockritus zu erklären.

In seinem Vortrag stellt Prof. Gernot Wilhelm, der Leiter des Akademie-Projekts „Hethitische Forschungen", neue Erkenntnisse zu den Unterweltsvorstellungen in Altanatolien und Altsyrien vor. Dabei geht es insbesondere um die Rolle der unterirdischen Götter in Kult und Magie und um den Wesensunterschied zwischen den unterirdischen und den himmlischen Göttern. Abschließend wird versucht, von den religiösen Vorstellungen des spätbronzezeitlichen Kanaan ausgehend, eine Entwicklungslinie aufzuzeigen, die über eine Veränderung der Gottesvorstellungen zu Veränderungen der

Jenseitsvorstellungen und zur Entfaltung neuer Jenseitshoffnungen führt, wie sie im Alten Testament greifbar sind.

Bernhard Schink: Kurz vor dem Nichts: Energetische Grenzen mikrobieller Stoffumsätze in der Natur (20. April 2007 vorm.)

Mikroorganismen erfüllen ihre wichtigste Funktion im Stoffkreislauf des Lebens auf der Erde im Abbau (Mineralisation) von organischer Substanz, die zuvor von grünen Pflanzen produziert und ggfls. von tierischen Organismen verändert wurde. Dieser Abbau findet zu einem großen Teil, z. B. in Gewässersedimenten, dem tiefen terrestrischen Untergrund oder in Verdauungssystemen, unter striktem Ausschluss von Sauerstoff statt. Während die Oxidation organischer Verbindungen mit Hilfe von Sauerstoff vergleichsweise viel Energie liefert, sind die Sauerstoff-unabhängigen, anaeroben Prozesse auf relativ kleine Energieerträge begrenzt. Dies wird besonders deutlich bei der Umsetzung von organischer Substanz zu Methan und CO_2, deren geringen Energieertrag sich überdies verschiedene funktionelle Gruppen von Mikroorganismen teilen müssen. Auf der Basis unserer Kenntnis der Biochemie des Energie-Stoffwechsels lässt sich ableiten, dass biologisch katalysierte Stoffumsetzungen ein Minimum an Energie von ca. -20 kJ pro Mol Reaktion liefern müssen, um mikrobielles Leben und Wachstum überhaupt zu ermöglichen. Diese Grenze wird in vielen wichtigen Teilschritten im methanogenen Abbau organischer Substanz gerade erreicht. Auch die anaerobe Oxidation von Methan in marinen Sedimenten spielt sich in diesem energetischen Grenzbereich ab. Völlig unverstanden ist die Lebensgrundlage von Mikroorganismen in tiefen Sedimenten, in denen energetisch nutzbare Substrate nicht in hinreichendem Maß zur Verfügung zu stehen scheinen.

Bernhard Andreae: Die Gräber von Paestum (21. April 2007 vorm.)

Wegen seiner griechischen Tempel ist Paestum ein magischer Anziehungspunkt für Italienreisende. Schon Goethe nahm von dort „die herrlichste Idee nordwärts mit". Was aber den wenigsten bekannt ist: Paestum besitzt in seinen Gräbern auch den wohl größten Schatz klassischer antiker Malerei, der nun erstmals umfassend in einer Ausstellung gewürdigt wird.

In Paestum, einer der nördlichsten griechischen Kolonien in Unteritalien, wurden seit den sechziger Jahren des 20. Jahrhunderts über hundert eindrucksvoll ausgemalte Gräber der Klassischen Zeit des Altertums entdeckt. Sie zeigen Szenen aus dem Leben der ritterlichen Gesellschaft der Lukaner, die nach den Griechen im 4. Jahrhundert v. Chr. die Herrschaft in der Hafenstadt am tyrrhenischen Meer übernahmen. Die mit sicherem Strich rasch skizzierten Bilder deuten darauf hin, dass die Gräber innerhalb kurzer Zeit nach dem Tod des darin Bestatteten ausgemalt wurden. Die Malerei ist trotz dieser Eile von hinreißender Schönheit und auch historisch-soziologisch äußerst interessant.

Die Szenen stellen heimkehrende Männer zu Pferde dar und Frauen, die sie mit einem Willkommenstrunk begrüßen. Sie zeigen Aufbahrungen, die von Klagefrauen, Musikanten und Opferszenen umgeben sind. Bei den dargestellten Leichenspielen kann es unter den Augen von Schiedsrichtern heftig, ja sogar blutig zugehen: beim Lanzenstechen, beim Wagenrennen um eine Siegessäule oder beim Boxkampf, der von Flötenmusik begleitet wurde. Genrehafte Szenen sind ebenso vertreten wie die Jagd auf Hirsche und Panther. Neben Fabeltieren wie Sphinx und Greif gibt es auch mythische Wesen wie Nereiden, die auf Seepferden reiten, eine Anspielung auf die Inseln der Seligen. Der Hahn als Zeichen der Fruchtbarkeit und Granatäpfel als Symbole ewigen Weiterlebens geben Einblick in die Vorstellungswelten der Lukaner.

Die Anziehungskraft der Tempellandschaft von Paestum hat bereits Giovanni Battista Piranesi in zwanzig berühmten Veduten aus dem Jahr 1778 festgehalten, auch zahlreiche Ölgemälde, Zeichnungen und Traktatillustrationen namhafter Künstler des 18. und 19. Jahrhunderts zeugen hiervon.

Uwe Pörksen: Wird unser Land zweisprachig? Vorsichtige Überlegungen zur Geschichte und Zukunft des Deutschen (22. Juni 2007 vorm.)

Unser Land wird nicht, es ist auf lebenswichtigen Gebieten bereits zweisprachig, deutsch und englisch, und im Hinblick auf größere Zuwanderergruppen mehrsprachig. Das wird sich vermutlich verstärken. Was bedeutet es für die Zukunft des Deutschen?

Einflussreiche Sprachberührungen waren in unserer Sprachgeschichte keine Ausnahme, sondern die Regel. Das Lateinische hatte vom 8. bis zum 18. Jahrhundert bestimmenden Anteil an der Entwicklung unserer Sprache und Schriftkultur, im 17. zum 18. Jahrhundert trat das Französische weit mächtiger hinzu als gegenwärtig das Englische. Die Antworten auf die Zweisprachigkeit und Dreisprachigkeit, die Formen der Integration waren vielfältig. Lassen sie Vermutungen, Schlüsse oder sogar Schlussfolgerungen hinsichtlich der Zukunft des Deutschen zu?

Michael Veith: Selbstorganisation bei Molekülen und Feststoffen (?) (22. Juni 2007 nachm.)

Als Selbstorganisation bezeichnet man einen Prozess, der eine interne Organisation von Bestandteilen hervorbringt, ohne dass die äußere Veranlassung zu diesem Verhalten offensichtlich ist.

Die ursprüngliche Idee zu dieser Definition stammt aus der Physik, hat sich aber auch in anderen Naturwissenschaften, wie z. B. Chemie oder Biologie etabliert und wird darüber hinaus auch in der Mathematik/Computerwissenschaften und in den Gesellschaftswissenschaften benutzt. In der Chemie spricht man gerne auch von Selbstassemblieren („self assembly"), wobei man darunter das spontane Ordnen mehrerer unabhängig voneinander existierender Einheiten unter meist schwachen, bindenden Wechselwirkungen versteht.

In dem Vortrag wird versucht, an Beispielen aus dem eigenen Arbeitsgebiet dieses „Selbstordnungsphänomen" sowohl im molekularen Bereich (wo es schon lange etabliert ist), als auch im Festkörperbereich an Hand von Phasenmischungen zu demonstrieren. Das Fragezeichen in der Überschrift steht für die Frage nach Ursache und Wirkung, die in dem Vortrag kritisch beleuchtet wird. Außerdem werden Anwendungsbeispiele dieses Prinzips gezeigt.

Albrecht Riethmüller: Musik als Zeichen und Bild: Überlegungen im Ausgang vom antiken Seikilos-Lied (23. Juni 2007 vorm.)

Im späten 19. Jahrhundert wurde der altertumswissenschaftlichen, bald darauf der musikgeschichtlichen Öffentlichkeit ein Lied vorgestellt. Es ist als Inschrift auf einer Grabsäule enthalten, die bei Smyrna in Kleinasien (heute Türkei) gefunden wurde und inzwischen im Nationalmuseum in Kopenhagen verwahrt wird. Das winzige, aber eben nicht fragmentarisch, sondern vollständig erhaltene Stück besteht aus dem Text in griechischen Buchstaben sowie Zeichen für die Melodie, in denen die Tonhöhen (Harmonik) und Tondauern (Rhythmik) festgelegt sind.

Das ungefähr 2000 Jahre alte, leicht überschaubare „Seikilos-Lied" wird im Vortrag den Anstoß geben dazu, das Verhältnis von Bild und Ton vor dem Hintergrund unseres Medienzeitalters näher zu bedenken. Im Mittelpunkt steht dabei keine theoretische Bestimmung von Musik als Zeichen und Bild. Vielmehr wird anhand von Beispielen der konkreten Verspannung des Visuellen mit dem Auditiven bzw. von Bild und Ton nachgegangen. Ob nun Bilder durch Töne untermalt werden oder ob Musik bebildert wird: Es scheint so zu sein, dass besonders auch die Kunstmusik heute – eher zu ihrem Schaden als Nutzen? – ohne visuelle Beigaben kaum mehr zu vermitteln ist.

Dieter Hoffmann: Ding-Bild und Ding-Gedicht (9. November 2007 vorm.)

Mit der Moderne, dem Widerstreit von gegenstandfreier und gegenständlicher Kunst wird viel über den Gegenstand, das Ding, philosophiert und gedichtet. Schopenhauers Feststellung ›Meistens belehrt erst der Verlust uns über den Wert der Dinge‹ hat eine neue Kraft gewonnen. Drei Buchtitel des 20. Jahrhunderts sind geradezu berühmt: ›Der Mensch und die Dinge‹ von Jean-Paul Sartre, ›Menschen und Dinge 1945‹ von Marie Luise Kaschnitz und ›Aufstand der Dinge‹ von Erhart Kästner. Kein Zweifel dürfte die Behauptung anfechten, dass Rainer Maria Rilke der bedeutendste Autor von Ding-Gedichten ist. Er hat durchaus den Glanz auch der armen, der einfachen, der alltäglichen Dinge verkündet wie nach ihm die ganz anders erscheinenden Bertolt Brecht und Günter Eich. – Das Glück, das in den gewöhnlichen Dingen liegen kann, hat der große Liebende Pablo Neruda in vielen seiner ›Oden‹ offengelegt.

An faszinierenden Ausstellungen von Stillleben hat es auf der Welt nicht gefehlt, wohl aber mangelt es noch an einer größeren Darbietung von vereinzelnden ›Dingbildern‹. Die Akademie der Wissenschaften und der Literatur will einen kleinen Beitrag mit einer exemplarischen Ausstellung Ernst Hassebrauks (1905–1974) geben. Wohl zum ersten Mal versucht ein Plenarvortrag, Konkurrenz und Kongruenz von Bild-Kunst und Wort-Kunst vor Auge und Ohr zu bringen. Künstler gehen einer ›Beseelung der unbelebten Dinge‹ nach, erspüren aber auch eine Verdinglichung des Menschen. Dingbilder können würdevoll herausgehobene, aber auch schmerzlich isolierte Gegenstände meinen. Eben das reflektiert auch die Dichtung. Die lyrischen Dinge korrespondieren gewissermaßen mit den Zeichnungen der Ausstellung oder korrespondieren auch nicht. Krug, Türklopfer, Glocke und Ring, auch die Lampe, auch die Ackerwalze sind als Ding zeichenhaft, die Bühnenrequisiten und die Stühle sowieso, aber auch die Teekanne, der Hut der Mutter, ja die Schreibmaschine sind zugleich mehr als sie scheinen. Alte Dichter reden noch mit den Dingen oder hören, was die Dinge sagen. Der Vortrag vermittelt ›Dingbilder‹ von Leonardo und Dürer, Delacroix und van Gogh, vor allem von Adolph Menzel, bis hin zu Horst Antes und Konrad Klapheck. Und er vermittelt Gedichte, insbesondere von Mitgliedern der Literaturklasse der Akademie, verstorbenen – Elisabeth Langgässer bis Rainer Malkowski und lebenden – von Hans Bender bis Wulf Kirsten …

Martin Claußen: Was ist eigentlich Klima? (10. November 2007 vorm.)

„Eigentlich" weiß jede(r), was Klima ist – doch offensichtlich wird im öffentlichen Diskurs der Begriff „Klima" wenig oder gar falsch verstanden. Oft wird Klima mit Wetter verwechselt, und auch in der Fachwelt der „Klimaforscher" wird manchmal klimarelevante Forschung mit Klimaforschung gleichgesetzt.

Was ist also Klima? Klima wird auf verschiedene Weise definiert. Zum einen wird Klima als mittlerer Zustand der Atmosphäre und dessen Variabilität – sozusagen als „Wetterstatistik" – verstanden. Im weiteren Sinne wird Klima als Statistik eines dynamischen Systems, des so genannten Klimasystems, beschrieben. Die erste Definition hat sich in der Klimatologie, einer eher beschreibenden Wissenschaft bewährt. Zum Verständnis der Dynamik des Klimas greift diese Definition jedoch zu kurz, denn insbesondere die langfristigen Änderungen in der Atmosphäre werden in starkem Maße durch die Wechselwirkung der Atmosphäre mit den anderen Komponenten des Klimasystems wie dem Ozean, der terrestrischen und marinen Biosphäre, der oberen Erdschicht (der Pedosphäre), den Eis- und Schneemassen sowie, wenn man über die vielen Jahrtausende und Jahrmillionen der Koevolution von Geosphäre und Biosphäre blickt, dem oberen Erdmantel beeinflusst. Diese komplexe Definition erlaubt den Bereich der klimarelevanten Forschung weit zu spannen – nahezu alles hat etwas mit Klima zu tun. Doch die „eigentliche" Klimaforschung setzt bei der Gesamtschau und Synthese der Klimasystemdynamik an.

In diesem Vortrag werden die Konsequenzen diskutiert, die sich aus der systemanalytischen Definition ergeben. Vergangene Klimaänderungen werden kurz beschrieben und als Folge möglicher äußerer und innerer Antriebsfaktoren interpretiert. Insbesondere wird darauf hingewiesen, dass Klimaänderungen auf sehr langen Zeitskalen nicht notwendigerweise Schlussfolgerungen für den gegenwärtigen Klimawandel zulassen.

Auch die Frage, ob Treibhausgase Klimaänderungen antreiben oder umgekehrt Klimaänderungen zu Variationen in den Treibhausgasen führen, hängt von der betrachteten Zeitskala ab. Bei der Interpretation der Klimaschwankungen der vergangenen Jahrhunderttausende stehen die natürlichen Wechselwirkungsprozesse zwischen den verschiedenen Komponenten des Kohlenstoffkreislaufes und des Klimas im Vordergrund, während die Klimaänderungen der letzten Dekaden zum großen Teil durch den (externen) Eingriff des Menschen in die natürlichen Stoffkreisläufe erklärt werden kann.

Die Abschätzung möglicher Klimaentwicklungen der nächsten etwa hundert Jahre führt zum (normativen) Dualismus zwischen Anpassung an und Verminderung von Klimaänderungen, wobei insbesondere die Perzeption möglicher Klimaänderungen und vermutlich weniger der tatsächliche Klimawandel entscheidungsrelevant ist.

Colloquia, Symposien und Ausstellungen

23. Februar	Symposion „Zukunftsfragen der Gesellschaft" Neue Erkenntnisse und Ziele der Astro- und Kosmophysik
9. März	Interakademisches Symposion „Digitale Modellierung, Simulation und Visualisierung: Wie zuverlässig kann man Zukünftiges vorausberechnen?" (in Zusammenarbeit mit der Deutschen Akademie der Naturforscher Leopoldina)
20. April	„Colloquia Academica" Akademievorträge junger Wissenschaftler
15. Mai	Anlässlich des 50. Todestages von Alfred Döblin: Voraufführung des 3sat-Dokumentarfilms von Jürgen Miermeister: „Alfred Döblin: Adler und Amokläufer"
12. Juni	Jahr der Geisteswissenschaften (in Zusammenarbeit mit der Johannes Gutenberg-Universität, dem Römisch-Germanischen Zentralmuseum, dem Institut für Europäische Geschichte und dem Landtag Rheinland-Pfalz): Landtag Rheinland-Pfalz Podiumsdiskussion „Mythos Rhein – Kulturraum, Grenzregion, Erinnerungsort"
13. Juni	Jahr der Geisteswissenschaften (s. o.): Staatstheater Mainz Non-Stop-Vorträge: Night of the Profs
13. Juni	Festakt Abschluss Neue Bach-Ausgabe in der Leipziger Thomaskirche
15. Juni	Jahr der Geisteswissenschaften (s. o.): Museum für Antike Schifffahrt Literarisch-musikalische Soiree: Mythos Rhein – Kulturelles Gedächtnis in Dichtung und Musik
16. Juni	Jahr der Geisteswissenschaften (s. o.): Exkursion an den Mittelrhein „Wie man mittelalterliche Inschriften zum Sprechen bringt – Winzersprache als Kulturgut"
17. Juni	Festakt Abschluss Neue Mozart-Ausgabe. Tanzmeistersaal des Mozart-Wohnhauses in Salzburg
19. Juni	Musik im Landtag (Arnold Schönbergs „Gurre-Lieder" als Liederzyklus)
6./7. Juli	Symposium anlässlich des Jubiläums der Colloquia Academica

24./25. August	Jahr der Geisteswissenschaften: Wikipedia und Geisteswissenschaften im Dialog
21. September	Verleihung des Joseph-Breitbach-Preises in Koblenz
1. Oktober	Jahr der Geisteswissenschaften (s. o.): Archäologische Feldbegehung für Schulklassen: Die Geschichte liegt auf den Äckern
22. Oktober	Fachtagung Justiz im Dialog: „Perspektiven des Strafprozessrechts"
23. Oktober	Literatur im Landtag (Alfred Döblins „Schicksalsreise")
8. Nov.–14. Dez.	Ausstellung mit „Dingbildern" des Dresdner Malers Ernst Hassebrauk (1905–1974), kuratiert von Dieter Hoffmann anlässlich der Jahresfeier der Akademie
22. November	Verleihung des Akademiepreises des Landes Rheinland-Pfalz
27. November	Gesprächsabend im Erbacher Hof. Glaubenszwiespalt: Gelehrtendisput im Reichsinteresse. Chancen und Grenzen der Reichsreligionsgespräche im 16. Jahrhundert
11. Dezember	Veranstaltung in Kooperation mit dem Kulturdezernat der Stadt Mainz und der Generaldirektion Kulturelles Erbe: Vom wahren Leben. Aus Wilhelm Heinses italienischen Aufzeichnungen und Briefen. Lesung mit Friedhelm Ptok und Markus Bernauer im Erthaler Hof

AKADEMIEPREIS DES LANDES RHEINLAND-PFALZ

Ägyptologie? Ach, das ist ja interessant!

Vortrag anlässlich der Verleihung am 22.11.2007

Ursula Verhoeven-van Elsbergen, Johannes Gutenberg-Universität Mainz

Für die erwiesene Ehre und die Unterstützung der ägyptologischen Forschung in Mainz möchte ich mich zunächst beim Ministerium und der Akademie ganz herzlich bedanken. Die Auswahl der Jury hat mich persönlich sehr überrascht und gefreut, und insbesondere bin ich glücklich darüber, dass eine Geistes- und vor allem Altertumswissenschaft heute im Rampenlicht stehen darf. Ich empfinde dies als Akzeptanz und *Einbindung* einer Disziplin, die eine zentrale Stellung innerhalb der Geistesgeschichte des Menschen einnimmt: Viele intelligente Sinnkonstruktionen, gesellschaftliche Werte, politische Strategien, aber auch Ängste und Wünsche einzelner Menschen bewegen und fordern uns in dieser frühen Kultur Nordafrikas, die die Mittelmeerwelt der Antike in so vielfältiger Weise beeinflusst hat. *Einbindung:* Dieser Begriff besaß auch im Alten Ägypten eine zentrale Bedeutung für den Einzelnen, denn *Imachu*, ein Wort, das auf jedem Grabdenkmal zu lesen ist, konstatiert den Status des Eingebundenseins im Leben und nach dem Tod, innerhalb der Familie, beim König und bei den Göttern. Der Begriff entspräche damit heutzutage einer gut funktionierenden Netzwerkkonstellation. Ohne eine solche stünde ich nicht hier, und ich fühle mich daher allen, auf deren Hilfe und Kooperation ich alltäglich – privat und beruflich – zählen kann, ebenfalls zutiefst verbunden.

Prolog

„Ägyptologie? Ach, das ist ja interessant!" – Mit dieser Reaktion werden Ägyptologen und auch schon Studierende immer wieder konfrontiert, wenn man sie nach ihrem Beruf oder Studium fragt. Manche Gesprächspartner erzählen gleich von ihren eigenen Ägyptenreisen, andere wollen jetzt endlich einmal wissen, wie denn nun die Pyramiden gebaut wurden. Die Reaktion beinhaltet aber auch eine gewisse Distanz und offenbart meist, dass man tatsächlich relativ wenig weiß über die Inhalte des Faches und die Möglichkeiten eines solch exotischen Berufes. „Ägyptologie? Ach, das ist ja interessant!" – etwas später schließt sich dann unweigerlich die Frage an: „Und was macht man damit?" Als Studentin oder Doktorandin muss man seine Entscheidung für dieses ungewöhnliche Studium immer wieder rechtfertigen und zählt dann alle Möglichkeiten auf, die man sich erhofft und die sich auch tatsächlich bieten: „Universität, Forschungsinstitute, Museum, Erwachsenenbildung, Publizistik, Reiseleitung, Verlage."

Ich möchte auf diese Frage nun vom anderen Ende her antworten und aus meinen Erfahrungen heraus vier Aspekte vorstellen, die die Ägyptologie in unserer Gesellschaft und als Wissenschaft prägen:

1) Ägyptologie und Öffentlichkeit
2) Ägyptologie als Wirtschaftsfaktor
3) Ägyptologie als Wissenschaftsdisziplin
4) Ägyptologie am Standort Mainz

1) Ägyptologie und Öffentlichkeit

Pyramiden, Schönheit, Mumien – In den letzten Monaten ist das Alte Ägypten mit diesen drei Themen im südwestlichen Teil unserer Republik durch vier Sonderausstellungen präsentiert worden: *Pyramiden* in Frankfurt, *Schönheit im Alten Ägypten* in Karlsruhe, *Mumien* in Mannheim als auch speziell *Ägyptische Mumien* in Stuttgart (wo allerdings kaum Mumien gezeigt werden, der Titel sollte besser *Totenkult und Jenseitsvorstellungen* lauten).

Es sind offensichtlich Themen, von denen man sich in den Museen das Interesse eines großen Publikums erhofft. Tatsächlich sind es aber auch die Themen, durch die eine nähere Beschäftigung mit der altägyptischen Kultur, sei es im Rahmen eines Studiums oder eines privaten Zugangs häufig initiiert wird. Was suchen oder finden wir in diesen symbolhaften Begriffen, was die alten Ägypter uns speziell bieten zu können scheinen?

Pyramiden – Ihre minimalistische bzw. abstrakte Form, das monolithische Baumaterial und ihr hohes Alter demonstrieren Perfektion, Megalomanie, geniales Projektmanagement sowie Macht und Herrschaft eines zentralistischen Staates. Gleichzeitig werden in ihren fast unmenschlichen Dimensionen und ihrer kosmischen Ausrichtung nach wie vor Geheimnisse vermutet. Auch die einfachen, aber effektiven Bautechniken faszinieren jedermann.

Schönheit – Hatschepsut, Nofretete und Kleopatra: mit den ägyptischen Königinnen verbindet man zeitlose und atemberaubende Schönheit (aber auch Intelligenz). Grabausstattungen mit glänzenden Beigaben aus Gold und Edelsteinen oder auch das jugendliche Antlitz auf den Särgen des Tutanchamun symbolisieren Unvergänglichkeit. Die Proportionen ägyptischer Tänzerinnen, aber auch die der Tempelbauten und Statuen, üben auch auf den heutigen Betrachter noch ihren Reiz aus.

Mumien – Obgleich nicht nur in Ägypten menschliche Körper künstlich konserviert wurden, sind die ägyptischen Mumien doch der Inbegriff für die Überwindung des Todes. Darüber hinaus gibt es keine Kultur, von der mehr Artefakte, Jenseitsbücher, Darstellungen und architektonische Einrichtungen erhalten geblieben sind, die dem Leben nach dem Tod dienen und ihn weniger unbekannt und bedrohlich machen sollten. In unserer heutigen Gesellschaft, in der das Sterben, der körperliche und geistige Umgang mit Toten, die persönliche Beschäftigung mit dem Lebensende und der offenen Frage einer nachtodlichen Existenz verdrängt, verschleiert oder tabuisiert werden, scheint die altägyptische Kultur mit ihren expliziten Hoffnungen, Ängsten und Vorkehrungen eine besondere Faszination auszuüben. Sie ist dennoch fern genug, um uns persönlich mit diesen Themen nicht all zu nahe zu kommen.

Die Untertitel der rezenten Ausstellungen („Pyramiden – Häuser für die Ewigkeit", „Schönheit im Alten Ägypten – Sehnsucht nach Vollkommenheit", „Mumien – Der Traum vom ewigen Leben" bzw. „Ägyptische Mumien – Unsterblichkeit im Land der Pharaonen") transponieren die drei eher konkreten, materiellen Themen *Pyramiden, Schönheit, Mumien* auf eine abstrakte Ebene: *Ewigkeit, Vollkommenheit* und *Unsterblichkeit* sind die großen Wörter, die dahinter stehen und als Objekte der Sehnsucht des Menschen vorgeführt werden. Sie spiegeln dabei nicht nur die Assoziationen der Ausstellungsmacher, sondern diese Begriffe spielen auch innerhalb der ägyptischen Weltvorstellungen eine zentrale Rolle: *neheh* und *djet* sind das dualistische

Begriffspaar für zeitliche und räumliche Ewigkeit und Unendlichkeit, 𓄤𓄤𓄤𓏥 *neferu* bedeutet zugleich Schönheit und Vollkommenheit und steckt z. B. in den programmatischen Königsnamen von Snofru, Nofretete oder Nefertari. 𓋹 *anch* ist der Begriff und das Symbol für das Leben schlechthin, das auch nach dem Tod weiter bestehen möge. Die Personifikation der Unsterblichkeit ist andererseits der Gott Osiris, der durch seine Erneuerungskraft den Tod partiell überwinden konnte. Jeder Verstorbene will daher ein „Osiris" sein.

Dieselben Konzepte, die wir mit *Pyramiden, Schönheit* und *Mumien* verbinden, haben also auch bereits die Menschen vor 4000 Jahren benannt und ersehnt. Insofern stehen sie durchaus exemplarisch für einen Teilbereich der ägyptischen Kultur bzw. der Menschheitsgeschichte insgesamt. Allerdings verhindert die Reduktion auf diese plakativen Begriffe meist eine tiefer gehende Beschäftigung mit deren Inhalten und Bedeutungen.

Das immense Interesse der Öffentlichkeit an altägyptischen Themen bezieht sich daneben mit Vorliebe auf wissenschaftlich uninteressante, aber spektakuläre Detailfragen: sei es eine durchbohrte Platte in den Gängen der Cheopspyramide, die neuerliche Untersuchung der Mumie des Tutanchamun oder der Verbleib der Berliner Nofretete. Archäologenkrimis, Historiendramen, aber auch Dokumentarfilme mit Bezug zu Ägypten stehen fast allwöchentlich auf dem Fernsehprogramm, vermeintliche oder auch wirklich neue Entdeckungen gehen sofort durch die Medien. Andererseits sind auch Bildungsreisen, Volkshochschulkurse, Vortragsreihen, Beiprogramme in den Museen – wenn es um Ägypten geht – immer schnell ausgebucht.

Und wo ist hier der Ägyptologe? Die Kataloge der Ausstellungen werden vielfach von Universitätsangestellten oder freischaffenden Ägyptologen geschrieben (wie zuletzt z.B. beim Mannheimer Katalog, an dem vier Mainzer Ägyptologen mitgewirkt haben) – der Lohn ist übrigens meist nicht mehr als ein Freiexemplar. Die Dozentin an der VHS oder im Programm Studieren 50plus, der ägyptische oder deutsche Reiseleiter oder Ausstellungsführer, der Veranstalter einer Neigungsgruppe Ägypten in einem Mainzer Gymnasium – es sind studierte Ägyptologen, die solche Tätigkeiten nebenbei oder hauptberuflich übernehmen und ausgezeichnet durchführen. Dieser große Markt, der in der Öffentlichkeit vorhanden ist, führt bereits zum nächsten Punkt:

2) Ägyptologie als Wirtschaftsfaktor

Verwertbare Erkenntnisse der Wissenschaft, wirtschaftliche Auswirkungen von Forschung – dies sind Kriterien, die im Rahmen der Evaluation von Universitäten und Fachbereichen immer wieder zu hören sind, geisteswissenschaftlichen Fächern aber meist aberkannt werden. Ich möchte damit keinesfalls ausdrücken, dass nur ein Fach mit wirtschaftlichem Erfolg eine Existenzberechtigung habe – ganz im Gegenteil. Aber man sollte sich auch einmal vergegenwärtigen, dass die Erkenntnisse einer Disziplin wie z.B. der Ägyptologie nicht unmaßgebliche Auswirkungen außerhalb der eigenen Feld- oder Schreibtischarbeit haben:

Als erstes wäre eine Art *Kulturmarkt* zu nennen: Nutznießer der Forschungsergebnisse sind in diesem Fall nicht Konzerne oder Kliniken, sondern die Museen, Verlagshäuser und Sendeanstalten, die die Öffentlichkeit nach bestem Wissen und Gewissen durch Ausstellungen, aktuelle Beiträge, wissenschaftlich fundierte Dokumentarfilme und

Sachbücher auf dem so genannten Kultursektor informieren. Gerade im Rhein-Main-Gebiet sind verschiedene einschlägige Verlage und Medien ansässig, die auch Ägyptologen für diese Zwecke beschäftigen.

Als zweites wäre ein *Bildungsmarkt* zu benennen: primär möchte ich hier ägyptische Studierende aufführen, die ihr Ägyptologie-Studium oder eine Promotion an einer deutschen Universität absolvieren und das gewonnene Know-how an ägyptischen Universitäten oder in der Altertümerverwaltung vor Ort einsetzen. Neben den normalen Studenten zieht das Alte Ägypten wie ähnliche altertumswissenschaftliche Fächer außerdem eine relativ große Anzahl von Gasthörern an, und auch in anderen Bildungseinrichtungen gehören Hieroglyphenkurse u. ä. zu den gefragtesten Angeboten. Bei den öffentlichen Vorträgen, die der „Freundeskreis Ägyptologie an der Johannes Gutenberg-Universität Mainz e.V." auf dem Campus organisiert, kommen inzwischen regelmäßig 150 Zuhörer, davon mehr als die Hälfte aus nichtuniversitärem Kontext.

Als dritten Faktor möchte ich schließlich einen *Projektmarkt* anschließen, denn geisteswissenschaftliche Forschungsprojekte sind auch Arbeitgeber, und wenn bei größeren Drittmittelprojekten spezielles Know-how und Technik eingesetzt werden müssen, handelt es sich vielfach auch um Vertreter anderer Disziplinen. Besonders bei längeren Feldkampagnen sind unterschiedliche Spezialisten vonnöten, die vorübergehend angestellt werden: neben Studierenden und Graduierten der Ägyptologie sind dies Fotografen, Bauforscher, Anthropologen, Zooarchäologen, Archäobotaniker u.a. Gleichberechtigt dazu werden die Spesen der ägyptischen Kooperationspartner finanziert, und einheimische Grabungsarbeiter, Inspektoren, Assistenten, Restauratoren und Handwerker, Fahrer, Hotelbesitzer und nicht zuletzt die Köche usw., erhalten aufgrund ausländischer Projekte Arbeitsaufträge und finanzieren damit oft zahlreiche Angehörige.

Aber es gibt auch eine Art Entwicklungshilfe bei der Erhaltung der historischen Bauwerke und Strukturen: Aufgrund verschiedener klimatischer und ökologischer Bedingungen schreitet der Zerfall der ägyptischen Denkmäler und Siedlungsstrukturen rapide voran und wissenschaftliche Ausgrabungen und Dokumentationen sind vielerorts dringend geboten. Eine wissenschaftliche Projektkooperation erfüllt dann sowohl internationale wie innerägyptische Interessen.

3) Ägyptologie als Wissenschaftsdisziplin

Wenn wir in Studium und Forschung als Ziel benennen, die altägyptische Kultur in all ihren Ausprägungen und aufgrund aller verfügbaren Quellen rekonstruieren und verstehen zu wollen, so fächert sich ein Spektrum unterschiedlicher Objektgattungen auf: Zunächst außerhalb der ägyptologischen Arbeit stehen die Untersuchungen der äußeren Bedingungen wie Flora, Fauna, Klima, Landschaft, Nahrungsgrundlagen und Konstitution der damaligen Menschen. Allerdings sind es oft Ägyptologen und Zoologen bzw. Botaniker in einer Person, die sich mit diesen Fragen beschäftigen. Die Ergebnisse sind auf jeden Fall für die ägyptologische Forschung unabdingbar und fruchtbar, da die geschaute und erfahrene Natur vielfach in die Symbolwelten und Handlungsstrategien einfließt.

Die verschiedenen Schriftarten (Hieroglyphisch, Hieratisch, „Ptolemäisch", Demotisch, Koptisch) und Sprachstufen (Früh-, Alt-, Mittel- und Neuägyptisch, Demotisch und Koptisch) werden vom Ägyptologen selbst analysiert und stellen die Basis des Studiums dar. Für die Datierung und Bewertung von Inschriften und ihren diversen Textträgern ist die genaue Kenntnis der Schriftzeichen (Epigraphie bzw. Paläographie), der Sprachstufe (Grammatik) und des Vokabulars (Lexikographie) vonnöten, darüber hinaus sind beispielsweise Textformung, Gattungszugehörigkeit, Überlieferungsgeschichte und Intertextualität mögliche Kriterien der Auswertung.

Einen eher materiellen Bereich stellen Artefakte im Sinne von Gerätschaften, Alltagsgegenständen, Kultobjekten, Grabbeigaben, dar, dazu die Baudenkmäler wie Tempel, Gräber, Paläste und auch Siedlungsstrukturen. In großer Fülle liegen Bildwerke oder bebilderte Objekte vor, seien es Grabreliefs, Malereien, Statuen, Stelen, Särge oder auch Amulette des Alten Ägypten. Als Methoden für diese materiellen Bereiche werden z.B. Stilentwicklung und Typologie, Bauforschung und Materialkunde herangezogen. Naturwissenschaftliche Analysen helfen bei Fragen der Datierung, Beschaffenheit u. a. m.

Es ergibt sich ein breites Spektrum von verwertbaren Quellen, die Auskunft über die Lebensweise der altägyptischen Bevölkerung geben können:

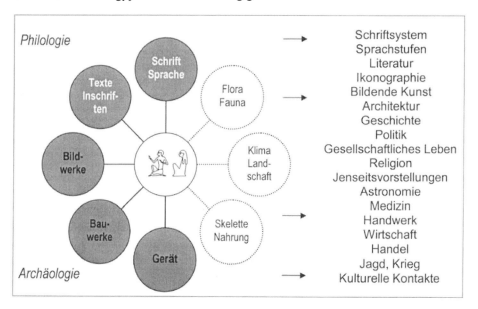

Aus der Spezialisierung, aber auch aus dem Zusammenspiel von Philologie und Archäologie sowie weiterer Aspekte können die zahlreichen Aspekte der altägyptischen Kultur angegangen werden:

- o   Schriftsystem, Sprache und Literatur
- o   Ikonographie, Bildende Kunst und Architektur
- o   Geschichte, Politik, Gesellschaftliches Leben
- o   Religion/Magie, Jenseitsvorstellungen, und dazugehörige Rituale
- o   Astronomie, Medizin, auch Mathematik, Schlangenkunde u. a. m.
- o   Handwerk, Wirtschaft, Handel, Jagd und Krieg
- o   Kulturelle Kontakte jedweder Art, die in allen Bereichen eine Rolle spielen

Wenn auch vielerorts personell bedingt nur einzelne Schwerpunkte untersucht werden können, so sind doch Studierende und Lehrende gehalten und auch bemüht, möglichst viele Bereiche einzubeziehen und zu vermitteln, um das Gesamtbild der Gesellschaft, in dem diese Facetten stets zusammenspielen, im Auge zu behalten.

Damit ist ein Grundsatzproblem, aber gleichzeitig auch ein grundsätzlicher Pluspunkt meines Faches benannt: Die Ägyptologie als wissenschaftliche Disziplin zielt von jeher darauf ab, die Gesamtheit der altägyptischen Kultur am Niltal zwischen dem Mittelmeer und dem 4. Katarakt in Nubien/Sudan von ca. 3200 v. Chr. bis etwa 640 n. Chr. zu erfassen und zu erforschen. Dieser ganzheitliche Ansatz steht im Gegensatz zu differenzierten Fächerkulturen anderer antiker bzw. frühmittelalterlicher Gesellschaften:

Altes Ägypten	Alter Orient	Klassische Antike	Frühes Mittelalter
Ägyptologie	Vorderasiatische Archäologie	Klass. Archäologie: Griechenland, Rom	Vor- und Frühgeschichte/ Christliche Archäologie
		Alte Geschichte	Mittelalterliche Geschichte
	Altorientalische Philologie	Klass. Philologie: Griechisch, Latein	Teile der Germanistik
		Philosophie der Antike	Philosophie des Mittelalters

Die Wissenschaft vom Alten Orient zergliedert sich in Forschung und Lehre aufgrund der unterschiedlichen beteiligten Sprachfamilien und des großen regionalen Gebietes in die Fachrichtungen Vorderasiatische Archäologie und Altorientalische Philologie (mit Akkadisch, Sumerisch, Hethitisch), die selbstverständlich eng zusammenarbeiten. Die Klassische Antike wird von verschiedenen Professuren in den Disziplinen Klassische Archäologie (mit Schwerpunkten im griechischen und römischen Bereich), Alte Geschichte, Klassische Philologie (Gräzistik bzw. Latinistik) sowie Philosophie der Antike vertreten. Die frühen mittelalterlichen Kulturen Zentraleuropas erforschen Vor- und Frühgeschichte bzw. Christliche Archäologie, Mittelalterliche Geschichte, Teile der Germanistik sowie Philosophie des Mittelalters. In der Ägyptologie ist diese Trennung bislang nicht vollzogen und wäre auch problematisch: Auf vielen der oben genannten Quellen sind Bild und Schrift eng miteinander verwoben, wodurch Funktion und Sinn weitgehend explizit gemacht sind: Szenische Darstellungen sind stets mit Beischriften versehen, Gegenstände der Grabausstattung müssen im Idealfall mit Namen und Titeln des Besitzers sowie Segensformeln versehen sein, Statuen und Stelen tragen Bildfelder und Inschriften, Papyri neben langen Texten auch kunstvolle Vignetten und Zeichnungen, Grabanlagen sind mit umfangreichen Jenseitstexten, Opferlisten und kommentierten Bildszenen dekoriert, Tempelwände flächendeckend mit Ritualszenen, Festkalendern oder auch historisierenden Darstellungen und Inschriften versehen, usw. Das Verhältnis von Bild und Schrift ist dabei ambivalent: Mal kann das Bild die Schrift vignettenhaft erläutern, mal erläutert und identifiziert die Beischrift das Dargestellte. Auf Grab- oder Tempelwänden können die großen Figuren auch als monumentale Hieroglyphen gelesen werden, so dass man sagen könnte, die Dekoration bestünde nicht aus Ritual*szenen*, sondern aus Ritual*büchern*, in denen die Schriftzeichen für die handelnden Personen nur in größerem Maßstab dargestellt sind.

Neben der engen Verbundenheit von Text und Bild stellt der Kontext einen weiteren wichtigen Aspekt der ganzheitlichen Ägyptologie dar. Indizien einer Niederlegung, Anbringung, Zerstörung, Wiederverwendung geben nicht nur über chronologische Fragen der Datierung und Abfolge Auskunft, auch der Sinn der Dinge beruht größtenteils auf dem ursprünglich intendierten Kontext ihrer Fixierung. Leider sind durch Raubgrabungen, frühe Schatzsuchen und schlecht dokumentierte Feldkampagnen oftmals die Informationen zur Herkunft dürftig oder nicht vorhanden. Ein besonders arges Schicksal in dieser Hinsicht hat die Nekropole von Assiut erfahren, aus der vor allem gut erhaltene Särge, Statuen und Holzmodelle in großer Zahl in die Museen der Welt gelangt sind. Eine Identifikation des Grabes oder sogar des Schachtes, in dem sie einmal als Beigabe niedergelegt waren, ist weitestgehend unmöglich. Bei unseren Nachgrabungen in Assiut fanden sich trotz der früheren Aktivitäten aber noch homogene Fundgruppen, die aufgrund von Stil und Typ datiert und zugeordnet werden können.

In der Lehre dienen regelmäßige Museumsexkursionen dazu, Originalobjekte zu beschreiben, zu entziffern und dreidimensional zu erfassen. Die Rekontextualisierung in ursprüngliche Zusammenhänge einer Siedlung, eines Grabes oder eines Tempels ist aber – soweit wie möglich – ebenfalls zu berücksichtigen, wobei die Forschungsgeschichte eine wichtige Rolle spielt. Bei Grabungspraktika wird vermittelt, in welchem Zustand und in welcher Vergesellschaftung Funde ans Tageslicht kommen. Dies führt auch zu der Erkenntnis, wie viele Gegenstände im Umfeld eines möglichen Vorzeigeobjektes nicht in die ausgeleuchtete Vitrine eines Museums gelangen. Zudem gilt es vor Ort, die realen Baustrukturen, Straten und Befunde kennenzulernen und zu dokumentieren, die später nur noch in Fotos, Plänen und Schnittzeichnungen erhalten bleiben.

Philologie und Archäologie sind bei ägyptologischen Fragestellungen also nur selten zu trennen, obwohl es natürlich Schwerpunkte und Ungleichgewichte gibt, die sich auch in den Forscherpersönlichkeiten und ihren Werken zeigen. Qualifikation auf philologischem Gebiet ist bei der Besetzung von Professuren immer noch vorrangig, archäologische Aktivitäten sind willkommen, aber meist nicht zwingend gefordert. Dies hat zur Folge, dass die archäologische Ausbildung ins Hintertreffen gerät und inzwischen am Deutschen Archäologischen Institut in Kairo, aber auch an den ägyptischen Museen in Deutschland eine begründete Sorge um qualifizierten Nachwuchs besteht, der sich in der Feldarbeit und/oder Objektbearbeitung überdurchschnittlich ausgewiesen hat.

Bei der anfangs vorgeführten Reaktion mancher Mitmenschen auf den Beruf des Ägyptologen schließt sich wie erwähnt oft eine Frage nach den Beschäftigungsmöglichkeiten an und ob es denn überhaupt noch etwas zu erforschen gäbe. Neben den zahlreichen weltweit angesiedelten Museen und Universitäten mit ägyptologischen

Abteilungen gibt es allein bundesweit etwa zwei Dutzend entsprechende Institutionen. Als wichtigste Forschungsstätte fungiert das Deutsche Archäologische Institut (DAI) in Kairo, ein neues kleines Institut in Heidelberg (ÄFKW) wird aus privater Hand finanziert. An mehreren Akademien sind große Langzeitprojekte angesiedelt, traditionell solche mit philologischem Schwerpunkt: Das Anfang des 20. Jh. in Berlin gegründete Ägyptische Wörterbuch ist nach wie vor wegweisend und zentral, die digitalisierte Eingabe von Belegstellen, Wortbedeutungen und ganzen Textkorpora wird von anderen Orten unterstützt, so von der Sächsischen Akademie, in der die ägyptische Literatur betreut wird, von der in Nordrhein-Westfalen, in der ein Totenbuchprojekt angesiedelt ist, und von der Mainzer Akademie, in der die Demotistik zu Hause ist. In Göttingen läuft ein Projekt zur Übersetzung und Analyse sämtlicher Texte des großen Horustempels von Edfu. Archäologische Feldkampagnen werden einerseits vom DAI Kairo durchgeführt (zurzeit an zehn verschiedenen Orten), andererseits im Rahmen von Drittmittelprojekten an den Institutionen (in Ägypten und dem Sudan zusammen etwa 15 Feldprojekte). Erfreulich ist übrigens, dass Mainzer Studierende und Graduierte inzwischen an vier Ausgrabungen in Ägypten mitarbeiten (Elephantine, Dra Abu'l Naga, Assiut, Qantir).

Auf die Vermutung – es sei doch vielleicht schon alles gefunden und wichtige Neuentdeckungen seien nicht mehr zu erwarten, möchte ich eine durchaus überzeugende Prognose zitieren, die im November 2007 auf der 100-Jahr-Feier des DAI Kairo mehrfach fiel: Die zur Zeit bekannten und sichtbaren Denkmäler stellten nur ein Viertel der erhaltenen Zeugnisse altägyptischer Kultur dar, drei Viertel seien noch unter Sand oder Fruchtland verborgen.

4) Ägyptologie am Standort Mainz

Lassen Sie mich als letzten Punkt noch kurz einige der neuen Schwerpunkte der Mainzer Ägyptologie aufzeigen. Das jüngst hier angesiedelte DFG-Langzeitprojekt zur Erforschung und Dokumentation der Felsnekropole von Assiut in Mittelägypten verdanke ich einer Initiative von Jochem Kahl, inzwischen außerplanmäßiger Professor in Mainz. In Kooperation mit unserem Kollegen von der Universität in Sohag, Mahmoud El-Khadragy, leitet er die jährlichen Kampagnen vor Ort. Die Forschungen erstrecken sich auch in diesem Projekt über die ganze Breite ägyptischer Hinterlassenschaften, vor allem aus den zwei Jahrhunderten um 2000 v. Chr.: Felsgrabarchitektur, gemalte und reliefierte Dekorationen und Inschriften, ungestörte Schachtbestattungen, unterschiedlichste Kleinfunde und für die Datierung wertvolle Keramik aus allen Epochen. Besonders interessant sind Zeugnisse sekundärer Nutzung der alten Grabanlagen: ein sehr hoch gelegenes Grab, das 2005 vom Projekt entdeckt wurde, war ca. 500 Jahre nach seiner Fertigstellung Ziel regelmäßiger Besuche: Vertreter der lokalen Bildungselite hinterließen hier 140, vielfach umfangreiche Tintengraffiti in hieratischer Schrift an den Wänden, in denen sie ihre Besuche, Opferformeln aber auch berühmte literarische Texte, sog. Klassiker, die in dieser Zeit zum Schulunterricht gehörten, dokumentierten – die Niederschrift dieser klassischen Lehren in einem Grab ist ein bislang einzigartiger Befund, dessen Tragweite noch nicht endgültig geklärt ist. Nach meinen jüngsten Erkenntnissen bezogen sich die lehrhaften Texte gezielt auf die ein halbes Jahrhundert ältere Originaldekoration, wodurch ein besonderes Verhältnis zur Vergangenheit und den Hinterlassenschaften früherer Gaufürsten deutlich wird.

Innerhalb des SFB 295, dessen Gründung übrigens auf meinen Vorgänger Rolf Gundlach zurückgeht, ist die Ägyptologie in zwei Projekten beteiligt, die sich mit Erscheinungen kultureller Kontakte im Mittelmeerraum beschäftigen. In gemeinsamer Projektleitung mit meiner Kollegin der Vorderasiatischen Archäologie, Eva Braun-Holzinger, entstehen seit 2003 Arbeiten der Mitarbeiter Angela Busch und Dirk Wicke zur Übernahme ägyptischer Motive auf Objekte der phönikischen Kleinkunst, der „sinnentleerter Eklektizismus" unterstellt worden war. Tatsächlich zeichnen sich eine verstehende Inkorporation in die eigene Bildwelt, eine eigene phönizische künstlerische Entwicklung sowie auch gegenseitige Beeinflussungen ab.

Im anderen, rein ägyptologischen Projekt beschäftigen sich Dagmar Budde und Sandra Sandri seit 2000 mit ägyptischen Kindgöttern in griechisch-römischer Zeit. Im 1. Jahrtausend v. Chr., der Epoche von Fremdherrschaften und starken Kultureinflüssen, erleben kindgestaltige Götter in Ägypten einen erstaunlichen Aufschwung. Die Tempeltheologen entwickeln zahlreiche Göttertriaden in Form von Vater-Mutter-Sohn und das eingängige Bild des jugendlichen Sonnengottes bzw. des kindlichen Horus verbreitet sich über die gesamte Mittelmeerwelt. Männliche Nachkommenschaft, Fruchtbarkeit, Nahrungsfülle, aber auch Legitimation und Regeneration sind Wünsche, für die die Kindgötter offensichtlich als Garanten galten. Die Verehrung wurde sowohl im offiziellen Tempelbereich als auch im privaten Umfeld gefördert, erfuhr immer mehr Zuspruch und mündete schließlich in der christlichen Heilserwartung.

Von den Mainzer Dissertationsthemen möchte ich nur ein eher ungewöhnliches erwähnen: Meine Mitarbeiterin Diana Wenzel hat sich auf Formen der Ägyptenrezeption spezialisiert und insbesondere die knapp 100 Filme über Kleopatra analysiert. Es ergaben sich erstaunliche Konstruktionen, u. a. als Orientalin, die im Kontext gesellschaftspolitischer Tendenzen des 20. Jh. zu sehen sind.

Ein neuer Impuls ist vor kurzem durch Tanja Pommerening nach Mainz gekommen, eine Pharmazeutin und Ägyptologin, die – gefördert von der DFG – eine Neubearbeitung der umfangreichen medizinischen Texte unternimmt. Mit einem methodischen Neuansatz betrachtet sie die Diagnosen und Rezepte philologisch, kulturhistorisch und pharmakologisch sowie in ihrem transdisziplinären Kontext. Auch die religiös-magische Seite der Heilmittel spielt in Ägypten dabei eine wesentliche Rolle.

Wie Sie nun beobachten konnten, sind in Mainz wie auch andernorts nur Teilbereiche des gesamten Faches intensiv vertreten – in der Lehre für weit über 200 Studierende bemühen wir uns, möglichst auch andere Bereiche zu vermitteln. Als Schwerpunkte der Mainzer Ägyptologie würde ich derzeit folgende Interessen und Forschungsgebiete benennen: Sämtliche Sprachstufen und Textsorten in den Schriftarten Hieroglyphisch und Hieratisch (zurzeit sind durch die Drittmittel-Bediensteten auch die zeitlichen Extreme Frühägyptisch und Ptolemäisch vertreten); Inhalte, Formen und Traditionen von Literatur und Wissenskultur; schließlich Religion, Magie und Jenseitsvorstellungen, zu denen z.B. auch die Götterikonographie gehört. Feldarchäologie, Medizin und Ägyptenrezeption sind hingegen Themen, die überwiegend in der Forschung und nur befristet am Institut angesiedelt sind. Unterrepräsentiert sind derzeit vor allem methodische Untersuchungen zur materiellen Kultur, d.h. Bildkunst, Stein- und Lehmziegelarchitektur, außerdem Studien zu Objekten und Geräten der Alltagskultur. Geschichte, Verwaltung und Wirtschaft, die auch in diesem eher profanen Bereich verankert sind, können nur partiell einbezogen werden.

Fazit

Der Modellfall Ägypten bietet in vielen Bereichen die Möglichkeit, bestimmte Phänomene über einen sehr langen Entwicklungszeitraum zu analysieren, was besonders für die Sprachstufen interessant ist, aber auch in allen anderen Bereichen wie z.B. Religion, Gesellschaftsstrukturen oder Darstellungskonventionen. Wenngleich die altägyptische Gesellschaft ursprünglich ein Konglomerat aus verschiedenen Bevölkerungsgruppen war, die im Zuge der Austrocknung der Sahara im Niltal zusammentrafen, wurde es doch offensichtlich rasch möglich, sich als Angehöriger einer Kultur zu verstehen, eine gemeinsame „Sprache Ägyptens" zu sprechen, und sich einem religiösen System, das allerdings lokal differenzierte Ausprägungen enthielt, anzuvertrauen. Immer wieder strukturierte und rekonstruierte sich der altägyptische Zentralstaat neu: sei es nach einem Zerfall unter regionale Potentaten, nach Einmärschen und Regierungszeiten von Fremdherrschern, sei es nach Machtverlust durch innenpolitische Auseinandersetzungen. Anpassung an neue Verhältnisse war meist begleitet durch Rückbesinnung auf starke Traditionen, und dennoch konnten aus dem Ausland „eingewanderte" Götter in das offene Pantheon der ägyptischen Religion problemlos integriert und eventuell ägyptisiert werden.

Drei „Merksätze" möchte ich an den Schluss setzen, die über ein Verständnis der Ägyptologie als Disziplin der *Pyramiden, Schönheit* und *Mumien* hinausweisen mögen:

1) Ägyptologie war und ist aufgrund ihres ganzheitlichen Ansatzes von jeher eine historisch arbeitende Kulturwissenschaft mit vielfältigen Untersuchungsgegenständen.

2) Durch ihren modellhaften und langzeitlichen Charakter eignet sie sich in besonderer Weise zu epochen- und kulturübergreifenden sowie zu vergleichenden Fragestellungen, auch neuzeitlicher Prägung.

3) Als Disziplin ist sie inhaltlich ungeheuer breit, in der Forschung, u. a. aufgrund der Gegebenheiten des Gastlandes und der weltweiten Museumsbestände, sehr aktiv und ständig gefordert, und als Studium, aber auch in der Öffentlichkeit, stark nachgefragt.

Epilog

„Ägyptologie? Ach, das ist ja interessant" – durchaus, aber ich würde die Ägyptologie nicht, wie es immer noch geschieht, als „schönes Orchideenfach" bezeichnen wollen. Meines Erachtens ist sie eher ein Kartoffelacker, den es mit philologischen, historischen und archäologischen Methoden zu bearbeiten gilt, um zahlreiche und qualitätvolle Früchte hervorzubringen. Diese können – um im Bilde zu bleiben – Grundnahrungsmittel darstellen, aber auch zu raffinierten, mitunter internationalen Gerichten verarbeitet werden. Es bedarf nur einer entsprechenden Küche.

VERLEIHUNG DER LEIBNIZ-MEDAILLE

an Herrn Professor Dr. Jörg Michaelis

Herr Michaelis hat sich als Präsident der Johannes Gutenberg-Universität in enger Zusammenarbeit mit der Akademie der Wissenschaften und der Literatur in herausragender Weise für gemeinsame Ziele eingesetzt. So hat er die Symposien der Akademie zu Zukunftsfragen der Gesellschaft nachhaltig unterstützt und durch die Beteiligung an den Colloquia Academica und die Gründung der Johannes Gutenberg-Akademie wesentlich zur Förderung des wissenschaftlichen Nachwuchses beigetragen.

Academia fautori gratias agit plurimas.

Mainz, den 9. November 2007

VERLEIHUNG DES WALTER-KALKHOF-ROSE-GEDÄCHTNISPREISES ZUR FÖRDERUNG DES WISSENSCHAFTLICHEN NACHWUCHSES

an Herrn Dr. Peter Martin Virnau

Herr Dr. Virnau hat nach seiner Promotion wichtige Beiträge zur Erforschung der Rolle von Knoten in den Konfigurationen langer flexibler Makromoleküle mittels Computersimulation geleistet. Er zeigte wichtige Unterschiede in der Struktur kollabierter synthetischer Polymere und von Biomolekülen auf. Seine Arbeiten zu verknoteten Proteinen finden breites Interesse in einem neuen Forschungsgebiet, welches statistische Physik und Polymerforschung sowie molekulare Biophysik verknüpft.

Mainz, den 9. November 2007

VERLEIHUNG DES RUDOLF-MEIMBERG-PREISES

an Herrn Professor Dr. Stefan M. Maul

Stefan M. Maul ist in unserer Zeit einer der herausragendsten Forscher auf dem Gebiet der altorientalischen Kulturen. Sein Hauptarbeitsfeld ist das besonders schwierige und unübersichtliche Gebiet der altorientalischen Religions- und Literaturgeschichte.

Seine auf eigener Quellenedition basierenden monumentalen Monographien zur babylonischen Gebets- und Rituallitteratur sind Meilensteine der Forschung. Seine Übersetzung des Gilgamesch-Epos hat dem deutschen Publikum einen neuen Zugang zu dem bedeutendsten literarischen Werk des Alten Orients verschafft. Unter den zahlreichen Aufsätzen verdient die Deutung einer „graeco-babylonischen" Tontafel besonders hervorgehoben zu werden.

Die Akademie würdigt durch die Verleihung des Rudolf-Meimberg-Preises an Herrn Stefan M. Maul einen Gelehrten, der immer wieder zentrale Aspekte altorientalischen Denkens thematisiert und sich damit hohes Ansehen auch außerhalb seines Faches erworben hat.

Mainz, den 9. November 2007

VERLEIHUNG DES FÖRDERPREISES BIODIVERSITÄT

an Herrn Dr. Lennart Wolfgang Pyritz

In Anerkennung seiner besonderen Leistung in der Diplomarbeit „Effects of Forest Fragmentation on Diversity and Abundance of Birds and Primates in Tropical Deciduous Forests of Departamento de Santa Cruz, Bolivia".

Lennart Wolfgang Pyritz hat in einem außergewöhnlichen Arbeitseinsatz die sehr diverse Vogel- und Primatenfauna in tropischen Wäldern Boliviens untersucht. Die gründliche Studie trägt Neues zur Wirkung der Fragmentierung auf Tiergemeinschaften in Tropenwäldern bei. Unter Verwendung komplexer statistischer Verfahren ergaben sich wichtige Erkenntnisse über den Zusammenhang zwischen der Diversität der Vogel- und Primatengemeinschaft und Eigenschaften der Waldfragmente wie Flächengröße, Isolationsdauer, Vegetationsstruktur und Einbettung in die Landschaft.

Mainz, den 9. November 2007

FESTVORTRAG ANLÄSSLICH DER JAHRESFEIER 2007

Ernst Osterkamp

Einsamkeit. Über ein Problem in Leben und Werk des späten Goethe

Kurzfassung[*]

Seit dem Tod Schillers im Jahre 1805 wird die Einsamkeit zu einem Problem in Leben und Werk Goethes. Goethe hat nie in einem sozialen Sinn einsam gelebt; Familie, Amt, weite Bekanntenkreise, die Verankerung in Stadt und Region, literarische und wissenschaftliche Verbindungen weltweit haben dies ausgeschlossen. Die Einsamkeit, in die er sich mit dem Tod Schillers plötzlich versetzt fühlte, bezeichnet vielmehr die Empfindung der geistigen Isolation in seiner eigenen Zeit und den Verlust des Einklangs mit den tragenden intellektuellen Bewegungen der Epoche. Goethes Einsamkeit begründet sich dreifach: In ihr verdichten sich die Erfahrungen desjenigen, der sich mehr und mehr von seinen Generationsgenossen verlassen fühlte, dessen epochale Lebensbedingungen sich massiv von denen unterschieden, unter denen er aufgewachsen war, und dessen Selbstverständnis in entschiedener Opposition zum Zeitgeist stand. Der Vortrag will zeigen, mit welchen Strategien es Goethe gelingt, die Einsamkeit aus einem auferlegten negativen Schicksal zu transformieren in einen selbst gewählten Zustand der schöpferischen Abgeschiedenheit, der freiwilligen Isolation von störender Gesellschaft und unerbetenen Besuchern, von lästigen Zerstreuungen und Abhaltungen; er rekonstruiert den Prozess der Einübung von Einsamkeit als einer produktiven Existenzweise. Der Vortrag geht des Weiteren der Frage nach, welche Konsequenz die Goethesche Einsamkeit als zunächst erzwungene und dann freiwillig gesuchte Distanz zum Alltag, zur Gesellschaft und schließlich zum Zeitgeist für sein schriftstellerisches Werk besessen hat. Tatsächlich lässt sich Goethes Spätwerk sowohl thematisch als auch formal als große Poesie der Einsamkeit lesen. Schließlich versucht der Vortrag zu zeigen, dass die Einsamkeit auch im politischen Handeln und in den Verwaltungsaktivitäten des späten Goethe ihre Wirkungen zeitigte; er konzentriert sich auf eine pragmatische Tätigkeit im lokalen wie temporalen Nahbereich im Sinne einer konkreten Verantwortung für dasjenige, was ihm anvertraut war.

---

[*] Der Festvortrag ist ausführlich in den Abhandlungen der Geistes- und sozialwissenschaftlichen Klasse 1/2008 erschienen.

Mitglieder

Die ordentlichen Mitglieder sind durch Sternchen (*) gekennzeichnet,
[…] = Jahr der Zuwahl

*Anderl, Dr.-Ing. Reiner, Professor (geb. 24.6.1955 in Ludwigshafen/Rhein); DiK, TU Darmstadt, Petersenstraße 30, 64287 Darmstadt, Tel. 0 61 51/16 60 01, Fax 0 61 51/ 16 68 54, E-Mail anderl@dik.tu-darmstadt.de, www.dik.maschinenbau.tu-darmstadt.de, privat: Schwalbenweg 6, 64625 Bensheim, Tel. 0 62 51/78 76 06, Rechnerintegrierte Produktentwicklung; [2006]

*Andreae, Dr. phil. Bernard, Professor (geb. 27.7.1930 in Graz); Via del Monte della Farina 30, 00187 Rom, Italien, Tel./Fax 00 39 06/6 87 71 99, E-Mail bernardandreae@ gmx.net, Archäologie; [1980]

*Ax, Dr. rer. nat. Peter, em. o. Professor (geb. 29.3.1927 in Hamburg); Gervinusstraße 3a, 37085 Göttingen, Tel. 05 51/4 33 59, Zoologie; [1969]

*Baasner, Dr. phil. Frank, Professor (geb. 22.2.1957 in Bad Dürkheim); Direktor des Deutsch-Französischen Instituts, Asperger Straße 34, 71634 Ludwigsburg, Tel. 0 71 41/ 9 30 30, Fax 0 71 41/93 03 50, E-Mail baasner@dfi.de, www. dfi.de, privat: Mühlehof 16, 72119 Ammerbuch, Tel. 0 70 73/33 85, Romanistische Literaturwissenschaft; [2003]

*Barthlott, Dr. rer. nat. Wilhelm, o. Professor (geb. 22.6.1946 in Forst/Baden); Rheinische Friedrich-Wilhelms-Universität, Nees-Institut für Biodiversität der Pflanzen, Meckenheimer Allee 170, 53115 Bonn, Tel. 02 28/73 25 26, Fax 02 28/73 31 20, E-Mail barthlott@uni-bonn.de, www.nees.uni-bonn.de, privat: Trierer Str. 145, 53115 Bonn, Botanik; [1990]

Baumgärtner, Dr. rer. nat. Franz, em. o. Professor (geb. 3.5.1929 in München); Institut für Radiochemie der Technischen Universität München, privat: Grosostraße 10d, 82166 Gräfelfing, Tel. 0 89/85 13 47, Fax 0 89/8 54 44 87, E-Mail bgtbgt@web.de, Radiochemie; [1977]

Bazin, Dr. phil. Louis, Professor (geb. 29.12.1920 in Caën/Calvados); Institut d'Etudes Turques, 13, rue de Santeuil, 75231 Paris Cedex 05, Frankreich, Tel. 0 03 31/1-45 87 40 72, privat: 77, quai du Port-au-Fouarre, 94100 Saint-Maur, Frankreich, Turkologie; [1961]

*Becker, Jürgen (geb. 10.7.1932 in Köln); Am Klausenberg 84, 51109 Köln, Literatur; [1984]

Belentschikow, Dr. phil. habil. Renate, Professorin (geb. 14.4.1955 in Berlin); Institut für fremdsprachliche Philologien, Otto-von-Guericke-Universität, Zschokkestraße 32, 39104 Magdeburg, Tel. 03 91/6 71 65 55, Fax 03 91/6 71 65 53, E-Mail renate. belentschikow@gse-w.uni-magdeburg.de, privat: Renneweg 25 A, 39130 Magdeburg, Tel. 03 91/7 44 97 53, Fax 03 91/7 44 97 22, Slavistische Linguistik; [2002]

Belmonte, Dr. med. Ph.D. Carlos, Professor & Director (geb. 24.10.1943 in Albacete/E); Instituto de Neurociencias, Universidad Miguel Hernández and Consejo Superior de Investigaciones Científicas, Apdo. 18, 03550 San Juan de Alicante, Alicante, Spain, Tel. 0 34/9 65 91 95 30, 0 34/9 65 91 95 45, Fax 0 34/9 65 91 95 47, E-Mail carlos.belmonte@umh.es, privat: Tel. 0 34/9 65 94 30 36, Neurophysiologie; [2000]

*Bender, Dr. h.c. Hans, Professor (geb. 1.7.1919 in Mühlhausen/Heidelberg); Taubengasse 11, 50676 Köln, Tel. 02 21/23 01 31, Literatur; [1965]

*Binder, Dr. rer. nat., Dr. h.c. Kurt, o. Professor (geb. 10.2.1944 in Korneuburg/A); Universität Mainz, Institut für Physik, Staudingerweg 7, 55099 Mainz, Tel. 0 61 31/3 92 33 48, Fax 0 61 31/3 92 54 41, E-Mail kurt.binder@uni-mainz.de, privat: Pariser Str. 18, 55268 Nieder-Olm, Tel. 0 61 36/21 54, Theoretische Physik kondensierter Materie; [2002]

*Birbaumer, Dr. rer. nat. Niels-Peter, Professor (geb. 11.5.1945 in Ottau/CZ); Institut für Medizinische Psychologie und Verhaltensneurobiologie, Gartenstr. 29, 72074 Tübingen, Tel. 0 70 71/2 97 42 19, Fax 0 70 71/29 59 56, E-Mail niels.birbaumer@uni-tuebingen.de, Psychologie; [1993]

*Bleckmann, Dr. rer. nat. Horst, o. Professor (geb. 2.11.1948 in Rietberg); Universität Bonn, Institut für Zoologie, Poppelsdorfer Schloß, 53115 Bonn, Tel. 02 28/73 54 53, Fax 02 28/73 54 58, E-Mail bleckmann@uni-bonn.de, privat: Wilde Straße 28, 53347 Alfter, Tel. 02 28/6 42 05 06, Zoologie, Neurobiologie, Sinnesökologie; [2002]

*Böldl, Dr. phil. Klaus, Professor (geb. 21.2.1964 in Passau); Universität Kiel, Nordisches Institut, Leibnizstr. 8, 24098 Kiel, Tel. 04 31/8 80 25 62, Fax 04 31/8 80 32 52, E-Mail k.boeldl@nord-inst.uni-kiel.de; privat: Falckstr. 8, 24103 Kiel, Tel. 04 31/3 85 69 83, Literatur, Skandinavistische Mediävistik; [2008]

Borbein, Dr. phil. Adolf Heinrich, Universitätsprofessor (geb. 11.10.1936 in Essen); Institut für Klassische Archäologie der Freien Universität Berlin, Otto-von-Simson-Str. 11, 14195 Berlin, Tel. 0 30/83 85 37 12, Fax 0 30/83 85 65 78, E-Mail borbein@zedat.fu-berlin.de, privat: Wundtstr. 58/60, 14057 Berlin, Klassische Archäologie; [1998]

*Borchers, Elisabeth (geb. 27.2.1926 in Homberg/Niederrhein); Cronstetten-Haus, Speicherstraße 39–47, 60327 Frankfurt/M., Tel./Fax 0 69/74 63 91, Literatur; [1970]

Brang, Dr. phil. Peter, o. Professor (geb. 23.5.1924 in Frankfurt/M); Bundtstraße 20, 8127 Forch/Zürich, Schweiz, Tel. 00 41 44/9 80 09 50, E-Mail peka.brang@ggaweb.ch, Slavische Philologie; [1987]

Braun, Volker (geb. 7.5.1939 in Dresden); Wolfshagener Straße 68, 13187 Berlin, Tel./Fax 0 30/47 53 57 52, Literatur; [1977]

Büchel, Dr. rer. nat., Dr. h.c. mult. Karl Heinz, Professor (geb. 10.12.1931 in Beuel); Dabringhausener Straße 42, 51399 Burscheid, Tel. 0 21 74/6 09 32, Organische Chemie; [1985]

*Buchmann, Dr. rer. nat., Dr. h.c. Johannes, Professor (geb. 20.11.1953 in Köln); TU Darmstadt, FB Informatik, Hochschulstraße 10, 64289 Darmstadt, Tel. 0 61 51/16 34 16, Fax 0 61 51/16 6036, E-Mail buchmann@cdc.informatik.tu-darmstadt.de, privat: Heinrich-Delp-Str. 142 A, 64297 Darmstadt, Tel. 0 61 51/53 75 63, Informatik; [2002]

*Carrier, Dr. phil. Martin, Professor (geb. 7.8.1955 in Lüdenscheid); Universität Bielefeld, Fakultät für Geschichtswissenschaft, Philosophie und Theologie, Abteilung Philosophie, Postfach 100131, 33501 Bielefeld (Paketpost: Universitätsstr. 25, 33615 Bielefeld), Tel. 05 21/1 06 45 96, Fax 05 21/1 06 64 41, E-Mail mcarrier@philosophie.uni-bielefeld.de, www.philosophie.uni-bielefeld.de/, privat: Tel. 0 52 06/92 09 71, Philosophie; [2003]

Carstensen, Dr. rer. nat. Carsten, Professor (geb. 3.4.1962 in Prisser); Humboldt-Universität zu Berlin, Institut für Mathematik, Unter den Linden 6, 10099 Berlin, Tel. 0 30/20 93 54 89, Fax 0 30/20 93 58 59, E-Mail cc@math.hu-berlin.de, www.math.hu-berlin.de/~cc/, privat: Friedländerstr. 65, 12489 Berlin, Tel. 0 30/67 82 47 92, Fax 0 30/67 82 26 18, Mathematik; [2003]

Claußen, Dr. rer. nat. Martin, Professor (geb. 6.11.1955 in Fockbek); Direktor am Max-Planck-Institut für Meteorologie, Universität Hamburg, Bundesstraße 53, 20146 Hamburg, Tel. 0 40/4 11 73-2 25, Fax 0 40/4 11 73-3 50, E-Mail martin.claussen@zmaw.de, privat: Schlossgarten 16, 22041 Hamburg, Tel. 0 40/67 10 88 15, Meteorologie, Theoret. Klimatologie; [2004]

*Damm, Dr. phil. Sigrid (geb. 7.12.1940 in Gotha/Thüringen); Brüderstr. 14, 10178 Berlin, Fax 0 30/44 73 03 31, E-Mail mail@damm-virtuell.de, Literatur; [2004]

*Danzmann, Dr. rer. nat. Karsten, Professor (geb. 6.2.1955 in Rotenburg/Wümme); Direktor am Institut für Gravitationsphysik, Leibniz Universität Hannover, Callinstraße 38, 30167 Hannover, Tel. 05 11/7 62 22 29, Fax 05 11/7 62 58 61, E-Mail office-hannover@aei.mpg.de, http://aei.uni-hannover.de, privat: Auf der Haube 42, 30826 Garbsen, Tel. 0 51 31/5 17 73, E-Mail karsten.danzmann@aei.mpg.de, Gravitationsphysik; [2006]

Debus, Dr. phil. Friedhelm, em. o. Professor (geb. 3.2.1932 in Oberdieten); Germanistisches Seminar, Christian-Albrechts-Universität Kiel, 24098 Kiel, (Paketpost: Olshausenstr. 40, 24118 Kiel), Tel. 04 31/8 80 23 10, Fax 04 31/8 80 73 02, privat: Dorfstraße 21, 24241 Schierensee, Tel. 0 43 47/75 05, Deutsche Philologie; [1985]

*Detering, Dr. phil. Heinrich, Professor (geb. 1.11.1959 in Neumünster); Universität Göttingen, Seminar für Deutsche Philologie, Käte-Hamburger-Weg 3, 37073 Göttingen, Tel. 05 51/39 75 28, Fax 05 51/39 75 11, E-Mail detering@phil.uni-goettingen.de, privat: Klinkerwisch 20, 24107 Kiel, Tel. 04 31/31 22 29, Neuere Deutsche Literatur und Neuere Skandinavische Literaturen; [2003]

Dhom, Dr. med. Georg, em. o. Professor (geb. 15.5.1922 in Endorf/Rosenheim); Am Webersberg 20, 66424 Homburg, Tel. 0 68 41/38 13, Pathologie; [1976]

Diestelkamp, Dr. iur., Dr. iur. h.c. Bernhard, em. Professor (geb. 6.7.1929 in Magdeburg); Kiefernweg 12, 61476 Kronberg, Tel. 0 61 73/6 35 59, Fax 0 61 73/64 08 19, Bürgerliches Recht, Rechtsgeschichte; [1994]

*Dingel, Dr. phil. theol. habil. Irene, Professorin (geb. 26.4.1956 in Werdohl/Westf.); Institut für Europäische Geschichte, Alte Universitätsstr. 19, 55116 Mainz, Tel. 0 61 31/3 93 93 40, 3 93 93 51, Fax 0 61 31/3 93 01 53, E-Mail dingel@ieg-mainz.de, privat: Am Sportplatz 5a, 55270 Ober-Olm, Tel. 0 61 36/85 04 92, Fax 0 61 36/85 04 94, Evangelische Theologie, Kirchen- und Dogmengeschichte; [2000]

*Dittberner, Dr. phil. Hugo (geb. 16.11.1944 in Giboldehausen); Hauptstr. 54, 37589 Echte, Tel. 0 55 53/36 88, Fax 0 55 53/36 48, Literatur; [1993]

*Dorst, Tankred (geb. 19.12.1925 in Thüringen); Karl-Theodor-Straße 102, 80796 München, Literatur; [1982]

*Duchhardt, Dr. phil. Heinz, Professor (geb. 10.11.1943 in Berleburg/Westf.); Direktor am Institut für Europäische Geschichte, Alte Universitätsstraße 19, 55116 Mainz, Tel. 0 61 31/39-3 93 60, Fax 0 61 31/39-3 01 54, E-Mail ieg2@ieg-mainz.de, privat: Backhaushohl 29a, 55128 Mainz, Tel. 0 61 31/36 44 41, Neuere Geschichte; [2001]

Duden, Anne (geb. 1.1.1942 in Oldenburg); 36 Ellesmere Road, London NW 10 1JR, Großbritannien, Tel. 00 44/2 08/2 08 14 21, Literatur; [2000]

Duncan, Dr. rer. nat. Ruth, Professorin (geb. 3.6.1953 in Ihleston/Derbyshire, GB); Centre for Polymer Therapeutics, Welsh School of Pharmacy, Cardiff University, King Edward VII Avenue, Cardiff CF10 3XF, Großbritannien, Tel. 00 44 29/20 87 41 80, Fax 00 44 29/20 87 45 36, E-Mail duncanr@cf.ac.uk, privat: Tel. 00 44 29 20/45 32 53, Zellbiologie und Pharmazie; [2000]

Ehlers, Dr. rer. nat. Jürgen, em. Professor (geb. 29.12.1929 in Hamburg); Max-Planck-Institut für Gravitationsphysik, Albert-Einstein-Institut, Am Mühlenberg 1, 14476 Golm, Tel. 03 31/5 67 71 10, Fax 03 31/5 67 72 98, E-Mail office@aei.mpg.de, privat: In der Feldmark 15, 14476 Golm, Theoretische Physik; [1979], († 20. Mai 2008)

Ehrhardt, Dr. rer. nat. Helmut, Professor (geb. 28.4.1927 in Darmstadt); FB Physik der Universität Kaiserslautern, Erwin-Schrödinger-Straße 56, 67663 Kaiserslautern, Tel. 06 31/2 05 23 82, Fax 06 31/2 05 28 34, privat: Spinozastraße 29, 67663 Kaiserslautern, Tel. 06 31/1 74 07, Experimentalphysik; [1992]

Eichelbaum, Dr. med. Michel, Professor (geb. 19.5.1941 in Leipzig); Direktor des Dr. Margarete Fischer-Bosch-Instituts für Klinische Pharmakologie, Auerbachstraße 112, 70376 Stuttgart, Tel. 07 11/81 01 37 00, Fax 07 11/85 92 95, E-Mail michel.eichelbaum@ ikp-stuttgart.de, privat: Widdumgasse 17, 71711 Murr, Tel. 0 71 44/2 23 63, Klinische Pharmakologie; [2003]

Eichinger, Dr. phil. Ludwig Maximilian, Professor, (geb. 21.5.1950 in Arnstorf/ Niederbayern); Direktor des Instituts für Deutsche Sprache, Postfach 101621, 68016 Mannheim (Paketpost: R 5, 6–13, 68161 Mannheim), Tel. 06 21/15 81-1 26/1 25, Fax 06 21/15 81-2 00, E-Mail direktor@ids-mannheim.de, www.ids-mannheim.de, privat: Schopenhauerstr. 12, 68165 Mannheim, Tel. 06 21/4 29 37 91, Deutsche Philologie; [2003]

Falter, Dr. rer. pol. Jürgen, o. Professor (geb. 22.1.1944 in Heppenheim a.d. Bergstr.); Institut für Politikwissenschaft, Johannes Gutenberg-Universität Mainz, 55099 Mainz, Tel. 0 61 31/3 92 26 61, Fax 0 61 31/3 92 29 96, E-Mail falter@politik.uni-mainz.de, privat: Auf dem Albansberg 11, 55131 Mainz, Tel. 0 61 31/9 71 98 33, Fax 0 61 31/ 9 71 98 34, Politikwissenschaft; [2001]

Finscher, Dr. phil. Ludwig, em. o. Professor (geb. 14.3.1930 in Kassel); Am Walde 1, 38302 Wolfenbüttel, Tel. 0 53 31/3 27 13, Fax 0 53 31/3 32 76, Musikwissenschaft; [1981]

Fischer, Dr. Alfred G., Professor (geb. 12.12.1920 in Rothenburg a. d. Fulda); Princeton University, Department of Geological and Geophysical Sciences, Guyot Hall, Princeton/New Jersey 08544, USA, Tel. 0 01-6 09-4 52-41 01, Geologie und Paläontologie; [1982]

*Fleckenstein, Dr. med. Bernhard, o. Professor (geb. 10.8.1944 in Würzburg); Virologisches Institut – Klinische und Molekulare Virologie, Klinikum der Friedrich-Alexander-Universität Erlangen-Nürnberg, Schloßgarten 4, 91054 Erlangen, Tel. 0 91 31/ 8 52 35 63, Fax 0 91 31/8 52 21 01, E-Mail fleckenstein@viro.med.uni-erlangen.de, www.viro.med.uni-erlangen. de, privat: Tel. 0 91 99/9 31, Virologie; [1995]

Font, Dr. phil. Márta, o. Professorin (geb. 28.4.1952 in Pécs/H); Középkori és Koraújkori Történeti Tanszék, Rókus u. 2, 7624 Pécs, Ungarn, Tel./Fax 00 36 72/5 01-5 72, E-Mail font@btk.pte.hu, privat: Légszeszgyár u. 5, 7622 Pécs, Ungarn, Tel. 00 36 72/53 20 14, Mittelalterliche Geschichte; [2002]

*Frenzel, Dr. rer. nat., Dr. phil. h.c. Burkhard, em. o. Professor (geb. 22.1.1928 in Duisburg); Institut für Botanik 210 der Universität Hohenheim, Garbenstraße 30, 70599 Stuttgart, Tel. 07 11/45 92 21 91, 45 92 21 94, Fax 07 11/45 92 33 55, E-Mail bfrenzel@ uni-hohenheim.de, privat: Friedhofstraße 10, 70771 Leinfelden-Echterdingen, Tel./Fax 07 11/79 52 67, Botanik; [1984]

*Fried, Dr. Johannes, o. Professor (geb. 23.5.1942 in Hamburg); Historisches Seminar der Johann Wolfgang Goethe-Universität, 60629 Frankfurt, (Paketpost: Grüneburgplatz 1, 60323 Frankfurt), Tel. 0 69/7 98-3 24 24, 7 98-3 24 26, Fax 0 69/7 98-3 24 25, E-Mail fried@em.uni-frankfurt.de, privat: Friedrichstraße 13a, 69117 Heidelberg, Tel. 0 62 21/ 2 03 95, Fax 0 62 21/18 15 60, Geschichtswissenschaften; [1997]

*Fritz, Walter Helmut (geb. 26.8.1929 in Karlsruhe); c/o Oostermeijer Furtwänglerstraße 33, 69121 Heidelberg, Tel. 0 62 21/48 05 80, Literatur; [1965]

Fuchs, Dr. med. Christoph, Professor (geb. 4.2.1945 in Wiedenbrück/Westf.); Bundesärztekammer, Herbert-Lewin-Platz 1, 10623 Berlin, Tel. 0 30/40 04 56-4 00, Fax 0 30/ 40 04 56-3 80, E-Mail christoph.fuchs@baek.de, www.bundesaerztekammer.de, privat: Königstr. 32a, 50321 Brühl, Tel. 0 22 32/94 29 75, Fax 0 22 32/94 29 77, Physiologie und Innere Medizin; [1990]

Furrer, Dr. phil. Gerhard, Professor (geb. 26.2.1926 in Zürich); Geographisches Institut der Universität Zürich, privat: Sennhofweg 25, Wohnung LU. 01, 8125 Zollikerberg, Schweiz, Tel. 00 41 44/8 21 28 58, Geographie; [1992]

Gabriel, Dr. phil. Gottfried, Professor (geb. 4.10.1943 in Kulm a. d. Weichsel); Friedrich-Schiller-Universität Jena, Institut für Philosophie, Zwätzengasse 9, 07743 Jena, Tel. 0 36 41/94 41 31, Fax 0 36 41/94 41 32, E-Mail gottfried.gabriel@uni-jena.de, privat: Fischerstraße 15b, 78464 Konstanz, Tel. 0 75 31/3 37 15, Philosophie; [2002]

Galimov, Dr. rer. nat. Eric Mikhailovich, Professor (geb. 29.7.1936 in Wladiwostok); Director of V. I. Vernadsky Institute of Geochemistry and Analytical, Chemistry Russia Academy of Sciences, Kosyginstr. 19, 117975 Moscow, Russia, Tel. 0 07-0 95/1 37 41 27, Fax 0 07-0 95/9 38 20 54, Geochemie; [1998]

*Gall, Dr. phil. Dorothee, o. Professorin, (geb. 22.6.1953 in Balve/Kreis Arnsberg); Seminar für Griechische und Lateinische Philologie, Universität Bonn, Am Hof 1 e, 53013 Bonn, Tel. 02 28/73 73 49, Fax 02 28/73 77 48, E-Mail dgall@uni-bonn.de, privat: Meckenheimer Str. 59, 53919 Weilerswist, Tel. 0 22 54/74 99, Klassische Philologie; [2003]

*Ganzer, Dr. theol. Klaus, em. o. Professor (geb. 2.2.1932 in Stuttgart); Gundelindenstraße 10, 80805 München, Tel. 0 89/32 19 77 33, E-Mail k.ganzer@t-online.de, Kirchengeschichte des Mittelalters und der Neuzeit; [1988]

Gärtner, Dr. phil. Kurt, Universitätsprofessor (geb. 20.6.1936 in Hummetroth/Odenwald); FB II Sprach- und Literaturwissenschaften der Universität Trier, 54286 Trier (Paketpost: Universitätsring 15, 54286 Trier), Tel. 06 51/2 01 33 68, Fax 06 51/2 01 39 09, E-Mail gaertner@uni-trier.de, www.staff.uni-marburg.de/~gaertnek, privat: Sonnhalde 9, 35041 Marburg, Tel. 0 64 21/3 53 56, Fax 0 64 21/3 54 15, E-Mail gaertnek@staff.uni-marburg.de, Ältere deutsche Philologie; [1990]

Gerok, Dr. med., Dr. med. h.c. Wolfgang, em. o. Professor (geb. 27.3.1926 in Tübingen); Medizinische Universitätsklinik, Hugstetter Straße 55, 79106 Freiburg, privat: Horbener Straße 25, 79100 Freiburg, Tel. 07 61/2 93 73, Fax 07 61/2 93 82, Innere Medizin; [1985]

Gibbons, Dr. phil. Brian, Professor (geb. 8.10.1938 in British India); Prose Cottage, 23 Heslington Lane, Fulford, York YO10 4HN, Großbritannien, Tel. 00 44 19/04 63 31 74, E-Mail bcgibbons07@yahoo.co.uk, Englische Philologie; [1998]

*Gottstein, Dr. rer. nat. Günter, o. Professor (geb. 23.4.1944 in Albendorf/Schlesien); Direktor am Institut für Metallkunde und Metallphysik, RWTH Aachen, 52056 Aachen, Tel. 02 41/8 02 68 60, Fax 02 41/8 02 26 08, E-Mail gottstein@imm.rwth-aachen.de, www.imm.rwth-aachen.de, privat: Steppenbergallee 181, 52074 Aachen, Tel. 02 41/ 87 31 67, Metallkunde, Metallphysik; [2002]

Götz, Dr. rer. nat. Karl Georg, Professor (geb. 24.12.1930 in Berlin); Max-Planck-Institut für Biologische Kybernetik, Spemannstraße 38, 72076 Tübingen, Tel. 0 70 71/60 15 60, Fax 0 70 71/60 15 75, E-Mail karl.goetz@tuebingen.mpg.de, privat: Ferdinand-Christian-Baur-Straße 15, 72076 Tübingen, Tel. 0 70 71/6 42 68, Biophysik; [1983]

Grauert, Dr. rer. nat., Dr. h.c. mult. Hans, o. Professor (geb. 8.2.1930 in Haren/Ems); Mathematisches Institut, Bunsenstraße 3–5, 37073 Göttingen, Tel. 05 51/39 77 49, privat: Ewaldstraße 67, 37075 Göttingen, Tel. 05 51/4 15 80, Mathematik; [1981]

Grehn, Dr. med., Dr. h.c. Franz, Professor (geb. 23.4.1948 in Würzburg); Direktor der Universitäts-Augenklinik Würzburg, Josef-Schneider-Str. 11, 97080 Würzburg, Tel. 09 31/20 12 06 01, Fax 09 31/20 12 02 45, E-Mail f.grehn@augenklinik.uni-wuerzburg.de, privat: Walter-von-der-Vogelweide-Str. 34, 97074 Würzburg, Tel. 09 31/7 84 05 00, Fax 09 31/7 84 05 02, Augenheilkunde; [2001]

*Grewing, Dr. rer. nat. Michael, o. Professor (geb. 5.3.1940 in Hamburg); Direktor des Institut de Radio Astronomie Millimetrique (IRAM), 300, rue de la Piscine, Domaine universitaire de Grenoble, 38406 Saint Martin d'Heres, Frankreich, Tel. 33/4 76 82 49 53, Fax 33/4 76 51 59 38, E-Mail grewing@iram.fr, privat: Max-Planck-Str. 30, 72810 Gomaringen, Tel. 0 70 72/69 83, Astronomie; [1994]

Gründer, Dr. phil. Karlfried, em. o. Professor (geb. 23.4.1928 in Marklissa/Niederschlesien); Schuppenhörnlestraße 44, 79868 Feldberg/Falkau, Tel. 0 76 55/5 34, Geschichte der Philosophie und der Geisteswissenschaften; [1971]

Gustafsson, Dr. Lars, em. Professor (geb. 17.5.1936 in Västerås/S); Tegelviksgatan 38, 11641 Stockholm, Schweden, Tel. 00 46/8/6 44 74 99, E-Mail erikeinar@hotmail.com, Literatur; [1971]

Haberland, Dr. med., Dr. med. h.c. Gert L., Professor (geb. 15.6.1928 in Ürdingen/Krefeld); August-Jung-Weg 12, 42113 Wuppertal, Tel. 02 02/72 16 30, Fax 02 02/72 27 42, E-Mail gert.haberland@web.de, Pharmakologie; [1972]

Habicht, Dr. phil. Werner, o. Professor (geb. 29.1.1930 in Schweinfurt); Institut für Englische Philologie, Universität Würzburg, Am Hubland, 97074 Würzburg, Tel. 09 31/8 88 56 58, Fax 09 31/8 88 56 74, E-Mail whabicht@t-online.de, privat: Allerseeweg 14, 97204 Höchberg, Tel. 09 31/4 92 67, Anglistik; [1994]

Hadot, Dr. phil. Pierre, em. o. Professor (geb. 21.2.1922 in Paris); Collège de France, 11, Place Marcelin Berthelot, 75231 Paris Cedex 05, Frankreich, Tel. 0 03 31/44 27 10 19, privat: 2, rue Tolstoi, 91470 Limours, Frankreich, Tel. 00 33/1/64 91 05 03, Fax 00 33/1/64 91 53 72, Philosophie und Geschichte der Geisteswissenschaften; [1971]

*Harig, Dr. phil. h.c. Ludwig (geb. 18.7.1927 in Sulzbach/Saarland); Oberdorfstraße 36, 66280 Sulzbach, Tel./Fax 0 68 97/5 29 36, Literatur; [1982]

Harnisch, Dr. rer. nat., Dr.-Ing. e.h. Heinz, Professor (geb. 24.4.1927 in Augustusburg/Erzgebirge); Hoechst AG, Forschungszentrum, Postfach 800320, 65903 Frankfurt, Tel. 0 69/30 51, privat: Narzissenweg 8, 53925 Kall-Benenberg, Tel. 0 24 82/24 04, Angewandte Anorganische Chemie; [1986]

*Härtling, Peter (geb. 13.11.1933 in Chemnitz); Finkenweg 1, 64546 Mörfelden-Walldorf, Tel. 0 61 05/61 09, Fax 0 61 05/7 46 87, Literatur; [1966]

*Hartung, Harald, Professor (geb. 29.10.1932 in Herne/Westf.); Rüdesheimer Platz 4, 14197 Berlin, Tel. 0 30/82 70 44 31, Fax 0 30/82 70 44 30, Literatur; [1992]

*Haubrichs, Dr. phil. Wolfgang, o. Professor (geb. 22.12.1942 in Saarbrücken); Philosophische Fakultät II, FR 4.1 Germanistik, Universität des Saarlandes, Postfach 151150, 66041 Saarbrücken (Paketpost: Universität, 66123 Saarbrücken), Tel. 06 81/3 02-23 28, Fax 06 81/3 02-22 93, E-Mail w.haubrichs@mx.uni-saarland.de, privat: Dr. Schier-Straße 14k, 66386 St. Ingbert, Tel. 0 68 94/8 71 76, Deutsche Literatur des Mittelalters und Deutsche Sprachgeschichte; [1997]

*Haussherr, Dr. phil. Reiner, em. o. Professor (geb. 15.3.1937 in Berlin); Motzstraße 6, 10777 Berlin, Tel. 0 30/2 15 37 35, Kunstgeschichte; [1978]

*Heinen, Dr. phil. Heinz, em. o. Professor (geb. 14.9.1941 in St. Vith/B); Universität Trier, FB III, Alte Geschichte, 54286 Trier, Tel. 06 51/2 01 24 37, Fax 06 51/2 01 39 26, E-Mail heinen@uni-trier.de, www.uni-trier.de/uni/fb3/geschichte/alte, privat: In der Pforte 11, 54296 Trier, Tel. 06 51/1 61 21, Alte Geschichte; [1998]

Heinze, Dr. med. Hans-Jochen, Professor (geb 15.7.1953 in Gummersbach); Direktor der Klinik für Neurologie II an der Otto-von-Guericke-Universität Magdeburg, Leipziger Straße 44, 39120 Magdeburg, Tel. 03 91/67-1 34 31, Fax 03 91/67-1 52 33, E-Mail hans-jochen.heinze@medizin.uni-magdeburg.de, http://neuro2.med.uni-magdeburg.de, privat: Weidenkamp 17, 30966 Hemmingen, Tel. 05 11/2 34 37 62, Kognitive Neurologie; [2005]

*Heitsch, Dr. phil. Ernst, em. o. Professor (geb. 17.6.1928 in Celle); Mattinger Straße 1, 93049 Regensburg, Tel. 09 41/3 19 44, Klassische Philologie; [1977]

*Henning, Dr. phil. Hansjoachim, o. Professor (geb. 27.2.1937 in Solingen); Kapellenerstraße 45, 47239 Duisburg, Tel. 0 21 51/40 95 49, Wirtschafts- und Sozialgeschichte; [1993]

Herrmann, Dr. rer. nat. Günter, em. o. Professor (geb. 29.11.1925 in Greiz-Dölau/Thüringen); Institut für Kernchemie, 55029 Mainz (Paketpost: Fritz-Straßmann-Weg 2, 55099 Mainz), Tel. 0 61 31/3 92 58 52, Fax 0 61 31/3 92 44 88, privat: Kehlweg 74, 55124 Mainz, Tel. 0 61 31/47 28 99, E-Mail guen.herrmann@t-online.de, Chemie; [1984]

Herrmann, Dr. rer. nat., Dr. h.c. mult. Wolfgang A., Professor (geb. 18.4.1948 in Kehlheim/Donau); Präsident der TU München, Lehrstuhl für Anorganische Chemie I, Anorganisch-Chemisches Institut, Technische Universität München, 85747 Garching (Paketpost: Lichtenbergstraße 4, 85748 Garching), Tel. 0 89/2 89/2 22 00, Fax 0 89/2 89/2 33 99, E-Mail praesident@tu-muenchen.de, privat: Gartenstraße 69c, 85354 Freising, Tel. 0 81 61/1 24 25, Fax 0 81 61/1 29 73, Anorganische Chemie; [1990]

Herzog, Dr. iur. Roman, Professor, Bundespräsident a. D. (Ehrenmitglied) (geb. 5.4.1934 in Landshut); Postfach 860445, 81631 München; [1999]

*Hesberg, Dr. phil. Henner von, o. Professor, (geb. 24.12.1947 in Lüneburg); Erster Direktor am Deutschen Archäologischen Institut, Abteilung Rom, Via Sardegna 79, 00187 Rom, Italien, Tel. 00 39/06/48 88 14 61, Fax 00 39/06/4 88 49 73, E-Mail hesberg @rom.dainst.org, www.dainst.org, privat: Via del Boschetto 32, 00184 Rom, Italien, Klassische Archäologie; [2003]

*Hesse, Dr. rer. pol., Dr. h.c. Helmut, o. Professor (geb. 28.6.1934 in Gadderbaum); Berliner Straße 9, 37120 Bovenden, Tel. 05 51/8 99 74 30, E-Mail h.hesse@t-online.de, Wirtschaftstheorie; [1994]

*Hillebrand, Dr. phil. Bruno, o. Professor (geb. 6.2.1935 in Düren); Heinrich-Emerich-Str. 45, 88662 Überlingen, Tel. 0 75 51/6 81 60, Fax 0 75 51/97 06 82, Literatur, insbesondere Neuere deutsche Literaturgeschichte; [1978]

Himmelmann, Dr. phil., Dres. phil. h.c. Nikolaus, o. Professor (geb. 30.1.1929 in Fröndenberg/Sauerland); Archäologisches Institut und Akademisches Kunstmuseum der Universität Bonn, Am Hofgarten 21, 53113 Bonn, Tel. 02 28/73 50 11, privat: Körnerstraße 23, 53175 Bonn, Tel. 02 28/35 11 41, Klassische Archäologie; [1974]

*Hinüber, Dr. phil. Oskar von, em. o. Professor (geb. 18.2.1939 in Hannover); Kartäuserstraße 138, 79102 Freiburg, Tel. 07 61/1 56 24 03, 3 91 12, Fax 07 61/1 56 24 04, Indologie; [1993]

Hirzebruch, Dr. rer. nat. Friedrich, o. Professor (geb. 17.10.1927 in Hamm); Max-Planck-Institut für Mathematik, Vivatsgasse 7, 53111 Bonn, Tel. 02 28/40 22 44, Fax 02 28/40 22 77, E-Mail hirzebruch@mpim-bonn.mpg.de, privat: Thüringer Allee 127, 53757 St. Augustin, Tel. 0 22 41/33 23 77, Mathematik; [1972]

*Hoffmann, Dieter (geb. 2.8.1934 in Dresden); 96160 Markt Geiselwind/Ebersbrunn, Unterfranken, Haus 19, Tel. 0 95 56/10 56, Fax 0 95 56/8 17, Literatur; [1969]

Honigmann, Barbara (geb. 12.2.1949 in Berlin); 9, rue Edel, 67000 Straßburg, Frankreich, Tel. 0 03 33 88/60 58 49, Fax 0 03 33 88/60 45 04, E-Mail honigmann@noos.fr, Literatur; [2007]

*Hotz, Dr. rer. nat., Dr. h.c. mult. Günter, Ehrenprofessor der Academia Sinica, o. Professor (geb. 16.11.1931 in Rommelhausen); FB Informatik, Universität des Saarlandes, 66041 Saarbrücken, Tel. 06 81/3 02 24 14, Fax 06 81/3 02 48 12, E-Mail hotz@cs.uni-sb.de, privat: Karlstraße 10, 66386 St. Ingbert, Tel. 0 68 94/26 78, Angewandte Mathematik und Informatik; [1985]

Hradil, Dr. phil., Dr. h.c. Stefan, Professor (geb. 19.7.1946 in Frankenthal); Johannes Gutenberg-Universität, Institut für Soziologie, FB 02, Colonel-Kleinmann-Weg 2, SB II, 04-553, 55099 Mainz, Tel. 0 61 31/39-2 26 92, Fax 0 61 31/39-2 37 26, E-Mail sekretariat.hradil@uni-mainz.de, www.staff.uni-mainz.de/hradil/, privat: Schillstraße 98, 55131 Mainz, Tel. 0 61 31/57 89 93, Soziologie; [2006]

Huber, Dr. rer. nat., Drs. rer. nat. h.c., Dr. h.c. Franz, Professor (geb. 20.11.1925 in Nußdorf/Kreis Traunstein); Max-Planck-Institut für Verhaltensphysiologie, 82319 Seewiesen, Tel. 0 81 57/93 23 35, Fax 0 81 57/93 22 09, E-Mail f.huber@planet-interkom.de, privat: Watzmannstraße 16, 82319 Starnberg, Tel. 0 81 51/1 56 30, Zoologie; [1973]

*Issing, Dr. rer. pol., Dr. h.c. mult. Otmar, Professor (geb. 27.3.1936 in Würzburg); Georg-Sittig-Straße 8, 97074 Würzburg, Tel. 09 31/8 53 12, E-Mail wue@otmar-issing.de, Volkswirtschaftslehre, Geld und Internationale Beziehungen; [1991]

*Jacobs, Steffen (geb. 4.4.1968 in Düsseldorf); Fregestraße 70, 12159 Berlin, Tel. 0 30/82 70 75 07, E-Mail steffen.jacobs@t-online.de, Literatur; [2007]

Jäger, Dr. rer. nat. Eckehart J., Universitätsprofessor (geb. 2.5.1934 in Leipzig); Institut für Geobotanik und Botanischer Garten, Martin-Luther-Universität Halle-Wittenberg, Neuwerk 21, 06108 Halle, Tel. 03 45/5 52 62 82, Fax 03 45/5 52 70 94, E-Mail eckehart.jaeger@botanik.uni-halle.de, privat: Lindenweg 8, 06179 Bennstedt, Tel. 03 46 01/2 60 78, Botanik; [1998]

Janicka, Dr.-Ing. Johannes, Professor (geb. 14.3.1951 in Bottrop); Technische Universität Darmstadt, Energie- u. Kraftwerkstechnik, Petersenstraße 30, 64287 Darmstadt, Tel. 0 61 51/16-21 57, Fax 0 61 51/16-65 55, E-Mail janicka@ekt.tu-darmstadt.de, www.ekt.tu-darmstadt.de/home.php, privat: Langeweg 3, 64297 Darmstadt, Tel. 0 61 51/5 29 45, 53 73 03, E-Mail mjjanicka@aol.com, Energie- und Kraftwerkstechnik; [2006]

*Jansohn, Dr. phil. Christa, Professorin (geb. 2.9.1958 in Duisburg); Otto-Friedrich-Universität Bamberg, Lehrstuhl für Britische Kultur, Kapuzinerstr. 25, 96045 Bamberg, Tel. 09 51/8 63 22 70, Fax 09 51/8 63 52 70, E-Mail christa.jansohn@uni-bamberg.de, www.uni-bamberg.de/fakultaeten/guk/faecher/anglistik/lehrstuhl_fuer_britische_kultur/, privat: Kettenbrückstr. 2, 96052 Bamberg, Tel. 09 51/2 08 01 55, Britische Kultur; [2005]

*Jost, Dr. rer. nat. Jürgen, Professor (geb. 9.5.1956 in Münster/Westf.); Max-Planck-Institut für Mathematik in den Naturwissenschaften, Inselstraße 22–26, 04103 Leipzig, Tel. 03 41/9 95 95 50, Fax 03 41/9 95 95 55, E-Mail jost@mis.mpg.de, www.mis.mpg.de/jjost/jjost.html, privat: Stieglitzstraße 48, 04229 Leipzig, Mathematik; [1998]

Kaenel, Dr. phil. Hans-Markus von, o. Professor (geb. 18.9.1947 in Einigen/CH); Institut für Archäologische Wissenschaften, Abt. II, Archäologie und Geschichte der römischen Provinzen sowie Hilfswissenschaften der Altertumskunde der Johann Wolfgang Goethe-Universität, 60629 Frankfurt/M. (Paketpost: Grüneburgplatz 1, 60323 Frankfurt/M.), Tel. 0 69/79 83 22 65, Fax 0 69/79 83 22 68, E-Mail v.kaenel@em.uni-frankfurt.de, privat: Gustav-Freytag-Straße 36, 60320 Frankfurt, Tel. 0 69/56 51 78, Hilfswissenschaften der Altertumskunde; [1999]

Kahsnitz, Dr. phil. Rainer, Professor (geb. 5.9.1936 in Schneidemühl); Wilmersdorfer Straße 157, 10585 Berlin, Tel. 0 30/43 72 92 36, Mittelalterliche Kunstgeschichte; [1992]

Kalkhof-Rose, Sibylle (Ehrenmitglied) (geb. 1.7.1925 in Ulm); Burgstraße 7, 55130 Mainz-Weisenau, Tel. 0 61 31/8 12 12; [1996]

Kandel, Dr. rer. nat. Eric Richard, Professor (geb. 7.11.1929 in Wien); Center for Neurobiology and Behavior, Columbia University, 722 West 168th Street, New York 10032, USA, Tel. 00 12 12/9 23 72 69, privat: 9 Sigma Place, Riverdale, New York 10471, USA, Neurobiologie; [1988]

*Kehlmann, Daniel (geb. 13.1.1975 in München); Herrengasse 6–8/6/8, 1010 Wien, Österreich, Tel./Fax 00 43/1/5 32 47 09, E-Mail kehlmann@web.de, Literatur; [2004]

Kirchgässner, Dr. rer. nat. Klaus, Professor (geb. 26.12.1931 in Mannheim); Mathematisches Institut A, Pfaffenwaldring 57, 70569 Stuttgart, Tel. 07 11/6 85 55 45, Fax 07 11/6 85 55 35, privat: Kimbernstr. 49, 71101 Schönaich, Tel. 0 70 31/65 18 07, Mathematik; [1993]

*Kirsten, Wulf (geb. 21.6.1934 in Kipphausen/Sachsen); Paul-Schneider-Straße 11, 99423 Weimar, Tel./Fax 0 36 43/50 28 89, Literatur; [1994]

Kleiber, Dr. phil. Wolfgang, em. o. Professor (geb. 21.11.1929 in Freiburg i. Br.); FB 13, Deutsches Institut, Johannes Gutenberg-Universität, 55099 Mainz (Paketpost: Saarstraße 21, 55122 Mainz), Fax 0 61 31/3 92 33 66; Institut für Geschichtliche Landeskunde an der Universität Mainz e.V., Tel. 0 61 31/3 92 48 28, Fax 0 61 31/3 92 55 08, E-Mail kleiber@mail.uni-mainz.de, privat: Bebelstraße 24, 55128 Mainz, Tel. 0 61 31/36 67 86, Deutsche Philologie und Volkskunde; [1975]

*Kleßmann, Eckart (geb. 17.3.1933 in Lemgo/Lippe); Kötherbusch 2, 19258 Bengerstorf, Tel. 03 88 43/2 10 06, Literatur; [1991]

*Klingenberg, Dr. phil., Dr. h.c. Wilhelm, em. o. Professor (geb. 28.1.1924 in Rostock); Rheinische Friedrich-Wilhelms-Universität, Mathematisches Institut, Beringstraße 1, 53115 Bonn, Tel. 02 28/73 77 85, Fax 02 28/73 72 98, E-Mail klingenb@math.uni-bonn.de, www.uni-bonn.de, privat: Am Alten Forsthaus 42, 53125 Bonn, Tel. 02 28/25 15 29, Mathematik; [1979]

*Kodalle, Dr. phil. Klaus-Michael, em. o. Professor (geb. 18.10.1943 in Gleiwitz/Oberschlesien); Friedrich-Schiller-Universität, Institut für Philosophie, Zwätzengasse 9, 07743 Jena, Tel. 0 36 41/94 41 20, Fax 0 36 41/94 41 22, E-Mail klaus-michael.kodalle@uni-jena.de, privat: Forstweg 25, 07745 Jena, Tel. 0 36 41/61 97 00, Praktische Philosophie; [1998]

Koller, Dr. phil. Heinrich, o. Professor (geb. 24.7.1924 in Wien); Institut für Geschichte, Rudolfskai 42, 5020 Salzburg, Österreich, Tel. 0 04 36 62/80 44 47 91, privat: Buchenweg 10, 5400 Hallein/Rif, Österreich, Tel. 0 04 36 24/57 64 16, Mittelalterliche Geschichte und historische Hilfswissenschaften; [1989]

*Kollmann, Dr.-Ing., Dr.-Ing. E. h. Franz Gustav, em. o. Professor (geb. 15.8.1934 in Füssen); Mauerkircher Straße 16, 81679 München, Tel. 0 89/98 10 96 63, Fax 0 89/98 10 96 64, E-Mail fg.kollmann@t-online.de, Maschinenbau und Maschinenakustik; [1991]

*König, Barbara (geb. 9.10.1925 in Reichenberg/Nordböhmen); Brunnenstraße 14, 86911 Dießen, Tel./Fax 0 88 07/3 32 (Schellingstraße 88, 80798 München, Tel. 0 89/5 23 33 63), Literatur; [1973]

Konrád, György (geb. 2.4.1933 in Berettyóújfalu/Debrecen/H); Torockó u. 3, 1026 Budapest, Ungarn, Literatur; [1990]

*Krauß, Angela (geb. 2.5.1950 in Chemnitz); Kickerlingsberg 8, 04105 Leipzig, Tel./Fax 03 41/5 90 65 33, E-Mail kraussangela@aol.com, Literatur; [2006]

*Krebs, Dr. rer. nat., Dr. h.c. Bernt, Professor (geb. 26.11.1938 in Gotha); Anorganisch-Chemisches Institut der Westfälischen Wilhelms-Universität, Wilhelm-Klemm-Straße 8, 48149 Münster, Tel. 02 51/83-3 31 31, Fax. 02 51/83-3 83 66, E-Mail krebs@uni-muenster.de, www.uni-muenster.de/Chemie/AC/krebs/welcome.html, privat: Schürbusch 65, 48163 Münster, Tel. 02 51/71 79 60, Anorganische Chemie; [1996]

Kresten, Dr. phil. Otto, Professor (geb. 27.1.1943 in Wien); Institut für Byzantinistik und Neogräzistik der Universität Wien, Postgasse 7/I/3, 1010 Wien, Österreich, Tel. 0 04 31/42 77-4 10 10, Fax 0 04 31/42 77-94 10, E-Mail otto.kresten@univie.ac.at, privat: Laaerbergstraße 32/1/8/36, 1100 Wien, Österreich,Tel. 0 04 31/6 03 09 89, Byzantinistik; [1998]

*Krüger, Dr. h.c. Michael (geb. 9.12.1943 in Wittgendorf/Zeitz); Carl Hanser Verlag, Kolbergerstraße 22, 81679 München, Tel. 0 89/99 83 00, Fax 0 89/9 82 71 19, privat: Gellerstraße 10, 81925 München, Literatur; [1984]

*Krummacher, Dr. phil. Hans-Henrik, em. o. Professor (geb. 24.8.1931 in Essen-Werden); Deutsches Institut, Johannes Gutenberg-Universität, 55099 Mainz (Paketpost: Saarstraße 21, 55122 Mainz), Tel. 0 61 31/3 92 55 18, Fax 0 61 31/3 92 33 66, privat: Am Mainzer Weg 10, 55127 Mainz, Tel. 0 61 31/47 75 50, Neuere deutsche Literaturgeschichte; [1984]

*Kühn, Dr. phil. Dieter (geb. 1.2.1935 in Köln); Richard-Bertram-Straße 79, 50321 Brühl, Tel. 0 22 92/41 04 50, Literatur; [1989]

*Kuhn, Dr. phil., Dr. rer. nat. h.c. mult. Hans, em. Professor (geb. 5.12.1919 in Bern); Max-Planck-Institut für biophysikalische Chemie, Am Faßberg, 37077 Göttingen, privat: Ringoldswilstraße 50, 3656 Tschingel ob Gunten, Schweiz, Tel./Fax 00 41 33/2 51 33 79, Physikalische Chemie; [1979]

*Lange, Dr. iur. Hermann, em. o. Professor (geb. 24.1.1922 in Dresden); Ferdinand-Christian-Baur-Straße 3, 72076 Tübingen, Tel. 0 70 71/6 12 16, Römisches Recht, Bürgerliches Recht; [1971]

*Lautz, Dr. rer. nat. Günter, em. o. Professor (geb. 15.11.1923 in Münster/Westf.); Fallsteinweg 97, 38302 Wolfenbüttel, Tel. 0 53 31/7 28 29, Elektrophysik; [1977]

Lehmann, Kardinal, Dr. phil., Dr. theol. Karl, Professor, Bischof von Mainz (geb. 16.5.1936 in Sigmaringen); Bischofsplatz 2a, 55116 Mainz, Tel. 0 61 31/25 31 01, Dogmatik und Ökumenische Theologie; [1987]

Lehmann, Dipl.-Phys., Dr. h.c. Klaus-Dieter, Professor (geb. 19.2.1940 in Breslau); Präsident des Goethe-Instituts e.V., Dachauer Straße 122, 80637 München, Tel. 0 89/1 59 21-2 22, Fax 0 89/1 59 21-3 98, E-Mail praesident@goethe.de, www.goethe.de, privat: Kaulbachstraße 41 c, 12247 Berlin, Tel. 0 30/34 70 69 25, Fax 0 30/34 70 69 26, Literatur; [1987]

Lehn, Dr. rer. nat. Jean-Marie, Professor (geb. 30.9.1939 in Rosheim/Elsaß); Collège de France, Université Louis Pasteur, Institut le Bel, 4, Rue Blaise Pascal, 67000 Straßburg, Frankreich, Tel. 0 03 33 88/41 60 56, Fax 0 03 33 88/41 10 20, E-Mail lehn@chimie.u-strasbg.fr, privat: 6, rue des Pontonniers, 67000 Straßburg, Frankreich, Tel. 0 03 33 88/37 06 42, Organische Chemie; [1989]

Lienhard, Dr. theol., Dr. h.c. Marc, em. Professor (geb. 22.8.1935 in Colmar/Elsaß); 17, rue de Verdun, 67000 Straßburg, Frankreich, Tel. 0 03 33 88/60 63 92, 89 37 40, E-Mail marc.lienhard@club-internet.fr, Kirchengeschichte; [1988]

*Lindauer, Dr. rer. nat., Dr. h.c. mult. Martin, em. o. Professor (geb. 19.12.1918 in Wäldle/Garmisch); Batschkastraße 14, 81825 München, Tel. 0 89/4 39 34 73, Zoologie; [1970]

Linder, Dr. Hans Peter, o. Professor (geb. 8.5.1954 in Piketberg, Kap-Provinz Südafrika); Direktor am Institut für Systematische Botanik, Universität Zürich, Zollikerstraße 107, 8000 Zürich, Schweiz, Tel. 00 41 44/6 34 84 10, Fax 00 41 44/6 34 84 03, E-Mail plinder@systbot.uzh.ch, www.systbot.uzh.ch; privat: Wieswaldweg 12, 8135 Langnau am Albis, Schweiz, Tel. 00 41 43/3 77 80 14, Systematik und Geographie der Pflanzen; [2008]

Loher, Dr. rer. nat., Dr. phil. Werner, o. Professor (geb. 27.6.1929 in Landshut); Department of Entomological Sciences, University of California, Wellmann Hall, Berkeley, CA 94720, USA, Tel. 00 14 15/6 42 09 75, privat: 1386 Euclid Ave., Berkeley, CA 94708, USA, Tel. 00 14 15/8 48 33 88, Physiologie des Verhaltens; [1983]

Lübbe, Dr. phil., Dr. h.c. Hermann (geb. 31.12.1926 in Aurich); em. o. Professor der Philosophie und politischen Theorie, Mühlebachstr. 41[39], 8008 Zürich, Schweiz, Tel./Fax 00 41 44/2 61 10 16, E-Mail hermann.luebbe@nns.ch, Philosophie; [1974]

*Luckhaus, Dr. rer. nat. Stephan, Professor (geb. 28.5.1953 in Remscheid); Universität Leipzig, Fakultät für Mathematik und Informatik, Abt. Optimierung und Finanzmathematik, Augustusplatz 10/11, 04109 Leipzig, Tel. 03 41/97 32-1 08, -1 94, Fax 03 41/97 32-1 99, E-Mail luckhaus@mathematik.uni-leipzig.de, privat: Tschaikowskistr. 19, 04105 Leipzig, Tel. 03 41/9 90 41 72, Angewandte Mathematik; [2002]

Ludwig, Dr. rer. nat. Günther, em. o. Professor (geb. 12.1.1918 in Zäckerick); Sperberweg 11, 35043 Marburg, Tel. 0 64 21/4 13 13, Theoretische Physik; [1977]

*Lütjen-Drecoll, Dr. med. Elke, o. Professorin (geb. 8.1.1944 in Ahlerstedt); Anatomisches Institut II der Universität Erlangen-Nürnberg, Universitätsstraße 19, 91054 Erlangen, Tel. 0 91 31/8 52 28 65, Fax 0 91 31/8 52 28 62, E-Mail anat2.gl@anatomie2.med.uni-erlangen.de, privat: Am Veilchenberg 29, 91080 Spardorf, Tel. 0 91 31/5 46 08, Anatomie; [1991]

Lützeler, Dr. phil. Paul Michael (geb. 4.11.1943 in Hückelhoven-Doveren/Rheinland); Rosa May Distinguished University Professor in the Humanities, Department of Germanic Languages and Literature, Washington University in St. Louis, Campus Box 1104, One Brookings Drive, St. Louis, Missouri 63130-4899, USA, Tel. 0 01-3 14/9 35-47 84, Fax 0 01-3 14/9 35-72 55, E-Mail jahrbuch@artsci.wustl.edu, privat: 7260 Balson Avenue, Mo 63130 St. Louis, USA, Literatur; [1994]

Magris, Dr. phil. Claudio, Professor (geb. 10.4.1939 in Triest); Universitá degli Studi di Trieste, Facoltá di Lettere e Filosofia, Via del Lazzaretto Vecchio 8, 34123 Trieste, Italien, Tel. 0 03 90 40/55 86 76-72 52, -72 49, Fax 0 03 90 40/55 86 76-72 47, privat: V. Carpaccio 2, 34143 Trieste, Italien, Tel. 0 03 90 40/30 54 28, Fax 0 03 90 40/31 44 55, Literatur; [2002]

*Maier, Dr. rer. nat. Joachim, Professor (geb. 5.5.1955 in Neunkirchen); Direktor am Max-Planck-Institut für Festkörperforschung, Postfach 800665; 70506 Stuttgart (Paketpost: Heisenbergstr. 1, 70569 Stuttgart), Tel. 07 11/6 89-17 20, Fax 07 11/6 89-17 22, E-Mail s.weiglein@fkf.mpg.de, www.mpi-stuttgart.mpg.de/maier/, privat: Im Kazenloch 102, 75446 Wiernsheim, Tel./Fax 0 70 44/89 38, Physikalische Chemie; [2003]

Martin, Albrecht, Staatsminister a. D. (Ehrenmitglied) (geb. 9.7.1927 in Bad Kreuznach); Hugo-Reich-Straße 10, 55543 Bad Kreuznach, Tel. 06 71/6 57 00; [1990]

Mažiulis, Dr. sc. Vytautas, o. Professor (geb. 20.8.1926 in Roenai, Zarasei/LT); Baltu filologijos katedra, Universiteto gatvė 3, Universitetas, 232734 Vilnius, Litauen, privat: Kalvariju gatvė 276-27, 2057 Vilnius, Lietuva, Baltische Sprachwissenschaft; [1976]

*Mehl, Dr. phil. Dieter, em. o. Professor (geb. 21.9.1933 in München); Uckerather Straße 74, 53639 Königswinter, Tel. 0 22 44/17 98, Fax 0 22 44/8 29 94, E-Mail dietermehl@web.de, Englische Philologie; [1995]

*Meier, Dr. theol. Johannes, o. Professor (geb. 31.5.1948 in Neubeckum/Westf.); Universität Mainz, FB 01, Katholisch-Theologische Fakultät, Forum 6, 55099 Mainz, Tel. 0 61 31/3 92 04 55, Fax 0 61 31/3 92 04 60, E-Mail johannes.meier@uni-mainz.de, privat: Schenkendorfstraße 5, 56068 Koblenz, Tel. 02 61/3 00 21 34, Fax 02 61/3 00 21 35, Mittlere und Neuere Kirchengeschichte, Religiöse Volkskunde; [2003]

Menzel, Dr. rer. nat. Randolf, o. Professor (geb. 7.6.1940 in Marienbad/CZ); Institut für Tierphysiologie, FB Biologie der FU Berlin, Königin-Luise-Straße 28–30, 14195 Berlin, Tel. 0 30/83 85 39 30, Fax 0 30/83 85 54 55, E-Mail menzel@zedat.fu-berlin.de, privat: Tollensestraße 42e, 14167 Berlin, Tel. 0 30/8 17 78 08, Neurobiologie und Verhaltensbiologie; [1994]

Messerli, Dr. phil. Bruno, em. Professor (geb. 17.9.1931 in Belp/CH); Brunnweid, 3086 Zimmerwald, Schweiz, Tel. 0 31/8 19 33 81, Fax 0 31/8 19 76 81, E-Mail bmesserli @bluewin.ch., Geomorphologie, Klimageschichte, Ökologie, speziell Gebirge der Tropen und Subtropen; [1992]

Meyer zum Büschenfelde, Dr. med., Dr. med. vet., Dr. h.c., FRCP Karl-Hermann, em. o. Professor, (geb. 27.9.1929 in Oberbauerschaft/Lübbecke Westf.); Trabener Straße 8, 14193 Berlin, Tel. 0 30/89 54 00 85, 0 30/89 54 00 87, Fax 0 30/89 54 00 79, Innere Medizin; [1988]

Michaelis, Dr. med. Jörg, o. Professor (geb. 7.12.1940 in Essen); IMBEI – Institut für Medizinische Biometrie, Epidemiologie u. Informatik, Klinikum der Johannes-Gutenberg-Universität, 55101 Mainz, Tel. 0 61 31/17 68 07, Fax 0 61 31/17 29 68, E-Mail j.michaelis@imbei.uni-mainz.de, privat: Liebermannstraße 26, 55127 Mainz, Tel. 0 61 31/7 12 28, Medizinische Statistik und Dokumentation; [1991]

Michelsen, Dr. phil. Axel, Professor (geb. 1.3.1940 in Haderslev/DK); Biologisk Institut, Odense Universitet, Campusvej 55, 5230 Odense M, Dänemark, Tel. 00 45/66 15 86 00, Fax 00 45/65 93 04 57, E-Mail a.michelsen@biology.sdu.dk, privat: Rosenvænget 74, 5250 Odense SV, Dänemark, Tel. 00 45/66 11 75 68, Fax 00 45/66 11 97 16, Zoologie; [1990]

*Miller, Dr. phil. Norbert, o. Professor (geb. 14.5.1937 in München); Am Schlachtensee 132, 14129 Berlin, Tel. 0 30/8 03 20 65, Fax 0 30/80 58 45 37, E-Mail norb.miller@t-online.de, Literatur; [1985]

Miltenburger, Dr. rer. nat. Herbert G., Professor (geb. 7.6.1930 in Worms); Hobrechtstraße 15, 64285 Darmstadt, Tel. 0 61 51/4 61 62, Fax 0 61 51/42 96 89, E-Mail milburg@gmx.de, Zellbiologie, Zytogenetik, Zellkultur, Mutagenese; [1989]

*Mosbrugger, Dr. rer. nat. Volker, Professor (geb. 12.7.1953 in Konstanz); Senckenberg Forschungsinstitut und Naturmuseum, Senckenberganlage 25, 60325 Frankfurt/M., Tel. 0 69/7 54 22 14, Fax 0 69/7 54 22 42, E-Mail volker.mosbrugger@senckenberg.de, privat: Eibenweg 1, 72119 Ammerbuch I, Tel. 0 70 73/48 23, Biogeologie, Paläontologie, Paläoklimatologie; [2003]

Müller, Dr. phil. Carl Werner, o. Professor (geb. 28.1.1931 in Modrath/Bergheim); Institut für Klassische Philologie der Universität des Saarlandes, 66041 Saarbrücken, Tel. 06 81/3 02 23 05, Fax 06 81/3 02 37 11, E-Mail cwm@mx.uni-saarland.de, privat: Goerdelerstraße 87, 66121 Saarbrücken, Tel. 06 81/81 76 70, Klassische Philologie; [1980]

*Müller, Dr. theol., D.D. Gerhard, Professor (geb. 10.5.1929 in Marburg); Landesbischof i.R., Sperlingstraße 59, 91056 Erlangen, Tel. 0 91 31/49 09 39, E-Mail gmuellerdd@arcor.de, Historische Theologie; [1979]

*Müller, Dr. phil. Walter W., o. Professor (geb. 26.9.1933 in Weipert/Sudetenland); Centrum für Nah- und Mittelost-Studien (CNMS), Philipps-Universität, Deutschhausstraße 12, 35032 Marburg, Tel. 0 64 21/2 82 47 94, Fax 0 64 21/2 82 48 29, E-Mail richterr@staff.uni-marburg.de, www.uni-marburg.de/cnms, privat: Holderstrauch 7, 35041 Marburg, Tel. 0 64 21/3 18 47, Semitistik; [1987]

*Müller-Wille, Dr. phil., Dr. h.c. mult. Michael, Professor (geb. 1.3.1938 in Münster/ i. W.); Institut für Ur- und Frühgeschichte der Christian-Albrechts-Universität Kiel, 24098 Kiel (Paketpost: Olshausenstraße 40, 24118 Kiel), Tel. 04 31/8 80 23 34, Fax 04 31/8 80 73 00, E-Mail mmuellerwille@ufg.uni-kiel.de, privat: Holtenauer Straße 178, 24105 Kiel, Tel. 04 31/8 30 27, Ur- und Frühgeschichte; [1990]

Muschg, Dr. phil. Adolf, Professor (geb. 13.5.1934 in Zollikon/CH); Hasenackerstraße 24, CH-8708 Männedorf, Tel. 0 04 11/9 20 48 38, Literatur; [1979]

*Mutschler, Dr. rer. nat., Dr. med., Dres. h.c. Ernst, em. o. Professor (geb. 24.5.1931 in Isny); Pharmakologisches Institut für Naturwissenschaftler, Biozentrum Niederursel, Marie-Curie-Str. 9, Geb. N260, 60439 Frankfurt, Tel. 0 69/79 82 93 72, Fax 0 69/ 79 82 93 74, privat: Am Hechenberg 24, 55129 Mainz, Tel. 0 61 31/58 12 75, Fax 0 61 31/ 58 12 71, E-Mail mutschler@onlinehome.de, Pharmakologie; [1984]

*Nachtigall, Dr. rer. nat. Werner, em. o. Professor (geb. 7.6.1934 in Saaz/Sudetenland); Universität des Saarlandes, Arbeitsstelle Technische Biologie und Bionik, Postfach 151150, Geb. 9 – 3. OG, 66041 Saarbrücken (Paketpost: Geb. 9 – 3. OG, 66123 Saarbrücken), Tel. 06 81/3 02-24 11, Fax 06 81/3 02-66 51, E-Mail w.nachtigall@rz.unisb.de, privat: Höhenweg 169, 66133 Scheidt, Tel. 06 81/89 71 73, Zoologie; [1980]

Oberreuter, Dr. phil., Dr. h.c. M. A. Heinrich, o. Professor (geb. 21.9.1942 in Breslau); Universität Passau, Direktor der Akademie für Politische Bildung, Buchensee 1, 82323 Tutzing, Tel. 0 81 58/2 56 47, Fax 0 81 58/2 56 37, E-Mail h.oberreuter@apb-tutzing.de, privat: Eppaner Str. 12, 94036 Passau, Tel. 08 51/5 86 06, Politikwissenschaft; [1994]

Oesterhelt, Dr. rer. nat. Dieter, Professor (geb. 10.11.1940 in München); Max-Planck-Institut für Biochemie, Am Klopferspitz, 82143 Martinsried, Tel. 0 89/85 78 23 86, Fax 0 89/85 78 35 57, Biochemie; [1984]

Osche, Dr. phil. nat. Günther, o. Professor (geb. 7.8.1926 in Neustadt a. d. Weinstr.); Institut für Biologie I (Zoologie), Albertstraße 21a, 79104 Freiburg, Tel. 07 61/ 2 03 24 89, privat: Jacobistraße 54, 79104 Freiburg, Tel. 07 61/2 22 14, Zoologie; [1969]

*Osten, Dr. jur. Manfred (geb. 19.1.1938 in Ludwigslust); Weißdornweg 23, 53177 Bonn, Tel. 02 28/32 83 01, Fax 02 28/32 83 00, E-Mail manfred.osten@t-online.de, Literatur; [2001]

*Osterkamp, Dr. phil. Ernst, Professor (geb. 24.5.1950 in Tecklenburg); Humboldt-Universität zu Berlin, Philosophische Fakultät II, Institut für Deutsche Literatur, Unter den Linden 6, 10099 Berlin, Tel. 0 30/20 93 96 63, Fax 0 30/20 93 96 53, E-Mail ernst.osterkamp@rz.hu-berlin.de, privat: Heimat 35, 14165 Berlin, Tel. 0 30/8 15 52 93, Deutsche Literatur; [2003]

*Ott, Karl-Heinz (geb. 14.9.1957 in Ehingen/Donau); Bayernstraße 16, 79100 Freiburg, Tel. 07 61/7 07 56 78, E-Mail karlhzott@aol.com, Literatur; [2006]

Otten, Dr. rer. nat., Dr. h.c. Ernst Wilhelm, Professor (geb. 30.8.1934 in Köln); Institut für Physik, 55099 Mainz, Tel. 0 61 31/3 92 25 18, Fax 0 61 31/3 92 51 79, E-Mail ernst.otten@uni-mainz.de, privat: Carl-Orff-Straße 47, 55127 Mainz, Tel. 0 61 31/ 47 37 34, Experimentalphysik; [1986]

*Otten, Dr. phil. Fred, o. Professor (geb. 23.7.1942 in Berlin); Humboldt-Universität zu Berlin, Philosophische Fakultät II, Institut für Slawistik, Unter den Linden 6, 10099 Berlin, Tel. 0 30/20 93-51 56, Fax 0 30/20 93-51 84, E-Mail fred.otten@rz.hu-berlin.de, privat: Zehntwerderweg 168, 13469 Berlin, Tel. 0 30/4 02 87 78, Slavische Philologie; [1991]

*Otten, Dr. phil. Heinrich, em. o. Professor (geb. 27.12.1913 in Freiburg i. Br.); Arbeitsstelle für Hethitische Forschungen (Kommission für den Alten Orient), Akademie der Wissenschaften und der Literatur, Mainz, Geschwister-Scholl-Str. 2, 55131 Mainz, Tel. 0 61 31/57 72 30, privat: Ockershäuser Allee 45 a, 35037 Marburg, Tel. 0 64 21/9 37-3 34, Altorientalische Sprachen und Kulturen; [1959]

Parisse, Dr. phil. Michel, em. o. Professor (geb. 1.5.1936 in Void an der Maas/ Lothringen); 63, rue de Chemin Vert, 75011 Paris, Frankreich, Tel. 01 40 34 12 46, E-Mail parissem@noos.fr, Mittelalterliche Geschichte; [1997]

*Petersdorff, Dr. phil. Dirk von (geb. 16.3.1966 in Kiel); Universität des Saarlandes, FR 4.1 Germanistik, Postfach 151150, 66041 Saarbrücken (Paketpost: Im Stadtwald, 66123 Saarbrücken), Tel. 06 81/3 02 27 13, Fax 06 81/3 02 42 23, E-Mail dvp@mx.uni-saarland.de, privat: Rotenbühlerweg 13, 66123 Saarbrücken, Tel. 06 81/3 69 45, Literatur; [2004]

Pfister, Dr. phil., Dr. h.c. mult. Max, em. o. Professor (geb. 21.4.1932 in Zürich); Philosophische Fakultät II, FR 4.2 Romanistik, Universität des Saarlandes, Postfach 151150, 66041 Saarbrücken, (Paketpost: Universität, 66123 Saarbrücken), Tel. 06 81/ 3 02 36 71, Fax 06 81/3 02 45 88, E-Mail m.pfister@rz.uni-saarland.de, privat: Steinbergstraße 20, 66424 Homburg-Einöd, Tel. 0 68 48/71 94 41, Romanische Philologie; [1984]

*Pilkuhn, Dr. rer. nat. Manfred, o. Professor (geb. 16.4.1934 in Insterburg); Bussardstraße 50, 71032 Böblingen, Tel. 0 70 31/27 36 46, E-Mail mpilkuhn@hotmail.com, www.eie.polyu.edu.hk, Experimentalphysik; [1988]

*Pörksen, Dr. phil. Uwe, o. Professor (geb. 13.3.1935 in Breklum); Erwinstraße 28, 79102 Freiburg, Tel. 07 61/7 39 85, Fax 07 61/70 43 98 91, Literatur; [1986]

Radnoti-Alföldi, Dr. phil. Maria, o. Professorin (geb. 6.6.1926 in Budapest); Institut für Archäologische Wissenschaften, Abt. II, Archäologie und Geschichte der römischen Provinzen sowie Hilfswissenschaften der Altertumskunde, Johann Wolfgang Goethe-Universität, 60629 Frankfurt/M. – Fach 136 (Paketpost: Grüneburgplatz 1, 60323 Frankfurt/M.), Tel. 0 69/79 83 22 97, Fax 0 69/79 83 22 68, E-Mail radnoti-alfoeldi@em. uni-frankfurt.de, privat: Hans-Sachs-Str. 1, 60487 Frankfurt, Tel. 0 69/7 07 31 57, Antike Numismatik; [1986]

*Ramm, Dr.-Ing., Dr.-Ing. E.h., Dr. h.c. Ekkehard, em. o. Professor (geb. 3.10.1940 in Osnabrück); Universität Stuttgart, Institut für Baustatik und Baudynamik, Pfaffenwaldring 7, 70550 Stuttgart, Tel. 07 11/6 85-6 61 24, Fax 07 11/6 85-6 61 30, E-Mail ramm@ibb.uni-stuttgart.de, www.uni-stuttgart.de/ibs/ramm.html, privat: Sperberweg 31, 71032 Böblingen, Tel. 0 70 31/27 55 13, Bauingenieurwesen; [1997]

Rammensee, Dr. rer. nat. Hans-Georg, Professor (geb. 12.4.1953 in Tübingen); Eberhard Karls Universität, Interfakultäres Institut für Zellbiologie, Abteilung Immunologie, Auf der Morgenstelle 15, 72076 Tübingen, Tel. 0 70 71/2 98 76 28, Fax 0 70 71/29 56 53, E-Mail rammensee@uni-tuebingen.de, privat: Sommerhalde 3, 72070 Tübingen-Unterjesingen, Tel. 0 70 73/26 18, Immunologie; [2006]

*Rapp, Dr. med. Ulf R., o. Professor, Universität Würzburg, Institut für Medizinische Strahlenkunde und Zellforschung, Versbacher Straße 5, 97078 Würzburg, Tel. 09 31/ 20 14 51 41, Fax 0931/20 14 58 35, E-Mail rappur@mail.uni-wuerzburg.de, www.uni-wuerzburg.de/strahlenkunde/msz.html, Molekulare Onkologie; [2000]

Reis, Dr. med. André, Professor (geb. 25.7.1960 in Sao Paulo/Brasilien), Direktor am Institut für Humangenetik, Friedrich-Alexander-Universität Erlangen-Nürnberg, Schwabachanlage 10, 91054 Erlangen, Tel. 0 91 31/85-2 23 18, Fax 0 91 31/20 92 97, E-Mail reis@humgenet.uni-erlangen.de, www.humgenet.uni-erlangen.de, privat: Adalbert-Stifter-Str. 8, 91054 Erlangen, Tel. 0 91 31/53 92 58, Humangenetik; [2006]

*Riethmüller, Dr. phil. Albrecht, o. Professor (geb. 21.1.1947 in Stuttgart); Musikwissenschaftliches Seminar der Freien Universität Berlin, Grunewaldstr. 35, 12165 Berlin, Tel. 0 30/83 85 66 10, Fax 0 30/83 85 30 06, E-Mail albrieth@zedat.fu-berlin.de, www.fu-berlin.de/musikwissenschaft, privat: Berner Straße 44A, 12205 Berlin, Tel./ Fax 0 30/8 31 28 25, Musikwissenschaft; [1991]

*Ringsdorf, Dr. rer. nat., Dr. h.c. Helmut, o. Professor (geb. 30.7.1929 in Gießen); Institut für Organische Chemie, Johannes Gutenberg-Universität, 55099 Mainz (Paketpost: J. J. Becher-Weg 18–20, 55128 Mainz), Tel. 0 61 31/3 92 24 02, Fax 0 61 31/3 92 31 45, E-Mail ringsdor@uni-mainz.de, privat: Kehlweg 41, 55124 Mainz, Tel. 0 61 31/ 47 28 84, Organische und Makromolekulare Chemie; [1979]

Rittner, Dr. med. Christian, o. Professor (geb. 29.9.1938 in Dresden); Institut für Rechtsmedizin der Universität Mainz, Am Pulverturm 3, 55131 Mainz, Tel. 0 61 31/3 93 21 18, Fax 0 61 31/3 93 64 67, E-Mail rittner@mail.uni-mainz.de, privat: Höhenweg 8, 55268 Nieder-Olm, Rechtsmedizin; [1994]

*Röckner, Dr. rer. nat. Michael, o. Professor (geb. 15.2.1956 in Herford); Universität Bielefeld, Fakultät für Mathematik, Postfach 100131, 33501 Bielefeld (Paketpost: Universitätsstr. 25, 33615 Bielefeld), Tel. 05 21/1 06-47 74, -47 73, Fax 05 21/1 06-64 62, E-Mail roeckner@mathematik.uni-bielefeld.de, privat: Ostenbergstr. 22, 33378 Rheda-Wiedenbrück, Tel. 0 52 42/37 90 68, Fax 0 52 42/37 90 69, Mathematik und mathematische Physik; [2003]

*Rohen, Dr. med., Dr. med. h.c. Johannes W., em. o. Professor (geb. 18.9.1921 in Münster/Westf.); Anatomisches Institut der Universität Erlangen-Nürnberg, Universitätsstraße 19, 91054 Erlangen, Tel. 0 91 31/8 52 67 37, Fax 0 91 31/8 52 28 62, E-Mail lisa.koehler@anatomie2.med.uni-erlangen.de, privat: Streitbaumweg 3, 91077 Neunkirchen a. Br., Tel. 0 91 34/6 87, Funktionelle Anatomie, Embryologie und Histologie; [1968]

*Rosendorfer, Herbert, Professor (geb. 19.2.1934 in Bozen); Ansitz Massauer-Hof, Reinspergweg 5, 39057 St. Michael/Eppan, Italien, Tel. 0 03 90/4 71/66 47 67, Fax 0 03 90/4 71/66 47 68, Literatur; [1988]

Rübner, Tuvia, em. Professor (geb. 30.1.1924 in Preßburg); Kibbuz Merchavia, 19100 Israel, Tel 9 72/66 59 87 54, Fax 9 72/66 59 87 54, E-Mail tuvi@merchavia.org.il, Literatur; [2000]

Rupprecht, Dr. iur. Hans-Albert, o. Professor (geb. 16.4.1938 in Erlangen); In den Opfergärten 5, 35085 Ebsdorfergrund, Tel. 0 64 24/16 79, E-Mail hansalbertrupprecht@t-online.de, Papyrusforschung; [2001]

Samuelson, Dr. Dr. h.c. mult. Paul A., M.A., Professor (geb. 15.5.1915 in Gary/USA); Institute Professor Emeritus, Massachusetts Institute of Technology, Department of Economics, E52-383 Cambridge, MA 02138, USA, Tel. (6 17)2 53-33 68, privat: 94 Somerset Street, USA Belmont, MA 02178, Wirtschaftswissenschaften; [1987]

Sandeman, Dr. rer. nat. David, Professor (geb. 18.4.1936 in Springs/ZA); Theodor-Boveri-Institut der Universität, Lehrstuhl für Verhaltensphysiologie und Soziobiologie, Am Hubland, 97074 Würzburg, Tel. 09 31/8 88 44 40, privat: Felix-Klipstein-Weg 7, 35321 Laubach, Tel. 0 64 05/50 50 74, E-Mail dsandema@wellesley.edu, Biologie; [1993]

*Schaefer, Dr. rer. nat. Matthias, o. Professor (geb. 23.4.1942 in Berlin); Institut für Zoologie und Anthropologie, Abteilung Ökologie, Berliner Straße 28, 37073 Göttingen, Tel. 05 51/39 54 45, Fax 05 51/39 54 48, E-Mail mschaef@gwdg.de, www.gwdg.de/~zooeco, privat: Konrad-Adenauer-Straße 15, 37075 Göttingen, Tel. 05 51/2 12 29, Tierökologie; [1993]

Schäfer, Dr. phil. Fritz Peter, em. Professor (geb. 31.1.1931 in Bad Hersfeld); Max-Planck-Institut für biophysikalische Chemie, Postfach 2841, 37018 Göttingen (Paketpost: Am Faßberg, 37077 Göttingen), Tel. 05 51/20 13 33/3 34, privat: Senderstraße 53, 37077 Göttingen, Tel. 05 51/2 44 96, Fax 0551/2 35 36, Biophysik; [1984]

*Schäfer, Dr. phil. Hans Dieter (geb. 7.9.1939 in Berlin); Franziskanerplatz 3, 93059 Regensburg, Tel./Fax 09 41/8 82 02, E-Mail hansdieterschaefer@t-online.de, Literatur; [2002]

Scharf, Dr. med., Dr. rer. nat., Dr. h.c. Joachim-Hermann, o. Professor (geb. 7.11.1921 in Nebra/Unstrut); Institut für Anatomie der Universität, Postfach 302, 06097 Halle, privat: Ernst-Moritz-Arndt-Straße 1, 06114 Halle, Tel. 03 45/5 23 33 89, Anatomie; [1982]

Scheibe, Dr. rer. nat. Erhard, em. o. Professor (geb. 24.9.1927 in Berlin); Philosophisches Seminar der Universität, Marsiliusplatz 1, 69117 Heidelberg, Tel. 06221/5424 83, privat: Moorbirkenkamp 2 A, 22391 Hamburg, Tel. 040/5 36 81 07, Philosophie; [1981]

*Schink, Dr. rer. nat. Bernhard, o. Professor (geb. 27.4.1950 in Mönchengladbach); Universität Konstanz, FB Biologie, Lehrstuhl für Mikrobielle Ökologie, Postfach 5560 <M654>, 78457 Konstanz, Tel. 0 75 31/88-21 40, Fax 0 75 31/88-40 47, E-Mail bernhard. schink@uni-konstanz.de, privat: Hans-Lobisser-Straße 12, 78465 Konstanz-Dingelsdorf, Tel. 0 75 33/78 26, Mikrobiologie; [2002]

*Schirnding, Albert von (geb. 9.4.1935 in Regensburg); Harmating 6, 82544 Egling 2, Tel. 0 81 76/3 62, Literatur; [2001]

Schlögl, Dr. rer. nat. Reinhard W., em. o. Professor (geb. 25.11.1919 in Braunau/Nordböhmen); Max-Planck-Institut für Biophysik, Kennedyallee 70, 60596 Frankfurt, E-Mail r.schloegl@em.uni-frankfurt.de, privat: Im Hirschgarten 3, 61479 Glashütten, Tel. 0 61 74/6 14 09, 0 61 74/96 45 48, Biophysik; [1981]

*Schmid, Dr. phil., Dr. h.c. Wolfgang P., em. o. Professor (geb. 25.10.1929 in Berlin); Sprachwissenschaftliches Seminar der Universität Göttingen, Humboldtallee 13, 37073 Göttingen, Tel. 05 51/39 54 82, Fax 05 51/39 58 03, privat: Schladeberg 20, 37133 Friedland (Niedernjesa), Indogermanische Sprachwissenschaft; [1966]

*Schmidt, Dr. med., Ph. D., D. Sc. h.c., Robert F., em. o. Professor, Honorarprofessor Med. Fakultät Univ. Tübingen (geb. 16.9.1932 in Ludwigshafen); Physiologisches Institut, Röntgenring 9, 97070 Würzburg, Tel. 09 31/31 26 39, Fax 09 31/31 27 41, 09 31/5 92 10, E-Mail rfs@mail.uni-wuerzburg.de, www.rfschmidt.de, privat: Oberer Dallenbergweg 6, 97082 Würzburg, Tel. 09 31/7 84 14 20/1, Fax 09 31/7 84 14 22, Neurophysiologie; [1987]

*Schmidt-Glintzer, Dr. phil. Helwig (geb. 24.6.1948 in Bad Hersfeld); o. Professor Universität Göttingen, Direktor der Herzog August Bibliothek Wolfenbüttel, Forschungs- und Studienstätte für Europäische Kulturgeschichte, Lessingplatz 1, 38304 Wolfenbüttel, Tel. 0 53 31/8 08-1 00/-1 01, Fax 0 53 31/8 08-1 34, E-Mail schmidt-gl@hab.de, privat: Lessingstraße 11, 38300 Wolfenbüttel, Tel. 0 53 31/8 08-1 50, Sinologie; [2002]

Schölmerich, Dr. med., Dr. med. h.c. Paul, em. o. Professor (geb. 27.6.1916 in Kasbach/Linz); Weidmannstraße 67, 55131 Mainz, Tel. 0 61 31/8 26 79, Innere Medizin und Kardiologie; [1973]

*Schröder, Dr. jur., Dr. h.c. Jan, o. Professor (geb. 28.5.1943 in Berlin); Juristisches Seminar, Universität Tübingen, Wilhelmstraße 7, 72074 Tübingen, Tel. 0 70 71/2 97 26 99, Fax 0 70 71/29 53 09, E-Mail jan.schroeder@jura.uni-tuebingen.de, privat: Bohnenbergerstraße 20, 72076 Tübingen, Tel. 0 70 71/64 04 14, Fax 0 70 71/64 04 15, Rechtsgeschichte, Bürgerliches Recht; [2001]

*Schröder, Dr. phil. Werner, em. o. Professor (geb. 13.3.1914 in Tangerhütte/ Altmark); Roter Hof 10, 35037 Marburg, Tel. 0 64 21/3 44 59, Germanische und deutsche Philologie; [1978]

*Schulenburg, Dr. rer. pol. Johann-Matthias Graf von der, o. Professor (geb. 20.6. 1950 in Hamburg); Gottfried Wilhelm Leibniz Universität, FB Wirtschaftswissenschaften, Institut für Versicherungsbetriebslehre, Königsworther Platz 1, 30167 Hannover, Tel. 05 11/7 62 50 83, Fax 05 11/7 62 50 81, E-Mail jms@ivbl.uni-hannover.de, privat: Schleiermacherstr. 24, 30625 Hannover, Tel. 05 11/5 33 26 13, Wirtschaftswissenschaften; [2001]

*Schulz, Dr. phil. Günther, o. Professor (geb. 27.11.1950 in Morsbach/Sieg); Rheinische Friedrich-Wilhelms-Universität, Institut für Geschichtswissenschaft, Abt. Verfassungs-, Sozial- und Wirtschaftsgeschichte, Konviktstraße 11, 53113 Bonn, Tel. 02 28/73-51 72/50 33, Fax 02 28/73-51 71, E-Mail g.schulz@uni-bonn.de, www. histsem.unibonn.de/lehrstuhlvswg/lsvswgstart.htm, privat: Königin-Sophie-Str. 17, 53604 Bad Honnef, Tel. 0 22 24/7 43 98, Fax 0 22 24/96 87 43, E-Mail schulz.sz@t-online.de, Sozialu. Wirtschaftsgeschichte; [2006]

*Schütz, Helga, Professorin (geb. 2.10.1937 in Falkenhain/Schlesien); Jägersteig 4, 14482 Potsdam, Tel. 03 31/70 86 56, Literatur; [1994]

Schwarz, Dr. phil. Hans-Peter, em. o. Professor (geb. 13.5.1934 in Lörrach); Seminar für Politische Wissenschaft an der Rheinischen Friedrich-Wilhelms-Universität Bonn, Lennéstraße 25, 53113 Bonn, Tel. 02 28/73 75 11, Fax 02 28/73 75 12, privat: Vogelsangstraße 10a, 82131 Gauting, Tel. 0 89/89 35 58 70, Fax 0 89/89 35 58 69, Wissenschaft von der Politik und Zeitgeschichte; [1989]

*Schweickard, Dr. phil., Dr. h.c. Wolfgang, Professor (geb. 16.10.1954 in Aschaffenburg); Universität des Saarlandes, FR 4.2 – Romanistik, Postfach 151150, 66041 Saarbrücken (Paketpost: Geb. 11, Zi. 3.19, Im Stadtwald, 66123 Saarbrücken), Tel. 06 81/3 02-6 40 50, Fax 06 81/3 02-6 40 52, E-Mail wolfgang.schweickard@mx.unisaarland.de, www.phil.uni-sb.de/FR/Romanistik/schweickard, privat: Hangweg 8, 66121 Saarbrücken, Tel. 06 81/8 30 56 93, Fax 06 81/8 30 56 95, Romanische Philologie (Sprachwissenschaft); [2004]

Seebach, Dr. rer. nat. Dieter, Professor (geb. 3.10.1937 in Karlsruhe); Laboratorium für Organische Chemie, ETH Hönggerberg HCI, Wolfgang-Pauli-Straße 10, 8093 Zürich, Schweiz, Tel. 00 41 44/6 32 29 90, Fax 00 41 44/6 32 11 44, E-Mail seebach@org.chem. ethz.ch, Organische Chemie; [1990]

*Seibold, Dr. rer. nat., Dres. rer. nat. h.c. Eugen, em. o. Professor (geb. 11.5.1918 in Stuttgart); Richard-Wagner-Straße 56, 79104 Freiburg, Tel. 07 61/55 33 68, Fax 07 61/ 5 56 57 40, E-Mail seibold-freiburg@t-online.de, Geologie; [1972]

*Seiler, Lutz (geb. 8.6.1963 in Gera); Peter-Huchel-Haus, Hubertusweg 41, 14552 Michendorf/Wilhelmshorst, Tel. 03 32 05/4 92 45, E-Mail lutz-seiler@web.de, Literatur; [2007]

*Sier, Dr. phil. Kurt, o. Professor (geb. 21.4.1955 in Dudweiler/Saar); Institut für Klassische Philologie und Komparatistik, Universität Leipzig, Beethovenstraße 15, 04107 Leipzig, Tel. 03 41/9 73 77-10/-01, Fax 03 41/9 73 77 48, E-Mail sier@rz.uni-leipzig.de, privat: Lilienstraße 34, 66386 St. Ingbert, Tel./Fax 0 68 94/66 50, Klassische Philologie; [2000]

Simon, Dr. rer. nat., Dr. h.c. mult. Arndt, Professor (geb. 14.1.1940 in Dresden); Max-Planck-Institut für Festkörperforschung, Heisenbergstraße 1, 70569 Stuttgart, Tel. 07 11/6 89-16 40, Fax 07 11/6 89-10 10, E-Mail a.simon@fkf.mpg.de, privat: Ob dem Steinbach 15, 70569 Stuttgart, Tel. 07 11/6 87 62 92, Anorganische Chemie; [1994]

Sinn, Dr. rer. nat., Dr. rer. nat. h.c., Dipl.-Chem. Hansjörg, o. Professor (geb. 20.7.1929 in Ludwigshafen); An der Trift 8, 38678 Clausthal-Zellerfeld, Tel. 0 53 23/7 81 35, Fax 0 53 23/7 81 38, Technische und Makromolekulare Chemie; [1976]

Slaje, Dr. phil. Walter, Professor (geb. 17.6.1954 in Graz); FB Kunst-, Orient- und Altertumswissenschaften, Institut für Indologie und Südasienwissenschaften, Martin-Luther-Universität Halle-Wittenberg, 06099 Halle (Saale), Tel. 03 45/5 52 36 50, Fax 03 45/5 52 71 39, E-Mail slaje@indologie.uni-halle.de, privat: Hermann-Löns-Straße 1, 99425 Weimar, Tel./Fax 0 36 43/50 13 91, E-Mail slaje@t-online.de, Indologie; [2002]

*Stadler, Dr. phil. Arnold (geb. 9.4.1954 in Meßkirch); Sallahn Hof 7, 29482 Küsten, Tel. 0 58 64/98 69 01, Literatur; [1998]

Steinbeck, Dr. phil. Wolfram, Professor (geb. 5.10.1945 in Hagen/Westf.); Musikwissenschaftliches Institut, Universität zu Köln, Albertus Magnus-Platz, 50923 Köln, Tel. 02 21/4 70 38 06, Fax 02 21/4 70 49 64, E-Mail w.steinbeck@uni-koeln.de, privat: Rosenweg 32, 53225 Bonn, Tel. 02 28/7 07 76 36, Historische Musikwissenschaft; [2005]

Stent, Dr. phil., Dr. rer. nat. h.c. Günter S., Professor (geb. 28.3.1924 in Berlin); 329 Life Sciences Addition, Department of Molecular and Cell Biology, University of California, Berkeley, CA 94720-3200, USA, Tel. 00 15 10/6 42 52 14, Fax 00 15 10/6 43 67 91, E-Mail stent@uclink4.berkeley.edu, privat: 145 Purdue Ave., Berkeley, CA 94708, USA, Neurobiologie; [1989]

Stocker, Dr. sc. nat., Dr. h.c ETH Thomas, o. Professor (geb. 1.7.1959 in Zürich); Universität Bern, Physikalisches Institut, Abt. für Klima- und Umweltphysik, Sidlerstr. 5, 3012 Bern, Schweiz, Tel. 00 41/31/6 31 44 62, Fax 00 41/31/6 31 87 42, E-Mail stocker@climate.unibe.ch, www.climate.unibe.ch/stocker, privat: Buchserstr. 50, 3006 Bern, Schweiz, Klima- u. Umweltphysik; [2004]

*Stolleis, Dr. jur., Dr. h.c. mult. Michael, em. Professor (geb. 20.7.1941 in Ludwigshafen); Max-Planck-Institut für europäische Rechtsgeschichte, Postfach 930227, 60457 Frankfurt am Main, (Paketpost: Hausener Weg 120, 60489 Frankfurt am Main), Tel. 0 69/7 89 78-2 22, Fax 0 69/7 89 78-1 69, E-Mail stolleis@mpier.uni-frankfurt.de, privat: Waldstraße 15, 61476 Kronberg, Tel. 0 61 73/6 56 51, Öffentliches Recht, Neuere Rechtsgeschichte, Kirchenrecht; [1992]

*Strauch, Dr. rer. nat., Dr. h.c. Friedrich, o. Professor (geb. 23.11.1935 in Homberg/Niederrhein); Geologisch-Paläontologisches Institut und Museum, Corrensstraße 24, 48149 Münster, Tel. 02 51/83-3 39 51, Fax 02 51/83-3 39 68, E-Mail friedrich.strauch@uni-muenster.de, privat: Südostring 26, 48329 Havixbeck, Tel. 0 25 07/21 20, Fax 0 25 07/57 06 45, Paläontologie, Geologie; [1991]

Streit, Dr. rer. pol. Manfred E., em. Professor (geb. 16.2.1939 in Goch/Rheinland); Max-Planck-Institut für Ökonomik, Kahlaische Straße 10, 07745 Jena, Tel. 0 36 41/68 66 01, Fax 0 36 41/68 66 10, E-Mail streit@econ.mpg.de, privat: Kobenhüttenweg 17, 66123 Saarbrücken, Tel 06 81/6 52 81, Wirtschaftswissenschaften; [1994]

Tennstedt, Dr. disc. pol. Florian, Professor (geb. 6.9.1943 in Sangerhausen); FB 4 Sozialwesen der Universität Kassel, 34109 Kassel (Paketpost: Arnold-Bode-Straße 10, 34127 Kassel), Tel. 05 61/8 04 29 45, 8 04 29 03, Fax 05 61/8 04 29 03, 8 04 32 65, privat: Grubenrain 10, 34132 Kassel, Tel. 05 61/40 67 98, Sozialpolitik; [2000]

*Thiede, Dr. rer. nat., Dr. h.c. Jörn, o. Professor (geb. 14.4.1941 in Berlin); Direktor a. D. des Alfred-Wegener-Instituts für Polar- und Meeresforschung, Am Alten Hafen 26, 27568 Bremerhaven, Tel. 04 71/48 31 14 10, Fax 04 71/48 31 21 42, E-Mail joern.thiede @awi.de, privat: Köperstraße 8/9, 27568 Bremerhaven, Tel. 04 71/1 70 01 06, Paläo-Ozeanologie; [1991]

Thissen, Dr. phil. Heinz Josef, o. Professor (geb. 13.3.1940 in Neuss); Seminar für Ägyptologie der Universität, 50923 Köln, Tel. 02 21/4 70 38 76, Fax 02 21/4 70 50 79, E-Mail heinz.thissen@uni-koeln.de, privat: Bertolt-Brecht-Straße 67, 50374 Erftstadt, Tel. 0 22 35/4 42 46, Ägyptologie; [1994]

*Vaupel, Dr. med. Peter W., M.A./Univ. Harvard, Univ.-Professor (geb. 21.8.1943 in Lemberg/Pfalz); Institut für Physiologie und Pathophysiologie, Johannes Gutenberg-Universität, Duesbergweg 6, 55099 Mainz, Tel. 0 61 31/3 92 59 29, Fax 0 61 31/3 92 57 74, E-Mail vaupel@mail.uni-mainz.de, privat: Am Eiskeller 71, 55126 Mainz, Tel. 0 61 31/47 25 55, Physiologie und Pathophysiologie; [1998]

Veith, Dr. rer. nat. Michael, Univ.-Professor (geb. 9.11.1944 in Görlitz); INM – Leibniz-Institut für Neue Materialien gGmbH, Im Stadtwald, Gebäude D2 2, 66123 Saarbrücken, Tel. 06 81/93 00-0, 06 81/93 00-2 72, Fax 06 81/93 00-2 23, E-Mail michael.veith@inm-gmbh.de, www.inm-gmbh.de, privat: Am Hangweg 1, 66386 St. Ingbert, E-Mail veith@mx.uni-saarland.de, Anorganische und Allgemeine Chemie; [2006]

*Vesper, Guntram (geb. 28.5.1941 in Frohburg/Sachsen); Herzberger Landstraße 34a, 37085 Göttingen, Tel. 05 51/5 75 37, www.guntramversper.ch.vu, Literatur; [1990]

Vogel, Dr. rer. nat. Paul Stefan, em. o. Professor (geb. 4.4.1925 in Dresden); Arbeitsstelle: Institut für Botanik der Universität, Rennweg 14, 1030 Wien, Österreich, Tel. 00 43/1/4 27 75 40 87, Fax 00 43/1/42 77 95 41, E-Mail stefan.vogel@univie.ac.at, privat: Am Steinfeld 11-6, 2344 Maria Enzersdorf am Gebirge, Österreich, Tel. 00 43/ 2 23 62 11 37, Botanik; [1975]

Waetzoldt, Dr. phil. Stephan, Professor (geb. 18.1.1920 in Halle/Saale); Erlenweg 72, App. 581, 14532 Kleinmachnow, Tel. 03 32 03/5 65 81, Kunstgeschichte; [1975], († 25. Mai 2008)

*Wahlster, Dr. rer. nat., Dr. h.c. mult. Wolfgang, o. Professor (geb. 2.2.1953 in Saarbrücken); Deutsches Forschungszentrum für Künstliche Intelligenz GmbH, Stuhlsatzenhausweg 3, 66123 Saarbrücken, Tel. 06 81/3 02-23 63,-41 62, Fax 06 81/3 02-41 36, E-Mail wahlster@cs.uni-sb.de, www.dfki.de/~wahlster/, privat: Winterbergstr. 6, 66119 Saarbrücken, Tel. 06 81/5 38 56, Informatik; [2002]

Weberling, Dr. rer. nat., Dr. h.c. Focko, em. o. Professor (geb. 6.3.1926 in Goslar); Arbeitsstelle Pflanzenmorphologie und Biosystematik, Universität Ulm, Albert Einstein-Allee 47, 2. St., R. 279, Oberer Eselsberg, 89081 Ulm, Tel. 07 31/5 02 64 13, privat: Buchenstraße 3, 89155 Erbach, Tel. 0 73 05/85 85, Fax 0 73 05/2 18 01, E-Mail focko. weberling@extern.uni-ulm.de, Morphologie und Systematische Botanik; [1978]

*Wedepohl, Dr. rer. nat. Karl Hans, o. Professor (geb. 6.1.1925 in Loxten/Westf.); Geochemisches Institut, Goldschmidtstraße 1, 37077 Göttingen, Tel. 05 51/39 39 94, Fax 05 51/39 39 82, privat: Hasenwinkel 36, 37079 Göttingen, Tel. 05 51/9 14 15, Geochemie; [1970]

*Wegner, Dr. rer. nat., Dr. h.c. Gerhard, o. Professor (geb. 3.1.1940 in Berlin); Max-Planck-Institut für Polymerforschung, Ackermannweg 10, Postfach 3148, 55021 Mainz, Tel. 0 61 31/37 91 30, Fax 0 61 31/37 93 30, E-Mail wegner@mpip-mainz.mpg.de, privat: Carl-Zuckmayer-Str. 1, 55127 Mainz, Tel. 0 61 31/47 67 24, Festkörperchemie der Polymere; [1996]

Wehner, Dr. phil. nat., Dr. h.c. Rüdiger, o. Professor (geb. 6.2.1940 in Nürnberg); Zoologisches Institut, Abteilung Neurobiologie, Winterthurerstraße 190, 8057 Zürich, Schweiz, Tel. 00 41/44/6 35 48 31, Fax 00 41/44/6 35 57 16, E-Mail rwehner@zool. unizh.ch, www.zool.unizh.ch, privat: Zürichbergstraße 130, CH-8044 Zürich, Tel. 00 41/44/2 61 13 74, Neuro- und Verhaltensbiologie; [1977]

*Weiland, Dr.-Ing. Thomas, Professor (geb. 24.10.1951 in Riegesesberg); Technische Universität Darmstadt, FB 18, Schloßgartenstraße 8, 64289 Darmstadt, Tel. 0 61 51/ 16 21 61, Fax 0 61 51/16 46 11, E-Mail thomas.weiland@temf.tu-darmstadt.de, privat: Ohlystraße 69, 64285 Darmstadt, Tel. 0 61 51/42 37 53, Fax 0 61 51/42 38 91, Theorie Elektromagnetischer Felder; [1992]

*Wellershoff, Dr. phil. Dieter, Professor e.h. (geb. 3.11.1925 in Neuss); Mainzer Straße 45, 50678 Köln, Tel. 02 21/38 85 65, Literatur; [1968]

Welte, Dr. Dr. h.c. Dietrich H., o. Professor (geb. 22.1.1935 in Würzburg); IES, Gesellschaft für Integrierte Explorationssysteme mbH, Ritterstraße 23, 52072 Aachen, Tel. 02 41/5 15 86 10, Fax 02 41/5 15 86 90, E-Mail d.welte@ies.de, privat: I. Rote-Haag-Weg 42 a, 52076 Aachen, Tel. 02 41/6 36 21, Fax 02 41/6 05 21 23, Organische Geochemie, Erdölgeologie, numerische Simulation von Geoprozessen; [1996]

Welzig, Dr. phil. Werner, o. Professor (geb. 13.8.1935 in Wien); Österreichische Akademie der Wissenschaften, Dr. Ignaz-Seipel-Platz 2, 1010 Wien, Österreich, Tel. 0 04 31/5 15 81-2 03, Fax 0 04 31/5 15 81-2 09, E-Mail werner.welzig@oeaw.ac.at, privat: Enzersdorfer Straße 6, A-2345 Brunn am Gebirge, Tel. 00 43 22 36/3 42 69, Neuere Deutsche Literaturgeschichte; [1987]

Westphal, Dr. rer. nat., Dr. med. h.c. Otto H. E., Professor (geb. 1.2.1913 in Berlin); Chemin de Ballallaz 18, 1820 Montreaux, Schweiz, Tel. 00 41 21/9 63 54 86, Immunbiologie und Biochemie; [1963]

*Wilhelm, Dr. phil. Gernot, o. Professor (geb. 28.1.1945 in Laasphe/Lahn); Institut für Altertumswissenschaften, Lehrstuhl für Altorientalistik, Universität Würzburg, Residenzplatz 2, Tor A, 97070 Würzburg, Tel. 09 31/31 28 62, Fax 09 31/31 26 74, E-Mail gernot.wilhelm@mail.uni-wuerzburg.de, www.uni-wuerzburg.de/altorientalistik/, privat: Mozartstraße 2a, 97209 Veitshöchheim, Tel. 09 31/9 29 89, Fax 09 31/9 91 24 45, E-Mail grnt.wilhelm@t-online.de, Altorientalistik; [2000]

Willson, A. Leslie, Professor Ph. D. (geb. 14.6.1923 in Texashome/USA); 4205 Far West Blvd., Austin, Texas 78731, USA, Tel. 00 15 12/3 45 06 22, Literatur; [1975]

*Winiger, Dr. rer. nat. Matthias, Professor (geb. 24.3.1943 in Bern); Geographisches Institut der Universität Bonn, Meckenheimer Allee 166, 53115 Bonn, Tel. 02 28/73 72 39, Fax 02 28/73 75 06, E-Mail winiger@giub.uni-bonn.de, www.giub.uni-bonn.de/winiger/, privat: Rheinaustraße 188, 53225 Bonn, Tel. 02 28/47 92 87, Hohfuhren, CH-3088 Rüeggisberg, Tel./Fax 00 41/3 18 09 17 53, Geographie, Klimatologie, Hochgebirge; [1995]

*Wittern-Sterzel, Dr. phil., Dr. med. habil. Renate, o. Professorin (geb. 30.11.1943 in Bautzen/Sachsen); Friedrich-Alexander-Universität Erlangen-Nürnberg, Institut für Geschichte und Ethik der Medizin, Glückstraße 10, 91054 Erlangen, Tel. 0 91 31/8 52 23 08, Fax 0 91 31/8 52 28 52, E-Mail renate.wittern@gesch.med.uni-erlangen.de, privat: Hindenburgstr. 84, 91054 Erlangen, Tel. 0 91 31/2 15 66, Fax 0 91 31/2 15 33, Geschichte der Medizin; [2005]

*Wriggers, Dr.-Ing. Peter, Professor (geb. 3.2.1951 in Hamburg); Gottfried Wilhelm Leibniz Universität, Institut für Kontinuumsmechanik (IKM), Appelstr. 11, 30167 Hannover, Tel. 05 11/7 62-41 11-22 20, Fax 05 11/7 62-41 82-54 96, E-Mail wriggers@ikm.uni-hannover.de, www.ikm.uni-hannover.de, privat: Bödekerstr. 8, 30161 Hannover, Tel. 05 11/31 55 48, Baumechanik; [2004]

Würtenberger, Dr. jur. Thomas, Professor (geb. 27.1.1943 in Erlangen); Universität Freiburg, Rechtswissenschaftliche Fakultät, Platz der Alten Synagoge 1, 79085 Freiburg, Tel. 07 61/2 03 22 46, Fax 07 61/2 03 22 91, E-Mail wuertenb@ruf.uni-freiburg.de, privat: Beethovenstr. 9, 79100 Freiburg, Tel. 07 61/7 86 23, Öffentliches Recht, Staatsphilosophie, Verfassungsgeschichte; [2000]

Zagajewski, Adam (geb. 21.6.1945 in Lwów/Lemberg); ul. Pawlikowskiego 7 m. 9, 31127 Kraków, Polen, Tel./Fax 00 48 12/6 32 84 56, E-Mail adamz@uchicago.edu, Literatur; [2001]

*Zahn, Dr. med., Dr. h.c. Rudolf K., em. Universitätsprofessor (geb. 6.2.1920 in Bad Orb/Spessart); Oderstraße 12, 65201 Wiesbaden, Tel. 06 11/2 29 84, E-Mail rzahn@uni-mainz.de, Physiologische Chemie; [1971]

*Zeller, Dr. phil., Dr. phil. h.c., Litt. D. h.c. Bernhard, Professor (geb. 19.9.1919 in Dettenhausen); Schiller-Nationalmuseum und Deutsches Literaturarchiv, Schillerhöhe 8–10, 71672 Marbach, Postfach 1162, 71666 Marbach, Tel. 0 71 44/84 86 05, privat: Kernerstraße 45, 71672 Marbach, Tel. 0 71 44/9 76 45, Literatur, insbesondere Deutsche Literaturwissenschaft; [1970]

*Zeller, Dr. theol. h.c. Eva (geb. 25.1.1923 in Eberswalde/Mark Brandenburg); Fregestraße 9, 12159 Berlin, Tel. 0 30/85 96 51 27, Literatur; [1989]

Zeltner-Neukomm, Dr. phil. Gerda (geb. 27.1.1915 in Zürich); Rütistraße 11, 8032 Zürich, Schweiz, Tel. 00 41 44/2 51 66 32, Literatur; [1969]

*Zimmermann, Dr. ev. theol., Dr. phil., Dr. hist. h.c., Dr. phil. h.c. Harald, em. o. Professor (geb. 12.9.1926 in Budapest); Historisches Seminar, Abt. für Mittelalterliche Geschichte, Wilhelmstraße 36, 72074 Tübingen, Tel. 0 70 71/2 97 54 98, privat: Beckmannweg 1, 72076 Tübingen, Tel. 0 70 71/6 29 73, Mittelalterliche Geschichte; [1972]

*Zintzen, Dr. phil. Clemens, o. Professor (geb. 24.6.1930 in Aachen); Institut für Altertumskunde, Albertus-Magnus-Platz, 50923 Köln, Tel. 02 21/4 70 23 57, privat: Am Alten Bahnhof 24, 50354 Hürth, Tel. 0 22 33/7 03 87, Fax 0 22 33/70 73 64, E-Mail clemens.zintzen@t-online.de, Klassische Philologie und Renaissanceforschung; [1977]

*Zippelius, Dr. iur., Dr. h.c. Reinhold, em. o. Professor (geb. 19.5.1928 in Ansbach); Institut für Rechtsphilosophie und Allgemeine Staatslehre der Universität Erlangen-Nürnberg, Schillerstr. 1, 91054 Erlangen, Tel. 0 91 31/8 52 69 66, Fax 0 91 31/8 52 69 65, privat: Niendorfstraße 5, 91054 Erlangen, Tel. 0 91 31/5 57 26, Allgemeine Staatslehre und Rechtsphilosophie; [1985]

Zwierlein, Dr. phil. Otto, o. Professor (geb. 5.8.1939 in Hollstadt/Unterfranken); Seminar für Griechische und Lateinische Philologie, Am Hof 1e, 53113 Bonn, Tel. 02 28/73 73 39, Fax 02 28/73 77 48, E-Mail zwierlein@uni-bonn.de, privat: Mozartstraße 30, 53115 Bonn, Tel. 02 28/63 39 43, Klassische und Mittellateinische Philologie; [1980]

Sachverständige der Kommissionen

Bartolomaeus, Dr. Thomas, Professor, Freie Universität Berlin, Institut für Zoologie, Königin-Luise-Straße 1, 14195 Berlin, Tel. 0 30/8 38-5 62 88, Fax 0 30/8 38-5 39 16, E-Mail tbartol@zedat.fu-berlin.de, privat: Bismarckstraße 8A, 14109 Berlin, Tel. 0 30/80 49 57 36, Vergleichende Zoologie, Phylogenetische Systematik

Beck, Dr. phil. Hanno, Universitätsprofessor, Geographische Institute, Meckenheimer Allee 166, 53115 Bonn, privat: Dürenstraße 36, 53173 Bonn, Tel. 02 28/35 14 26, Geschichte der Naturwissenschaften, insbesondere Geschichte der Geographie, Erdwissenschaften, Kartographie, Reisen und Wissenschaftstheorie

Bendix, Dr. rer. nat. Jörg, Professor, Philipps-Universität Marburg, FB Geographie, Deutschhausstraße 10, 35032 Marburg, Tel. 0 64 21/2 82 42 66, Fax 0 64 21/2 82 89 50, E-Mail bendix@staff.uni-marburg.de, privat: Eichenweg 6, 35287 Amöneburg, Tel. 0 64 24/92 44 33, Geographie

Borsch, Dr. Thomas, Professor, Leitender Direktor Botanischer Garten und Botanisches Museum Berlin-Dahlem, Freie Universität Berlin, Königin-Luise-Straße 6–8, 14195 Berlin, Tel. 0 30/8 38-5 01 35, Fax 0 30/8 38 -5 02 18, E-Mail t.borsch@bgbm.org, privat: Trierer Str. 54, 53115 Bonn, Tel. 02 28/25 47 68, Botanik

Brennecke, Dr. rer. nat. Peter, Direktor und Professor, Bundesamt für Strahlenschutz, Albert-Schweitzer-Straße 18, 38226 Salzgitter, Tel. 0 53 41/88 56 10, Fax 0 53 41/88 56 05, E-Mail pbrennecke@bfs.de, privat: Lortzingstraße 27, 38106 Braunschweig, Tel. 05 31/37 40 64, Physik und Energietechnik

Buddruss, Dr. phil., Dr. h.c. Georg, em. o. Professor, Seminar für Indologie, Postfach 3980, 55029 Mainz, Tel. 0 61 31/3 92 26 47, privat: Am Judensand 45, 55122 Mainz, Tel. 0 61 31/32 05 00, Indologie

Burch, Dr. rer. nat., Thomas, Kompetenzzentrum für elektronische Erschließungs- und Publikationsverfahren in den Geisteswissenschaften an der Universität Trier, DM-Gebäude 329, Universitätsring 15, 54286 Trier, Tel. 06 51/2 01 33 64, Fax 06 51/2 01 32 93, E-Mail burch@uni-trier.de, privat: Marienstr. 7, 54317 Korlingen, Tel. 0 65 88/98 72 52, Informatik, Elektronisches Publizieren, Markupsprachen

Buschmeier, Dr. phil. Gabriele, Musikwissenschaftliche Editionen, Union der deutschen Akademien der Wissenschaften, Geschwister-Scholl-Str. 2, 55131 Mainz, Tel. 0 61 31/57 71 20, Fax 0 61 31/57 71 22, E-Mail gabriele.buschmeier@adwmainz.de, privat: Kästrich 12 C, 55116 Mainz, Tel. 0 61 31/57 16 09, Musikwissenschaft

Cardauns, Dr. phil. Burkhart, o. Professor, Seminar für Klassische Philologie, Schloß, 68131 Mannheim, Tel. 06 21/2 92 56 74, Fax 06 21/2 92 56 76, privat: Von-Schilling-Straße 32, 50259 Brauweiler-Pulheim, Tel. 0 22 34/8 47 07, Klassische Philologie, insbesondere Latinistik

Croll, Dr. phil. Gerhard, em. o. Professor, Universität Salzburg, Gluck-Gesamtausgabe, Akademiestraße 26, 5020 Salzburg, Österreich, Tel. 00 43/6 62/80 44-46 55, Fax 00 43/ 6 62/80 44-46 60, E-Mail gerhard.croll@sbg.ac.at, privat: Kreuzhofweg 22-4, 5020 Salzburg, Österreich, Tel./Fax 00 43/6 62/62 28 35, Musikwissenschaft

Deckers, Dr. phil. Johannes Georg, o. Professor, Institut für Byzantinistik, Geschwister-Scholl-Platz 1, 80539 München, Tel. 0 89/21 80 23 99, Fax 0 89/21 80 35 78, privat: Talstr. 3, 86450 Altenmünster, Tel. 0 82 96/15 28, Frühchristliche und Byzantinische Kunstgeschichte

Dedner, Dr. phil. Burghard, Professor, Philipps-Universität, FB 09, Forschungsstelle Georg Büchner, 35032 Marburg (Paketpost: Biegenstraße 36, 35037 Marburg), Tel. 0 64 21/28 24-1 77, 28 24-1 82, Fax 0 64 21/28 24-3 00, E-Mail dednerb@staff. uni-marburg.de, privat: An der Schülerhecke 34, 35037 Marburg, Tel. 0 64 21/3 42 42, Neuere deutsche Literatur

Dietz, Dr. phil. Ute Luise, Institut für Archäologische Wissenschaften, Abt. Vor- und Frühgeschichte, Grüneburgplatz 1, Hauspostfach 134, 60323 Frankfurt a. M., Tel. 0 69/ 79 83 21 56, Fax 0 69/79 83 21 21, E-Mail dietz@em.uni-frankfurt.de, privat: Wibbeltweg 11, 48366 Laer, Tel. 0 25 54/92 17 02, Ur- und Frühgeschichte

Engels, Dr. phil. Heinz-Josef, Im Erlich 108, 67346 Speyer, Tel. 0 62 32/2 53 46, Archäologie

Ewe, Dr. rer. nat. Henning, Professor, Hochschulübergreifender Studiengang Wirtschaftsingenieur an der Universität Hamburg, FH Hamburg, TU Hamburg-Harburg, Lohbrügger Kirchstraße 65, 21033 Hamburg, Tel. 0 40/72 52 27 15, privat: Kienenhagen 2a, 21035 Hamburg, Technisch-Physikalische Forschung

Fabian, Dr. phil. Bernhard, em. o. Professor, Englisches Seminar, Johannisstr. 12–20, 48143 Münster, Tel. 02 51/8 32 45 01, Fax 02 51/8 32 48 27, privat: Zur Windmühle 60, 48163 Münster, Tel. 0 25 01/54 92, Fax 0 25 01/5 91 48, Anglistik und Buchwissenschaft

Fischer, Dr. rer. nat. Eberhard, o. Professor, Universität Koblenz-Landau, FB 3, Institut für Integrierte Naturwissenschaften, Abt. Biologie, Universitätsstr. 1, 56070 Koblenz, Tel. 02 61/2 87 22 24, Fax 02 61/2 87 22 22, E-Mail efischer@uni-koblenz.de, privat: Trierer Str. 14, 53115 Bonn, Tel. 02 28/22 22 84, Botanik

Frankenberg, Dr. rer. nat., Dr. h. c. Peter, o. Professor, Minister für Wissenschaft, Forschung und Kunst des Landes Baden-Württemberg, Königstraße 46, 70173 Stuttgart, Tel. 07 11/2 79 30 00, Fax 07 11/2 79 32 19, E-Mail frankenberg@mwk-bw.de, privat: Salinenstraße 55, 67098 Bad Dürkheim, Tel. 0 63 22/6 58 43, Geographie

Gossauer, Dr. rer. nat. Albert, Professor, Institut für Organische Chemie der Universität Freiburg, Pérolles, 1700 Freiburg i. Ue., Schweiz, privat: Route du Bugnon 30, 1752 Villars-sur-Glâne/FR, Schweiz, Tel. 00 41 26/4 02 71 77, Organische Chemie

Greule, Dr. phil. Albrecht, Professor, Institut für Germanistik der Universität Regensburg, Lehrstuhl für deutsche Sprachwissenschaft, 93040 Regensburg (Paketpost: Universitätsstraße 31, 93053 Regensburg), Tel. 09 41/9 43 34 44, Fax 09 41/9 43 49 92, E-Mail albrecht.greule@sprachlit.uni-regensburg.de, privat: Hangstr. 30, 93173 Wenzenbach-Grünthal, Tel. 0 94 07/9 00 50, Deutsche Philologie

Grubmüller, Dr. phil. Klaus, o. Professor, Seminar für Deutsche Philologie der Universität, Humboldtallee 13, 37073 Göttingen, Tel. 05 51/75 25, Fax 05 51/75 11, privat: Am Steinberg 13, 37136 Seeburg, Tel. 0 55 07/23 90, Deutsche Philologie

Gutschmidt, Dr. phil. Karl, Professor, Heckelberger Ring 10, 13055 Berlin, Tel./Fax 0 30/98 63 82 05, E-Mail karl.j.gutschmidt@gmx.de, Slavische Sprachwissenschaft

Hagemann, Dr. rer. nat. Wolfgang, em. Universitätsprofessor, Werderplatz 11a, 69120 Heidelberg, Tel. 0 62 21/43 92 60, Botanik

Hänlein, Dr. jur. Andreas, Professor, Universität Kassel, FB Wirtschaftswissenschaften, Institut für Wirtschaftsrecht; 34109 Kassel, Tel. 05 61/8 04 31 48, Fax 05 61/8 04 32 27, E-Mail haenlein@uni-kassel.de, privat: Friedrich-Ebert-Straße 122, 34119 Kassel, Tel. 05 61/9 37 21 36, Wirtschaftswissenschaften

Hanneder, Dr. phil. Jürgen, Professor, Universität Marburg, Fachgebiet Indologie, 35032 Marburg, Tel. 0 64 21/2 82 47 40, Fax 0 64 21/2 82 49 95, E-Mail hanneder@staff.uni-marburg.de, privat: Bechsteinstr. 2, 99423 Weimar, Tel. 0 36 43/90 42 84, Fax 0 36 43/90 42 85, Indologie

Harris, Dr. phil. Edward Paxton, o. Professor, Dept. of Germanic Languages and Literatures, University of Cincinnati, Cincinnati, Ohio 45221, USA, privat: 3309 Morrison Ave., Cincinnati, Ohio 45220, USA, Tel. 00 15 13/2 21 02 34, Fax 00 15 13/2 21 64 41, E-Mail mmharris@fuse.net, Literatur, insbesondere Neuere Germanistik

Harth, Dr. phil. Helene, o. Professorin, Universität Potsdam, Institut für Romanistik, Postfach 601553, 14415 Potsdam, Tel. 03 31/9 77 23 61, Fax 03 31/9 77 20 55, E-Mail harth@rz.uni-potsdam.de, privat: Zimmermannstr. 15, 12163 Berlin, Tel. 0 30/7 91 87 93, Romanistik, insbesondere italienische und französische Literatur

Höllermann, Dr. rer. nat. Peter, o. Professor, Geographisches Institut, Meckenheimer Allee 166, 53115 Bonn, Tel. 02 28/73 72 34, privat: Dohmstraße 2, 53121 Bonn, Tel. 02 28/62 68 85, Geographie

Holtmeier, Dr. rer. nat. Friedrich-Karl, Universitätsprofessor, Institut für Landschaftsökologie, Robert-Koch-Straße 26, 48149 Münster, Tel. 02 51/83 39 94, Fax 02 51/8 33 19 70, E-Mail holtmei@uni-muenster.de, privat: Dionysiusstraße 6, 48329 Havixbeck, Tel. 0 25 07/77 41, Geoökologie und Biogeographie

Hundius, Dr. phil., Dr. h.c. Harald, o. Professor, Universität Passau, Innstraße 39, 94032 Passau, Tel. 08 51/5 09 28 40, 5 09 27 41, Fax 08 51/5 09 27 42, E-Mail hundius@uni-passau.de, privat: Am Vogelfelsen 8, 94036 Passau, Tel./Fax 08 51/5 58 40, Sprachen u. Literaturen von Thailand und Laos

Illhardt, Dr. theol. Franz Josef, Professor, Zentrum für Ethik und Recht in der Medizin, Elsässer Str. 2m/Haus 1a, 79110 Freiburg, Tel. 02 70/72 62/60, Fax 02 70/72 63, E-Mail illhardt@sfa.ukl.uni-freiburg.de, privat: Kreuzgartenstraße 2, 79238 Ehrenkirchen, Tel. 0 76 33/63 48, Ethik in der Medizin

Jockenhövel, Dr. phil. Albrecht, o. Professor, Westfälische Wilhelms-Universität, Abteilung für Ur- und Frühgeschichtliche Archäologie des Historischen Seminars, Robert-Koch-Str. 29, 48149 Münster, Tel. 02 51/8 33 28 00, Fax 02 51/8 33 28 05, E-Mail jockenh@uni-muenster.de, privat: Rathausstr. 6, 35080 Bad Endbach, Ur -und Frühgeschichte

Jördens, Dr. phil. Andrea, Univ.-Professorin, Ruprecht-Karls-Universität, Institut für Altertumswissenschaften, Seminar für Papyrologie, Grabengasse 3–5, 69117 Heidelberg, Tel. 0 62 21/54-23 97, Fax 0 62 21/54-36 79, E-Mail andrea.joerdens@urz. uni-heidelberg. de, privat: Huberweg 64, 69198 Schriesheim, Tel. 0 62 03/79 49 68, Papyrologie

Kambartel, Dr. rer. nat. Friedrich, o. Professor, J. W. Goethe-Universität, FB Philosophie u. Geschichtswissenschaften, Institut für Philosophie, Dantestr. 4–6, 60054 Frankfurt, Tel. 0 69/79 82 86 66, Fax 0 69/79 82 87 32, privat: Schulstr. 13, 25873 Rantrum, Tel. 0 48 48/14 77, Philosophie und Wissenschaftstheorie

Keim, Dr. phil. Anton M., Peter-Weyer-Straße 80, 55129 Mainz, Tel. 0 61 31/5 98 18, Exilliteratur

Kesel, Priv.-Doz. Dr. rer. nat. Antonia B., Universität des Saarlandes, Fakultät 8, Naturwissenschaftl. Techn. Fakultät III, FR. 8.4 Zoologie/Technische Biologie und Bionik, Im Stadtwald, 66123 Saarbrücken, Tel. 06 81/3 02 27 11, Fax 06 81/3 02 46 10, E-Mail a.kesel@rz.uni-sb.de, privat: Uhlandstraße 25, 66121 Saarbrücken, Tel. 06 81/ 6 10 75, Zoologie, Biomechanik

Klein, Dr. phil. Thomas, o. Professor, Germanistisches Seminar, Universität Bonn, Am Hof 1d, 53113 Bonn, Tel. 02 28/73 77 12, privat: Zedernweg 167, 53757 St. Augustin, Tel. 0 22 41/33 01 01, Geschichte der deutschen Sprache

Koselleck, Dr. phil., Dr. h.c. Reinhart, o. Professor, Fakultät für Geschichtswissenschaft, Universitätsstraße, 33615 Bielefeld, Tel. 05 21/1 06 32 21, privat: Luisenstraße 36, 33602 Bielefeld, Tel. 05 21/17 09 61, Theorie der Geschichte

Kramer, Dr. phil. Johannes, Universitätsprofessor, FB II (Romanistik), Universität, 54286 Trier, Tel. 06 51/2 01 22 22, Fax 06 51/2 01 39 29, privat: Am Trimmelter Hof 68, 54296 Trier, Tel. 06 51/4 55 15, Fax 06 51/18 07 82, Romanische Sprachwissenschaft

Kuczera, Dr. phil. Andreas, Akademie der Wissenschaften und der Literatur Mainz, Geschwister-Scholl-Str. 2, 55131 Mainz, Tel. 0 61 31/57 71 05, Fax 0 61 31/57 71 79, E-Mail andreas.kuczera@adwmainz.de, privat: Licher Pforte 18, 35423 Lich-Langsdorf, Tel. 0 64 04/6 59 09 77, Fax 06 41/9 91 98 24, E-Mail andreas.kuczera@geschichte.uni-giessen.de, Historische Fachinformatik

Kümmel, Dr. phil. Werner F., Professor, Medizinhistorisches Institut der Johannes Gutenberg-Universität Mainz, Universitätsklinikum, 55101 Mainz, Tel. 0 61 31/3 93 71 92, Sekr. 3 93 73 56, Fax 0 61 31/3 93 66 82, E-Mail wekuemme@mail.uni-mainz.de, privat: Schillerstraße 6a, 55288 Udenheim, Geschichte der Medizin

Kunze, Dr.-Ing. Ulrich, Professor, Lehr- und Forschungsbereich Werkstoffe der Elektrotechnik, Ruhr-Universität Bochum, Universitätsstraße 150/IC2, 44780 Bochum, Tel. 02 34/3 22 23 00, Fax 02 34/3 21 41 66, privat: Dahlienweg 30, 45525 Hattingen, Tel. 0 23 24/2 41 82, Werkstoffe der Elektrotechnik, Nanoelektronik

Lehfeldt, Dr. phil. Werner, Professor, Seminar für Slavische Philologie, Humboldtallee 19, 37073 Göttingen, Tel. 05 51/39 47 71, Fax 05 51/39 47 02, E-Mail wlehfel@gwdg.de, privat: Steinbreite 9c, 37085 Göttingen, Tel. 05 51/7 90 70 34, Slavische Philologie

Lenz, Dr. phil., Dr. h.c. Rudolf, Professor, Forschungsstelle für Personalschriften, Biegenstraße 36, 35037 Marburg, Tel. 0 64 21/2 82 38 00, Fax 0 64 21/2 82 45 01, E-Mail lenzs@staff.uni-marburg.de, privat: Wilhelmstraße 50, 35037 Marburg, Tel. 0 64 21/ 2 63 94, Sozial- und Wirtschaftsgeschichte

Meding, Olaf, Akademie der Wissenschaften und der Literatur, Geschwister-Scholl-Str. 2, 55131 Mainz, Tel. 0 61 31/57 71 15, Fax 0 61 31/57 71 17, E-Mail olaf.meding@ adwmainz.de, privat: Albert-Stohr-Str. 18, 55128 Mainz, Lektorat/Herstellung

Moulin, Dr. phil. habil. Claudine, Professorin, Universität Trier, FB II – Germanistik, Ältere deutsche Philologie, 54286 Trier, Tel. 06 51/2 01 23 05/23 21, Fax 06 51/ 2 01 39 09, E-Mail moulin@uni-trier.de, privat: 55, rue Principale, 6990 Rameldange, Luxemburg, Deutsche Sprachwissenschaft

zur Mühlen, Dr. theol. Karl-Heinz, o. Professor, Evangel.-Theolog. Seminar der Universität Bonn, Abt. Kirchengeschichte, Am Hof 1, 53113 Bonn, Tel. 02 28/73 73 31, Fax 02 28/73 76 49, privat: Marienburger Str. 108, 53340 Meckenheim, Tel 0 22 25/38 12, Kirchengeschichte

Müller, Priv.-Doz. Dr. phil. Gerfrid G.W., Institut für Altertumswissenschaften, Lehrstuhl Altorientalistik der Julius-Maximilians-Universität Würzburg, Residenzplatz 2, Tor A, 97070 Würzburg, Tel. 09 31/31 25 91, E-Mail gerfrid.mueller@mail.uni-wuerzburg.de, privat: Mittlerer Schafhofweg 18, 60598 Frankfurt, Tel. 0 69/63 80 98 63, Altorientalistik

Müller, Dr. phil. Klaus-Detlef, o. Professor, Eberhard-Karls-Universität Tübingen, Deutsches Seminar, Wilhelmstr. 50, 72074 Tübingen, Tel. 0 70 71/2 97 29 77, E-Mail klaus-detlef.mueller@uni-tuebingen.de, privat: Am Baylerberg 5, 72070 Tübingen, Tel. 0 70 73/35 15, Fax 0 70 73/91 68 49, Neuere Deutsche Literaturwissenschaft

Oettinger, Dr. phil. Norbert, Professor, Friedrich-Alexander-Universität Erlangen-Nürnberg, Institut für Vergleichende Indogermanische Sprachwissenschaft, Kochstraße 4/16, 91054 Erlangen, Tel. 0 91 31/85-2 48 50/2 93 76, Fax 0 91 31/85-2 63 90, E-Mail ntoettin@phil.uni-erlangen.de, privat: Im Herrengarten 5, 91054 Buckenhof, Tel. 0 91 31/5 27 92, E-Mail norbert@oettinger-online.de, Vergleichende Indogermanische Sprachwissenschaft, Hethitologie, Iranistik

Oexle, Dr. Otto Gerhard, Professor, Direktor am Max-Planck-Institut für Geschichte, Postfach 2833, 37018 Göttingen (Paketpost: Hermann-Föge-Weg 11, 37073 Göttingen), Tel. 05 51/49 56 13, Fax 05 51/49 56 70, E-Mail oexle@mpgs-nts1.mpi-g.gwdg.de, privat: Planckstraße 15, 37073 Göttingen, Tel. 05 51/4 53 28, Geschichte des Mittelalters

Paul, Dr. rer. medic., M.A. Norbert W., Professor, Institut für Geschichte, Theorie und Ethik der Medizin der Johannes Gutenberg-Universität Mainz, Gebäude 906, Am Pulverturm 13, 55131 Mainz, Tel. 0 61 31/3 93 73 55/56, Fax 0 61 31/3 93 66 82, E-Mail npaul@uni-mainz.de, privat: Domherrnstr. 8, 55268 Nieder-Olm, Tel. 0 61 36/99 41 99, Geschichte, Theorie und Ethik der Medizin

Porembski, Dr. rer. nat. Stefan, Professor, Universität Rostock, Institut für Biodiversitätsforschung i. Gr., Wismarsche Str. 8, 18051 Rostock, Tel. 03 81/4 98 19 90, Fax 03 81/4 98 19 80, E-Mail stefan.porembski@biologie.uni-rostock.de, privat: Blücherstr. 66, 18055 Rostock, Tel. 03 81/4 93 46 58, Botanik

Rafiqpoor, Dr. rer. nat. M. Daud, Rheinische Friedrich-Wilhelms-Universität, Nees-Institut für Biodiversität der Pflanzen, Meckenheimer Allee 170, 53115 Bonn, Tel. 02 28/73 52 85, Fax 02 28/73 31 20, E-Mail d.rafiqpoor@giub.uni-bonn.de, privat: Fuldastraße 18, 53332 Bornheim, Tel. 0 22 22/8 26 98, Geographie

Ramge, Dr. phil. Hans, o. Professor, FB 05 der Justus-Liebig-Universität Gießen, Institut für deutsche Sprache und mittelalterliche Literatur, Otto-Behaghel-Straße 10 B, 35394 Gießen, Tel. 06 41/99-2 90 40, Fax 06 41/99-2 90 49, E-Mail hans.ramge@germanistik.uni-giessen.de, privat: Tilsiter Straße 3, 35444 Biebertal, Tel. 0 64 09/78 18, Germanistische Sprachwissenschaft

Raspe, Dr. med., Dr. phil. Hans Heinrich, Univ.-Professor, Direktor des Instituts für Sozialmedizin der Universität zu Lübeck, Beckergrube 43–47, 23552 Lübeck, Tel. 04 51/79 92 50, Fax 04 51/7 99 25 22, E-Mail raspeh@aol.com, privat: Lutherstr. 10, 23568 Lübeck, Sozialmedizin

Reiter-Theil, Dr. rer. soc. Stella, Professorin, Vorsteherin des Instituts für Angewandte Ethik und Medizinethik, Medizinische Fakultät, Universität Basel, Missionsstraße 21, 4003 Basel, Schweiz, Tel. 00 41/61/2 60 21 90/91, Fax 00 41/61/2 60 21 95, E-Mail s.reiter-theil@unibas.ch, privat: Jakob-Saur-Straße 40, 79199 Kirchzarten, Tel. 0 76 61/98 00 91, Ethik in der Medizin

Rieken, Dr. phil. Elisabeth, Professorin, Fachbereich Fremdsprachliche Philologien der Philipps-Universität Marburg, Vergleichende Sprachwissenschaft, Wilhelm-Röpke-Str. 6 E, 35032 Marburg, Tel. 0 64 21/28-2 47 85, Fax 0 64 21/28-2 45 56, E-Mail rieken@staff.uni-marburg.de, privat: Stresemannstraße 36, 35037 Marburg, Tel. 0 64 21/16 53 24, Vergleichende Sprachwissenschaft

Riemer, Dr. phil. Peter, o. Professor, Institut für Klassische Philologie der Universität des Saarlandes, 66041 Saarbrücken, Tel. 06 81/3 02 23 05, Fax 06 81/3 02 37 11, E-Mail p.riemer@mx.uni-saarland.de, privat: Beethovenstraße 60, 66125 Saarbrücken-Dudweiler, Tel. 0 68 97/72 89 55, Fax 0 68 97/72 89 62, Klassische Philologie

Roelcke, Dr. med. Volker, Professor, Justus-Liebig-Universität Gießen, Institut für Geschichte der Medizin, Jheringstr. 6, 35392 Gießen, Tel. 06 41/9 94 77 01, Fax 06 41/ 9 94 77 09, E-Mail volker.roelcke@histor.med.uni-giessen.de, privat: Dürerstr. 11, 35039 Marburg, Tel. 0 64 21/88 94 70, Geschichte der Medizin

Sappler, Dr. phil. Paul, Professor, Deutsches Seminar der Universität Tübingen, Wilhelmstr. 50, 72074 Tübingen, Tel. 0 70 71/2 97 53 27, Fax 0 70 71/29 53 21, E-Mail paul.sappler@uni-tuebingen.de, privat: Sportplatzweg 16, 72181 Starzach, Deutsche Philologie

Scheu, Dr. rer. nat. Stefan, Professor, Technische Universität Darmstadt, FB Biologie (10), Institut für Zoologie, Schnittspahnstraße 3, 64287 Darmstadt, Tel. 0 61 51/16 30 06, Fax 0 61 51/16 61 11, E-Mail scheu@bio.tu-darmstadt.de, privat: Im Trappengrund 3, 64354 Reinheim, Tel. 0 61 62/80 76 09, Ökologie

Schmidt-Biggemann, Dr. phil. Wilhelm, Professor, Freie Universität Berlin, Direktor am Institut für Philosophie, Habelschwerter Allee 30, 14195 Berlin, Tel. 0 30/8 38 55 10, Fax 0 30/8 38 64 30, E-Mail schmibig@zedat.fu-berlin.de, privat: Feldstraße 28, 12207 Berlin, Philosophie

Scholtz, Dr. phil. Gunter, em. Professor, Institut für Philosophie (Geb. GA 3/55), Ruhr-Universität Bochum, 44780 Bochum (Paketpost: Universitätsstraße 150, 44801 Bochum), Tel. 02 34/3 22 21 39, Fax 02 34/3 21 40 88, E-Mail gunter.scholtz@ruhr-uni-bochum.de, privat: Drohnenweg 5, 44795 Bochum, Tel. 02 34/2 98 82 51, Philosophie

Schubert, Dr. phil. Giselher, Professor, Direktor am Hindemith-Institut, Eschersheimer Landstraße 29–39, 60322 Frankfurt/M., Tel. 0 69/5 97 03 62, Fax 0 69/5 96 31 04, E-Mail institut@hindemith.org, privat: Mörfelder Landstraße 105, 60598 Frankfurt/M., Tel. 0 69/61 26 14, E-Mail gischubert@t-online.de, Musikwissenschaft

Schumacher, Dr. phil. Leonhard, Professor, Institut für Alte Geschichte, Johannes Gutenberg-Universität, 55099 Mainz, Tel. 0 61 31/3 92 27 51, Fax 0 61 31/3 92 38 23, privat: Mittlere Bleiche 6a, 55116 Mainz, Tel. 0 61 31/22 75 06, Alte Geschichte

Sell, Dr. rer. nat. Yves, Professor, Laboratoire de Morphologie Expérimentale, Institut de Botanique, Université Louis Pasteur, 28, Rue Goethe, 67083 Strasbourg Cedex, Frankreich, Tel. 00 33 88/35 82 77, Fax 00 33 88/35 84 84, privat: 6, Rue d'Ankara, 67000 Strasbourg, Frankreich, Tel. 00 33 88/61 21 90, Vergleichende und experimentelle Pflanzenmorphologie

Stackmann, Dr. phil., Dr. h.c. Karl, em. o. Professor, Nonnenstieg 12, 37073 Göttingen, Tel. 05 51/5 50 02, Deutsche Philologie

Tarot, Dr. phil. Rolf, Professor, Deutsches Seminar der Universität Zürich, Schönberggasse 9, 8001 Zürich, Schweiz, Tel. 00 41 44/6 34 25 43/82, Fax 00 41 44/6 34 49 05, E-Mail rtarot@ds.unizh.ch, privat: Hinterer Engelstein 13, 8344 Bäretswil, Schweiz, Tel. 00 41 44/9 39 21 76, Neuere deutsche Literaturgeschichte

Tautz, Dr. rer. nat. Jürgen, o. Professor, Theodor-Boveri-Institut (Biozentrum) der Universität, Lehrstuhl für Verhaltensphysiologie und Soziobiologie, Am Hubland, 97074 Würzburg, Tel. 09 31/8 88 43 19, Fax 09 31/8 88 43 09, E-Mail tautz@biozentrum.uni-wuerzburg.de, privat: Hohe-Baum-Straße 22, 97295 Waldbrunn, Tel. 0 93 06/81 74, Verhaltensphysiologie und Soziobiologie

Wallmoden, Thedel von, Verleger, Wallstein Verlag GmbH, Geiststraße 11, 37073 Göttingen, Tel. 05 51/5 48 98-0, Fax 05 51/5 48 98-33, E-Mail tvwallmoden@wallstein-verlag.de, privat: Merkelstraße 9, 37085 Göttingen, Tel. 05 51/5 51 05, Literatur

Weber, Dr. rer. nat. Hans, em. o. Professor, Institut für Spezielle Botanik und Botanischer Garten, Saarstraße 21, 55122 Mainz, Tel. 0 61 31/3 92 26 24, privat: Oechsnerstraße 10, 55131 Mainz, Tel. 0 61 31/5 38 48, Botanik

Wiesemann, Dr. med. Claudia, Professorin, Ethik und Geschichte der Medizin, Georg-August-Universität Göttingen, Humboldtallee 36, 37073 Göttingen, Tel. 05 51/39 90 06, Fax 05 51/39 95 54, E-Mail cwiesem@gwdg.de, Ethik und Geschichte der Medizin

Willroth, Dr. phil. Karl-Heinz, Universitätsprofessor, Direktor des Seminars für Ur- und Frühgeschichte der Georg-August-Universität Göttingen, Nikolausberger Weg 15, 37073 Göttingen, Tel. 05 51/39 50 81, Fax 05 51/39 64 59, E-Mail kwillro@uni-goettingen.de, privat: Tilsiter Straße 9, 37120 Bovenden, Tel. 05 51/5 03 68 98, Ur- und Frühgeschichte

Winter, Dr. med. Stefan, Professor, Staatssekretär im Ministerium für Arbeit, Gesundheit und Soziales des Landes Nordrhein-Westfalen, Fürstenwall 25, 40219 Düsseldorf, Tel. 02 11/8 55 31 20, Fax 02 11/8 55 32 65, E-Mail stefan.winter@mags.nrw.de, Molekulare Medizin, Gesundheitstechnologiebewertung

Wlosok, Dr. phil. Antonie, o. Professor, Seminar für Klassische Philologie der Johannes Gutenberg-Universität Mainz, 55099 Mainz (Paketpost: Saarstraße 21, 55122 Mainz), Tel. 0 61 31/3 92 23 35, Fax 0 61 31/3 92 47 97, privat: Elsa-Brändström-Straße 19, 55124 Mainz, Tel. 0 61 31/68 15 84, Klassische Philologie

Woesler, Dr. phil. Winfried, Professor, FB Sprach- und Literaturwissenschaft, Universität Osnabrück, Neuer Graben 40, 49069 Osnabrück, Tel. 05 41/9 69 43 66, Fax 05 41/9 69 42 56, E-Mail wwoesler@uos.de, privat: August-Schlüter-Str. 39, 48249 Dülmen, Tel. 0 25 94/8 49 44, Fax 0 25 94/94 87 52, Neuere deutsche Literatur, Editionswissenschaft

Zeittafel

EHRENMITGLIEDER

Datum der Wahl	
22.6.1990	Albrecht Martin
21.6.1996	Sibylle Kalkhof-Rose
16.7.1999	Roman Herzog

ORDENTLICHE MITGLIEDER

Datum der Wahl	Mathematisch-naturwissenschaftliche Klasse	Geistes- und sozialwissenschaftliche Klasse	Klasse der Literatur
23.10.1959		Heinrich Otten	
29. 4.1965			Hans Bender
29. 4.1965			Walter Helmut Fritz
29. 7.1966			Peter Härtling
29. 7.1966		Wolfgang P. Schmid	
16. 2.1968			Dieter Wellershoff
11.10.1968	Johannes Rohen		
11. 4.1969	Peter Ax		
11. 7.1969			Dieter Hoffmann
13. 2.1970	Martin Lindauer		
10. 4.1970			Elisabeth Borchers
10. 4.1970	Karl Hans Wedepohl		
16.10.1970			Bernhard Zeller
23. 4.1971	Rudolf Zahn		
16. 7.1971		Hermann Lange	
11. 2.1972	Eugen Seibold		
11. 2.1972		Harald Zimmermann	
12.10.1973			Barbara König
29. 4.1977		Ernst Heitsch	
29. 4.1977		Clemens Zintzen	
17. 2.1978		Reiner Haussherr	
28. 4.1978			Bruno Hillebrand
28. 4.1978		Werner Schröder	
16. 2.1979		Gerhard Müller	
9.11.1979	Wilhelm Klingenberg		
9.11.1979	Hans Kuhn		
9.11.1979	Günter Lautz		
9.11.1979	Helmut Ringsdorf		
7.11.1980		Bernard Andreae	
7.11.1980	Werner Nachtigall		
23. 4.1982			Ludwig Harig
5.11.1982			Tankred Dorst

Datum der Wahl	Mathematisch-natur- wissenschaftliche Klasse	Geistes- und sozial- wissenschaftliche Klasse	Klasse der Literatur
17. 2.1984			Jürgen Becker
17. 2.1984			Michael Krüger
17. 2.1984	Ernst Mutschler		
4. 5.1984	Burkhard Frenzel		
26.10.1984		Hans-Henrik Krummacher	
8.11.1985			Norbert Miller
8.11.1985	Günter Hotz		
8.11.1985		Reinhold Zippelius	
14. 2.1986	Ernst Wilhelm Otten		
20. 6.1986			Uwe Pörksen
26. 6.1987	Robert F. Schmidt		
6.11.1987		Walter W. Müller	
19. 2.1988			Herbert Rosendorfer
24. 6.1988		Klaus Ganzer	
4.11.1988	Manfred Pilkuhn		
17. 2.1989			Eva Zeller
3.11.1989			Dieter Kühn
16. 2.1990		Michael Müller-Wille	
16. 2.1990			Guntram Vesper
9.11.1990	Wilhelm Barthlott		
15. 2.1991	Gustav Kollmann		
15. 2.1991		Fred Otten	
19. 4.1991		Otmar Issing	
21. 6.1991			Eckart Kleßmann
21. 6.1991	Friedrich Strauch		
8.11.1991	Elke Lütjen-Drecoll		
8.11.1991		Albrecht Riethmüller	
8.11.1991	Jörn Thiede		
14. 2.1992			Harald Hartung
14. 2.1992		Michael Stolleis	
6.11.1992	Thomas Weiland		
4. 2.1993	Matthias Schaefer		
25. 6.1993	Niels-Peter Birbaumer		
25. 6.1993		Hansjoachim Henning	
25. 6.1993		Oskar von Hinüber	
5.11.1993			Hugo Dittberner
22. 4.1994		Helmut Hesse	
24. 6.1994	Michael Grewing		
4.11.1994			Wulf Kirsten
4.11.1994			Helga Schütz
17. 2.1995	Matthias Winiger		
23. 6.1995		Dieter Mehl	
10.11.1995	Bernhard Fleckenstein		
23. 2.1996	Bernt Krebs		

Datum der Wahl	Mathematisch-naturwissenschaftliche Klasse	Geistes- und sozialwissenschaftliche Klasse	Klasse der Literatur
8.11.1996	Gerhard Wegner		
18. 4.1997		Wolfgang Haubrichs	
20. 6.1997	Ekkehard Ramm		
8.11.1997		Johannes Fried	
27. 2.1998	Jürgen Jost		
19. 6.1998		Klaus-Michael Kodalle	
6.11.1998		Heinz Heinen	
6.11.1998			Arnold Stadler
6.11.1998	Peter W. Vaupel		
18. 2.2000	Ulf R. Rapp		
16. 6.2000		Kurt Sier	
3.11.2000		Irene Dingel	
3.11.2000		Gernot Wilhelm	
16. 2.2001			Albert v. Schirnding
20. 4.2001		Heinz Duchhardt	
22. 6.2001		Jan Schröder	
22. 6.2001		J.-Matthias Graf von der Schulenburg	
9.11.2001			Manfred Osten
22. 2.2002	Johannes Buchmann		
22. 2.2002	Günter Gottstein		
22. 2.2002	Wolfgang Wahlster		
22. 2.2002			Hans Dieter Schäfer
19. 4.2002		Helwig Schmidt-Glintzer	
21. 6.2002	Horst Bleckmann		
21. 6.2002	Bernhard Schink		
8.11.2002	Kurt Binder		
8.11.2002	Stephan Luckhaus		
21. 2.2003		Dorothee Gall	
21. 2.2003	Volker Mosbrugger		
25. 4.2003		Frank Baasner	
25. 4.2003		Ernst Osterkamp	
4. 7.2003		Henner von Hesberg	
4. 7.2003		Johannes Meier	
7.11.2003		Martin Carrier	
7.11.2003			Heinrich Detering
7.11.2003	Joachim Maier		
7.11.2003	Michael Röckner		
13. 2.2004	Peter Wriggers		
16. 4.2004			Sigrid Damm
16. 4.2004		Wolfgang Schweickard	
18. 6.2004			Daniel Kehlmann
5.11.2004			Dirk von Petersdorff
22. 4.2005		Christa Jansohn	
22. 4.2005		Renate Wittern-Sterzel	
21. 4.2006		Günther Schulz	

Datum der Wahl	Mathematisch-natur-wissenschaftliche Klasse	Geistes- und sozial-wissenschaftliche Klasse	Klasse der Literatur
23. 6.2006	Reiner Anderl		
23. 6.2006			Angela Krauß
23. 6.2006			Karl-Heinz Ott
3.11.2006	Karsten Danzmann		
20. 4.2007			Lutz Seiler
9.11.2007			Steffen Jacobs
22. 2.2008			Klaus Böldl

KORRESPONDIERENDE MITGLIEDER

Datum der Wahl	Mathematisch-naturwissenschaftliche Klasse	Geistes- und sozialwissenschaftliche Klasse	Klasse der Literatur
28. 7.1961		Louis Bazin	
26. 4.1963	Otto Westphal		
11. 7.1969			Gerda Zeltner-Neukomm
10.10.1969	Günther Osche		
12. 2.1971			Lars Gustafsson
16. 7.1971		Karlfried Gründer	
15.10.1971		Pierre Hadot	
13.10.1972	Gert Haberland		
14.10.1972	Friedrich Hirzebruch		
16. 2.1973	Paul Schölmerich		
29. 6.1973	Franz Huber		
28. 6.1974		Hermann Lübbe	
11.10.1974		Nikolaus Himmelmann	
14. 2.1975		Wolfgang Kleiber	
11. 4.1975	Paul Stefan Vogel		
27. 6.1975		Stephan Waetzoldt	
27. 6.1975			A. Leslie Willson
25. 6.1976		Vytautas Mažiulis	
15.10.1976	Georg Dhom		
15.10.1976	Hansjörg Sinn		
11. 2.1977	Günther Ludwig		
11. 2.1977	Rüdiger Wehner		
29. 4.1977			Volker Braun
14.10.1977	Franz Baumgärtner		
28. 4.1978	Focko Weberling		
29. 6.1979	Jürgen Ehlers		
9.11.1979			Adolf Muschg
27. 6.1980		Carl Werner Müller	
27. 6.1980		Otto Zwierlein	
13. 2.1981	Erhard Scheibe		
24. 4.1981		Ludwig Finscher	
24. 4.1981	Hans Grauert		
24. 4.1981	Reinhard Schlögl		
23. 4.1982	Alfred G. Fischer		
23. 4.1982	Joachim-Hermann Scharf		
24. 6.1983	Karl Georg Götz		
24. 6.1983	Werner Loher		
17. 2.1984	Fritz Peter Schäfer		
6. 7.1984		Max Pfister	
26.10.1984	Günter Herrmann		
26.10.1984	Dieter Oesterhelt		
22. 2.1985	Wolfgang Gerok		
22. 2.1985		Friedhelm Debus	

Datum der Wahl	Mathematisch-naturwissenschaftliche Klasse	Geistes- und sozialwissenschaftliche Klasse	Klasse der Literatur
28. 6.1985	Karl Heinz Büchel		
20. 6.1986	Heinz Harnisch		
7.11.1986		Maria Radnoti-Alföldi	
13. 2.1987		Karl Lehmann	
26. 6.1987		Peter Brang	
6.11.1987		Werner Welzig	
6.11.1987		Paul Anthony Samuelson	
22. 4.1988		Marc Lienhard	
24. 6.1988	Karl-Hermann Meyer zum Büschenfelde		
4.11.1988	Eric Richard Kandel		
17. 2.1989		Heinrich Koller	
14. 4.1989		Hans-Peter Schwarz	
23. 6.1989			Klaus-D. Lehmann
23. 6.1989	Herbert Miltenburger		
3.11.1989	Jean-Marie Lehn		
3.11.1989	Günther S. Stent		
16. 2.1990	Christoph Fuchs		
16. 2.1990	Wolfgang A. Herrmann		
27. 4.1990			György Konrád
27. 4.1990	Dieter Seebach		
22. 6.1990	Axel Michelsen		
22. 6.1990		Kurt Gärtner	
19. 4.1991	Jörg Michaelis		
2. 4.1992	Helmut Ehrhardt		
2. 4.1992		Rainer Kahsnitz	
6.11.1992	Gerhard Furrer		
6.11.1992	Bruno Messerli		
5.11.1993	Klaus Kirchgässner		
5.11.1993	David Sandeman		
18. 2.1994		Bernhard Diestelkamp	
18. 2.1994	Christian Rittner		
18. 2.1994		Heinz Josef Thissen	
22. 4.1994		Werner Habicht	
22. 4.1994			Michael Lützeler
22. 4.1994	Randolf Menzel		
22. 4.1994	Arndt Simon		
22. 4.1994		Manfred Streit	
24. 6.1994		Heinrich Oberreuter	
19. 4.1996	Dietrich H. Welte		
18. 4.1997		Michel Parisse	
24. 4.1998	Eric Mikhailovich Galimov		
24. 4.1998	Eckehart Jäger		
19. 6.1998		Adolf Borbein	
19. 6.1998		Brian Charles Gibbons	
6.11.1998		Otto Kresten	

Datum der Wahl	Mathematisch-naturwissenschaltliche Klasse	Geistes- und sozialwissenschaftliche Klasse	Klasse der Literatur
5.11.1999		Hans-Markus von Kaenel	
18. 2.2000		Florian Tennstedt	
18. 2.2000		Thomas Würtenberger	
14. 4.2000	Carlos Belmonte		
14. 4.2000	Ruth Duncan		
14. 4.2000			Anne Duden
14. 4.2000			Tuvia Rübner
20. 4.2001		Hans-Albert Rupprecht	
22. 6.2001		Jürgen Falter	
9.11.2001	Franz Grehn		
9.11.2001			Adam Zagajewski
22. 2.2002		Renate Belentschikow	
22. 2.2002		Márta Font	
19. 4.2002		Gottfried Gabriel	
19. 4.2002			Claudio Magris
21. 6.2002		Walter Slaje	
25. 4.2003	Michel Eichelbaum		
25. 4.2003		Ludwig Maximilian Eichinger	
7.11.2003	Carsten Carstensen		
13. 2.2004	Martin Claußen		
13. 2.2004	Thomas Stocker		
18. 2.2005		Wolfram Steinbeck	
4.11.2005	Hans-Jochen Heinze		
17. 2.2006		Stefan Hradil	
17. 2.2006	Hans-Georg Rammensee		
23. 6.2006	Johannes Janicka		
23. 6.2006	André Reis		
23. 6.2006	Michael Veith		
20. 4.2007			Barbara Honigmann
22. 2.2008	Jürg Fröhlich		
22. 2.2008	Hans Peter Linder		

LEIBNIZ-MEDAILLE

Im Oktober 1960 hat die Akademie als höchste Auszeichnung, die sie zu vergeben hat, die Leibniz-Medaille gestiftet. Sie wird bestimmungsgemäß an Persönlichkeiten verliehen, die sich um die Akademie besonders verdient gemacht haben.

Die Medaille zeigt auf der Vorderseite das gleiche Bild von Leibniz wie auf dem Medaillon an der Kette des Präsidenten. Die Umschrift lautet: „Academia scientiarum et literarum Moguntina". Auf der Rückseite wird der Name des Ausgezeichneten eingraviert. Er ist mit der Umschrift umgeben: „Fautori gratias agit plurimas". Nach der Verleihung einer Leibniz-Medaille bleiben die Geehrten der Akademie verbunden. Sie können an den wissenschaftlichen Sitzungen teilnehmen.

INHABER DER LEIBNIZ-MEDAILLE

Verleihungsjahr

1974   Dr. Johannes Baptist Rösler
ehem. Bürgerbeauftragter des Landes Rheinland-Pfalz, Mainz

1981   Dr. Hanna-Renate Laurien
Berlin

1982   Kuno Huhn
Notar a. D., Mainz

1983   Professor Dr. Hans Rüdiger Vogel
Frankfurt a. M.

1985   Albrecht Martin
Staatsminister a. D.

1987   Hans Helzer
Rektor a. D.
Altenkirchen

1987   Professor Dr. Klaus Töpfer
Bundesminister a. D.

1988   Professor Dr. Dr. Herbert Franke
Gauting

1989   Professor Dr. Rita Süssmuth
ehem. Präsidentin des Deutschen Bundestages

1989   Dr. Bernhard Vogel
Ministerpräsident a. D. des Landes Thüringen

1990   Dr. Marie-Luise Zarnitz
Tübingen

1991   Professor Dr. Fritz Preuss
Bad Dürkheim

1991	Dr. Heinz Peter Volkert Landtagspräsident a. D. Koblenz
1992	Sibylle Kalkhof-Rose Mainz
1993	Walter P. Becker Direktor a. D. des Landtages Rheinland-Pfalz Mainz
1994	Dr. Wolfgang Paulig Ministerialrat a. D. Bonn
1995	Rolf Möller Staatssekretär a. D. Generalsekretär der Volkswagen-Stiftung a. D. Bonn
1996	August Frölich Ministerialdirigent a. D. Mainz
1999	Professor Dr. Siegfried Grosse Bochum
1999	Professor Dr. Rudolf Meimberg Neu-Isenburg
2000	Professor Dr. Josef Reiter Mainz
2001	Dr. Wilhelm Krull Hannover
2002	Dr. h.c. Klaus G. Adam Mainz
2003	Jens Beutel Oberbürgermeister der Stadt Mainz
2004	Christoph Grimm Präsident a. D. des Landtags Rheinland-Pfalz
2005	Professor Dr. Peter Schwenkmezger Präsident der Universität Trier
2006	Professor Dr. Jürgen Zöllner Minister für Wissenschaft, Weiterbildung, Forschung und Kultur des Landes Rheinland-Pfalz

2007   Professor Dr. Jörg Michaelis
        ehemaliger Präsident der Universität Mainz

VERSTORBENE INHABER DER LEIBNIZ-MEDAILLE

(Todesdaten in Klammern)

Peter Altmeier (28.8.1977)
Horst Backsmann (9.7.1984)
Siegfried Balke (11.6.1984)
Otto Bardong (10.12.2003)
Hugo Brandt (12.9.1989)
Heinrich Delp (2.1.1973)
Klaus-Berto von Doemming (28.1.1993)
Hermann Eicher (30.7.1984)
Karl-August Forster (11.9.1984)
Hans Franzen (4.7.2007)
Jockel Fuchs (6.3.2002)
Gotthard Gambke (1.12.1988)
Mathilde Gantenberg (29.10.1975)
Irène Giron (29.4.1988)
Herbert Grünewald (14.7.2002)

Walter Kalkhof-Rose (6.7.1988)
Adolf Kern (15.5.1963)
Werner Krämer (25.1.2007)
Ernst Nord (7.9.1981)
Eduard Orth (31.3.1968)
Konrad Petersen (21.6.1990)
Sylvester Rostosky (29.10.2005)
Ernst Schäck (14.2.1998)
Werner T. Schaurte (25.7.1978)
Adolf Steinhofer (20.8.1990)
Adolf Süsterhenn (24.11.1974)
Wolfgang Treue (10.9.1989)
Richard Voigt (10.3.1970)
Otto van Volxem (16.2.1994)
Otto Wegner (12.3.1984)

WILHELM-HEINSE-MEDAILLE

Die Akademie der Wissenschaften und der Literatur hat eine Wilhelm-Heinse-Medaille ins Leben gerufen, die für essayistische Literatur im weitesten Sinne vergeben wird. Die Medaille ist die letzte plastische Arbeit des Münchner Bildhauers Toni Stadler. Um eine Kontinuität und zugleich eine Beschränkung des Preises zu gewährleisten, wurden von der Medaille 20 Abgüsse genommen.

Die Medaille trägt den Namen des Dichters Wilhelm Heinse (1746–1803), der seit 1786 als Vorleser, seit 1787 als Bibliothekar des Kurfürsten Karl Joseph ihn und dessen Hofstaat mit seinem „Ardinghello und die glückseeligen Inseln" in Mainz ergötzte. Durch neue Impulse hatte Heinse auf die Kunst-Schriftstellerei und Musik-Schriftstellerei seiner Zeit, aber auch auf die der Romantik, nachhaltigen Einfluß.

PREISTRÄGER DER WILHELM-HEINSE-MEDAILLE

Verleihungsjahr

1978   Professor Michael Hamburger, B. A., M.A. (London) † 7.6.2007

1979   Susan Sontag (New York und Paris) † 28.12.2004

1980	Giorgio Manganelli (Rom) † 28.5.1990
1981	Professor Dr. Dr. h.c. Dolf Sternberger (Darmstadt) † 27.7.1989
1982	Dr. h.c. Octavio Paz (Mexiko) † 19.4.1998
1983	Professor Dr. h.c. Marcel Reich-Ranicki (Frankfurt a. M.)
1984	Professor Hans Heinz Stuckenschmidt (Berlin) † 15.8.1988
1985	Professor Hans Schwab-Felisch (Meerbusch) † 19.10.1989
1986	Professor Dr. Werner Haftmann (Waakirchen) † 29.7.1999
1987	Dr. Werner Kraft (Jerusalem) † 13.6.1991
1988	Carola Stern (Köln)
1989	György Konrád (Budapest)
1990	Dr. Eduard Beaucamp (Frankfurt a. M.)
1991	Albrecht Fabri (Köln) † 11.2.1998
1992	Philippe Jaccottet (Grignan)
1994	Professor Dr. Karl Heinz Bohrer (Bielefeld)
1996	Dr. Rüdiger Safranski (Berlin)
1997	Dr. Martin Walser (Nußdorf)
1999	Dr. Günter Metken (Paris) † 29.3.2000
2001	Dieter Hoffmann (Markt Geiselwind/Ebersbrunn)

NOSSACK-AKADEMIEPREIS
für Dichter und ihre Übersetzer

Der Preis wird Dichtern und ihren Übersetzern von der Klasse der Literatur unter dem Patronat der Akademie verliehen. Er ist benannt nach dem 1977 verstorbenen Mitglied der Klasse der Literatur Hans Erich Nossack. Ausgezeichnet werden mit diesem Preis richtungsweisende literarische Arbeiten und deren Übertragung, die schöpferische Qualität hat.

Der Preis wird in der Regel im Turnus von zwei Jahren verliehen.

PREISTRÄGER DES NOSSACK-AKADEMIEPREISES

Verleihungsjahr

1993	Michel Butor und Helmut Scheffel
1995	Lars Gustafsson und Verena Reichel
1998	Antonio Tabucchi und Karin Fleischanderl

2000	Adam Zagajewski und Karl Dedecius
2002	Paavo Haavikko, Manfred Peter Hein und Gisbert Jänicke

JOSEPH-BREITBACH-PREIS

Nach dem Willen des am 9. Mai 1980 in München verstorbenen Literaten Joseph Breitbach, der in Koblenz geboren, in Paris gelebt hat, verleiht die Akademie im Zusammenwirken mit der Stiftung Joseph Breitbach alljährlich einen Literaturpreis. Er trägt den Namen Joseph-Breitbach-Preis der Akademie der Wissenschaften und der Literatur, Mainz. Mit dem Preis sollen deutschsprachige Werke aller Literaturgattungen ausgezeichnet werden. Die Preissumme kann unter verschiedenen Autoren aufgeteilt werden.

Verleihungsjahr

1998	Hans Boesch († 21.6.2003), Friedhelm Kemp, Brigitte Kronauer
1999	Reinhard Jirgl, Wolf Lepenies, Rainer Malkowski († 1.9.2003)
2000	Ilse Aichinger, W. G. Sebald († 14.12.2001), Markus Werner
2001	Thomas Hürlimann, Ingo Schulze, Dieter Wellershoff
2002	Elazar Benyoëtz, Erika Burkart, Robert Menasse
2003	Christoph Meckel, Herta Müller, Harald Weinrich
2004	Raoul Schrott
2005	Georges-Arthur Goldschmidt
2006	Wulf Kirsten
2007	Friedrich Christian Delius

ORIENT- UND OKZIDENT-PREIS

Der von der Erwin-Wickert-Stiftung vergebene Preis wird an Persönlichkeiten aus grundsätzlich allen Bereichen des politischen, wissenschaftlichen und kulturellen Lebens vergeben. Sie haben ungeachtet ihrer Herkunft in Leben und Werk fernöstliche und westliche Traditionen zusammengeführt und bereits durch bedeutende Leistungen das Verständnis für den anderen Kulturkreis bewiesen und dafür internationale Anerkennung gefunden.

Verleihungsjahr

2006	Ieoh Ming Pei, New York

AKADEMIEPREIS DES LANDES RHEINLAND-PFALZ

Das Land Rheinland-Pfalz hat im Zusammenwirken mit der Akademie der Wissenschaften und der Literatur, Mainz, einen Preis gestiftet, der im Bereich der Hochschulen des Landes Rheinland-Pfalz herausragende und vorbildhafte Leistungen in Lehre und Forschung auszeichnen soll. Zugleich soll durch diese Ehrung eine Persönlichkeit hervorgehoben werden, die durch ihr engagiertes Wirken maßgebend den wissenschaftlichen Nachwuchs gefördert hat.

Verleihungsjahr

2001	Professor Dr. Helmut Neunzert, Kaiserslautern
2002	Professor Dr. Alfred Haverkamp, Trier
2003	Professor Dr. Gregor Hoogers, Trier
2004	Professor Dr. Stephan Borrmann, Mainz
2005	Professor Dr. Eckhard Friauf, Kaiserslautern
2006	Professor Claudia Eder, Mainz
2007	Professor Dr. Ursula Verhoeven-van Elsbergen, Mainz

WALTER KALKHOF-ROSE-GEDÄCHTNISPREIS

Der von Sibylle Kalkhof-Rose gestiftete Preis erinnert an das 1988 verstorbene Ehrenmitglied und den Inhaber der Leibniz-Medaille Walter Kalkhof-Rose und hat zum Ziel, den wissenschaftlichen Nachwuchs zu fördern. Der Preis wird durch die Akademie abwechselnd in den Natur- und in den Geisteswissenschaften vergeben.

Verleihungsjahr

1995	Dr. Ernst Tamm, National Institute of Health, Bethesda/USA
1996	Dr. Laurenz Lütteken, Münster
1997	Dr. Jörg Bendix, Bonn
1998	Dr. Stefan Trappen, Mainz
1999	Dr. Stefanie Reese, Hannover
2000	Dr. Johann Graf Lambsdorff, Göttingen
2001	Dr. Hubertus Fischer, Bremen
2002	Dr. Christian Baldus, Köln
2003	Dr. Jochen Kaiser, Tübingen
2005	Dr. Ralf Weberskirch, München
2006	Dr. Miloš Vec, Frankfurt/M.
2007	Dr. Peter Virnau, Mainz

PREIS DER COMMERZBANK-STIFTUNG

Der Förderpreis der Commerzbank-Stiftung soll jüngere engagierte Wissenschaftler, die in ihrem Fach schon arriviert sind, ermutigen, auf dem eingeschlagenen Weg fortzufahren, ihr Fach zu fördern und ihm eine nachhaltige Akzeptanz zu erwirken. Der Preis ist mit 10.000 € dotiert und wird wechselnd zwischen Geistes- und Naturwissenschaften alle zwei Jahre verliehen.

Verleihungsjahr

2004   Professor Dr. Christa Jansohn, Bamberg (Anglistik)

RUDOLF-MEIMBERG-PREIS

Der von Professor Dr. Rudolf Meimberg gestiftete Preis wird verliehen für herausragende in- oder ausländische Publikationen, in denen der Verantwortung des Menschen für sich und die Allgemeinheit in besonderer Weise Rechnung getragen wird oder für Forschungen im Bereich der griechisch-orientalischen Altertumskunde in Verbindung zur Kultur der Gegenwart sowie der Tradition des Humanismus und der Humanität.

Verleihungsjahr

1996   Dr. Stephanie-Gerrit Bruer, Stendal

1998   Professor Dr. Kurt Sier, Leipzig

1999   Professorin Dr. Weyma Lübbe, Leipzig

2001   Professor Dr. Dr. h.c. mult. Claudio Leonardi, Florenz

2003   Professor Dr. Jens Halfwassen, Heidelberg

2005   Professor Dr. Dr. h.c. Kurt Flasch, Bochum

2007   Professor Dr. Stefan Maul, Heidelberg

EHRENRING DER AKADEMIE

Im Juni 2000 hat die Akademie die Vergabe eines Ehrenringes an Persönlichkeiten beschlossen, die sich durch mäzenatische Unterstützung von Akademieprojekten ausgezeichnet haben.

Der Ehrenring ist eine Kopie des goldenen Siegelrings Athen, Nationalmuseum, Inv. Nr. 8455 (CMS I Nr. 218), aus Grab XLIV der mykenischen Nekropole von Prosymna in der Argolis. Das Original stammt aus der Zeit um 1500 v. Chr. Die heraldische Szene gibt zwei sitzende Greifen wieder, die eine tordierte Säule flankieren.

Träger des Ehrenrings

2000   Dr. Malcom Wiener, New York

FÖRDERPREIS BIODIVERSITÄT

Der auf eine Stiftung zurückgehende Förderpreis wird an Nachwuchswissenschaftler verliehen, die eine herausragende Arbeit auf dem Gebiet der Biodiversitätsforschung vorgelegt haben. Der Preis versteht sich als Beitrag zur Förderung des akademischen Nachwuchses und als Motivation, eine wissenschaftliche Laufbahn entschlossen zu verfolgen.

Preisträger

1996	Dr. Pierre Leonhard Ibisch, Bonn
1999	Sonja Migge, Calgary
2000	Gerold Kier, Bonn
2001	Dipl.-Biol. Alexandra Klein, Göttingen
2002	Jens Mutke, Bonn
2003	Dr. Herbert Nickel, Göttingen
2004	Dipl.-Biol. Kai Müller, Bonn
2005	Dr. Judith Rothenbücher, Göttingen
2006	Dipl.-Biol. Claudia Koch, Bonn
2007	Dr. Lennart Wolfgang Pyritz, Göttingen

JOHANN-HEINRICH-ZEDLER-MEDAILLE

Die vom Verein „Wikimedia Deutschland" in Zusammenarbeit mit der Akademie der Wissenschaften und der Literatur, Mainz sowie dem Verlag Spektrum der Wissenschaft vergebene Auszeichnung wird für eine herausragende Leistung auf dem Gebiet der allgemeinverständlichen Vermittlung eines wissenschaftlichen Themas verliehen.

Preisträger

2007	Josef Winiger

WALTER UND SIBYLLE KALKHOF-ROSE-STIFTUNG

Frau Sibylle Kalkhof-Rose hat eine öffentliche Stiftung des Bürgerlichen Rechts errichtet. Zweck der Stiftung ist die Förderung und Weiterbildung des besonders qualifizierten wissenschaftlichen Nachwuchses. Es sollen alle wissenschaftlichen Fachrichtungen ausgewogen berücksichtigt werden. Die Stiftung verwirklicht ihre Ziele insbesondere durch die Vergabe von Habilitationsstipendien und Sachmitteln an förderungswürdige Personen. Die Förderungsmaßnahmen werden über die Akademie der Wissenschaften und der Literatur, Mainz, abgewickelt, deren Präsidentin Mitglied der Stiftung ist.

KURT-RINGGER-STIFTUNG

Der 1988 verstorbene Mainzer Romanist hatte die Akademie als Alleinerbin eingesetzt. Nach Verwertung des Vermögens ist eine Stiftung zur Förderung der romanistischen Forschung errichtet worden. Die Stiftung verwirklicht ihre Ziele insbesondere durch Vergabe von Stipendien, Sachmitteln und Druckkostenzuschüssen.

ERWIN-WICKERT-STIFTUNG

Die Stiftung dient dem literarischen Werk und Nachlass sowie dem politischen Nachlass, der Biographie und der Korrespondenz des Stifters Erwin Wickert († 26. März 2008), langjähriger Diplomat im Fernen Osten und Mitglied der Klasse der Literatur. Sie fördert außerdem das Verständnis zwischen Ostasien und dem Westen. Zu diesem Zwecke werden Sachkosten, Zuschüsse und Honorare vergeben.

WILHELM-LAUER-STIFTUNG

Die von dem Geographen Wilhelm Lauer († 24. Juli 2007), Mitglied der Mathematisch-naturwissenschaftlichen Klasse der Akademie, ins Leben gerufene Stiftung dient der Förderung der Erdwissenschaftlichen Forschung. Zu diesem Zwecke werden Stipendien und Zuschüsse an Personen vergeben, die im Sinne des Stiftungszwecks handeln, ferner Publikationen bezuschusst, die aus solchen Arbeiten entstanden sind.

COLLOQUIA ACADEMICA

Im Zusammenwirken mit dem Minister für Bildung, Wissenschaft und Weiterbildung des Landes Rheinland-Pfalz und der Johannes Gutenberg-Universität Mainz hat die Akademie 1995 die Veranstaltung *Colloquia Academica – Akademievorträge junger Wissenschaftler* geschaffen. Junge Geistes- und Naturwissenschaftler sollen sich in Vortrag und anschließender Diskussion einem fachkompetenten Publikum in der Akademie vorstellen. Die jungen Gelehrten sollen in die Forschungsbereiche der Akademie einbezogen werden und auf diese Weise eine Ermutigung in ihren Bestrebungen erfahren; andererseits will die Akademie mit dieser Veranstaltungsreihe dokumentieren, dass sie sich der Förderung des hochqualifizierten wissenschaftlichen Nachwuchses verpflichtet weiß.

Folgende Vorträge wurden gehalten:

20. April 2007:

PD Dr. Michaela Wittinger, Universität des Saarlandes: Europäische Staaten oder wo endet Europa?

PD Dr. Angela Thränhardt, Universität Marburg: Schneller als das Licht?

Die Vorträge werden in den Abhandlungen der Geistes- und sozialwissenschaftlichen bzw. der Mathematisch-naturwissenschaftlichen Klasse im Franz Steiner Verlag, Stuttgart erscheinen.

POETIKDOZENTUR DER AKADEMIE DER WISSENSCHAFTEN UND DER LITERATUR AN DER UNIVERSITÄT MAINZ

Die Poetikdozentur wurde 1980 begründet. Im Rahmen von Seminaren bietet sie Studenten der Literaturwissenschaft die Möglichkeit, im Gespräch mit Schriftstellern poetologische Fragen zu diskutieren. Mit einem öffentlichen Vortrag in der Universität stellen sich die Autoren abschließend einem größeren Publikum vor.

WS 1980/81:	Jürgen Becker	SS 1996:	Hugo Dittberner
WS 1981/82:	Helmut Heißenbüttel	WS 1996/97:	Thomas Kling
SS 1982:	Hans Jürgen Fröhlich	SS 1997:	Herbert Rosendorfer
WS 1982/83:	Hans Bender	WS 1997/98:	Robert Schindel
SS 1983:	Walter Helmut Fritz	SS 1998:	Brigitte Oleschinski
WS 1983/84:	Paul Wühr	WS 1998/99:	Matthias Politycki
SS 1984:	Herbert Heckmann	SS 1999:	Zoë Jenny
WS 1984/85:	Klaus Hoffer	SS 2000:	Marlene Streeruwitz
SS 1985:	Ludwig Harig	WS 2000/01:	Daniel Kehlmann
WS 1985/86:	Ralph Thenior	SS 2001:	Rüdiger Safranski
SS 1986:	Guntram Vesper	WS 2001/02:	Albert v. Schirnding
WS 1986/87:	Christoph Meckel	SS 2002:	Thomas Hettche; Malin Schwerdtfeger
SS 1987:	Eva Zeller		
WS 1987/88:	Franz Mon	WS 2002/03:	Andreas Maier
SS 1988:	Gabriele Wohmann	SS 2003:	Anne Weber
WS 1988/89:	Hans Jürgen Heise	WS 2003/04:	Michael Lentz
SS 1989:	Paul Wühr	SS 2004:	Christoph Peters
WS 1989/90:	Hilde Domin	WS 2004/05:	Heinrich Detering
SS 1990:	Dieter Hoffmann	SS 2005:	Ulrike Draesner
WS 1990/91:	Heinz Czechowski	WS 2005/06:	Karl-Heinz Ott
SS 1991:	Zsuzsanna Gahse	SS 2006:	Hans-Ulrich Treichel
WS 1991/92:	Franz Mon; Walter Helmut Fritz; Guntram Vesper; Rainer Malkowski; Wulf Kirsten; Uwe Wittstock	SS 2007:	Felicitas Hoppe, Silke Scheuermann
		WS 2007/08:	Antje Rávic Strubel
SS 1992:	Herbert Heckmann; Harald Hartung		
WS 1992/93:	Elisabeth Borchers		
SS 1993:	Ulrich Woelk		
WS 1993/94:	Michael Zeller		
SS 1994:	Dagmar Leupold		
WS 1994/95:	Harald Hartung		
SS 1995:	Arnold Stadler		
WS 1995/96:	Durs Grünbein		

PRÄSIDENTEN

der Akademie der Wissenschaften und der Literatur · Mainz

1949	Professor Dr.-Ing. Dr. e.h. Karl Willy Wagner
31.10.1953	Professor Dr. Eduard Justi
28. 2.1958	Professor Dr. Dr. h.c. Peter Rassow
29. 7.1961	Professor Dr. Joseph Vogt
1. 3.1963	Professor Dr. Pascual Jordan
1. 5.1967	Professor Dr. Hellmut Georg Isele
12. 2.1971	Professor Dr. Heinrich Bredt
16. 2.1979	Professor Dr. Heinrich Otten
26. 4.1985	Professor Dr. Dr. Gerhard Thews
1. 7.1993	Professor Dr. Clemens Zintzen
1. 7.2005	Professorin Dr. Elke Lütjen-Drecoll

VIZEPRÄSIDENTEN

Mathematisch-naturwissenschaftliche Klasse

1949	Professor Dr. Pascual Jordan
1. 3.1963	Professor Dr. Dr.-Ing. E.h. Richard Vieweg
29. 4.1966	Professor Dr.-Ing. E.h. Dr.-Ing. E.h. Karl Küpfmüller
11. 4.1969	Professor Dr. Heinrich Bredt
23. 4.1971	Professor Dr. Johannes W. Rohen
29. 4.1977	Professor Dr. Dr. Gerhard Thews
28. 6.1985	Professor Dr. Wilhelm Lauer
1. 2.1998	Professorin Dr. Elke Lütjen-Drecoll
4.11.2005	Professor Dr. Gerhard Wegner

VIZEPRÄSIDENTEN

Geistes- und sozialwissenschaftliche Klasse

1949	Professor Dr. Dr. h.c. Christian Eckert
24. 4.1953	Professor Dr. Dr. Dr. h.c. Dr. E.h. Paul Diepgen
2. 3.1956	Professor Dr. Hellmut Georg Isele
2. 3.1962	Professor Dr. Heinrich Otten
11. 2.1977	Professor Dr. Wolfgang P. Schmid
14. 2.1986	Professor Dr. Clemens Zintzen
1. 7.1993	Professor Dr. Wolfgang P. Schmid
1. 3.2000	Professor Dr. Dr. h.c. Helmut Hesse
1. 3.2006	Professor Dr. Gernot Wilhelm

VIZEPRÄSIDENTEN

Klasse der Literatur

1949	Dr. Alfred Döblin
31. 7.1953	Walter von Molo
29. 4.1955	Dr. Frank Thiess
1. 8.1964	Hans Erich Nossack
12. 7.1968	Hans Bender
11.10.1974	Dieter Hoffmann
7.11.1980	Barbara König
4.11.1983	Professor Dr. Dr. h.c. Bernhard Zeller
1. 2.1990	Walter Helmut Fritz
1. 5.2006	Albert von Schirnding

GENERALSEKRETÄRE

1949	Professor Dr. Dr. h.c. Helmuth Scheel
16. 2.1968	Dr. Günter Brenner
1.12.1993	Dr. Wulf Thommel
1.10.2005	Professor Dr. Claudius Geisler

VERSTORBENE EHRENMITGLIEDER

(Todesdaten in Klammern)

Emil Abderhalden (5.8.1950)
Wolfgang Freihr. von Buddenbrock-Hettersdorf (11.4.1964)
Alfred Döblin (28.6.1957)
Otto Hahn (28.7.1968)
Willy Hellpach (6.7.1952)
Theodor Heuss (12.12.1963)
Walter Kalkhof-Rose (6.7.1988)
Luigi Lombardi (7.2.1958)
Walter von Molo (27.10.1958)
Gaetano de Sanctis (9.4.1957)
Arnold Sommerfeld (26.4.1951)

VERSTORBENE MITGLIEDER

(Todesdaten in Klammern)

Hans W. Ahlmann (10.3.1974)
Andreas Alföldi (12.2.1981)
Ernst Alker (5.8.1972)
Martin Almagro-Basch (28.8.1984)
Sedat Alp (9.10.2006)
Ludwig Alsdorf (25.3.1978)
Clemens-August Andreae (26.5.1991)
Sir Edward Victor Appleton (22.4.1965)
Cahit Arf (26.12.1997)
Paolo Enrico Arias (3.12.1998)
Walter Artelt (26.1.1976)

Walter Baade (25.6.1960)
Günter Bandmann (24.2.1975)
Ernst H. Bárány (16.6.1991)
Wolfgang Bargmann (20.6.1978)
Felice Battaglia (28.3.1977)
Roger Bauer (18.6.2005)
Günter Baumgartner (11.8.1991)
Otto Bayer (1.8.1982)
Friedrich Becker (25.12.1985)
Wilhelm Becker-Obolenskaja (20.11.1996)
Henri Graf Bégouën (4.11.1956)
Georg von Békésy (13.6.1972)
Heinz Bellen (27.7.2002)
Saul Bellow (5.4.2005)
Emil Belzner (8.8.1979)
Jost Benedum (23.12.2003)
Alfred Benninghoff (18.2.1953)
Ernst Benz (29.12.1978)

Johannes Benzing (16.3.2001)
Werner Bergengruen (4.9.1964)
Helmut Berve (6.4.1979)
Helmut Beumann (14.8.1995)
Jan Białostocki (25.12.1988)
Friedrich Bischoff (21.5.1976)
Karl Bischoff (25.11.1983)
Kurt Bittel (30.1.1991)
Wilhelm Blaschke (17.3.1962)
Hans Blumenberg (28.3.1996)
Hans Bock (21.1.2008)
Kurt Böhner (31.5.2007)
Niels Bohr (18.11.1962)
Heinrich Böll (16.7.1985)
Viktor Ivanovič Borkovskij (26.12.1982)
Karl Erich Born (23.3.2000)
Nicolas Born (7.12.1979)
Charles van den Borren (14.1.1966)
Herbert Bräuer (20.12.1989)
Heinrich Bredt (1.11.1989)
Bernard von Brentano (29.12.1964)
Henri Breuil (14.8.1961)
Louis-César Duc de Broglie (1987)
Hermann Alexander Brück (4.3.2000)
Otto Brunner (12.6.1982)
Julius Büdel (28.8.1983)
Dino Buzzati (28.1.1972)

Walter Cady (1974)
Maurice Caullery (13.7.1958)

Heinrich Chantraine (9.12.2002)
Hans Helmut Christmann (26.7.1995)
Jean Cocteau (11.10.1963)
Fabio Conforto (24.2.1954)
Antonio Augusto Esteves Mendes Corrêa (7.1.1960)
Elena Croce (20.11.1994)
Oscar Cullmann (16.1.1999)

Adolf Dabelow (27.7.1984)
Hellfried Dahlmann (7.7.1988)
Albert Defant (24.12.1974)
Ludwig Dehio (24.11.1963)
Karl Deichgräber (16.12.1984)
Honorio Delgado (27.11.1969)
Pierre Demargne (13.12.2000)
Otto Demus (17.11.1990)
Tibor Déry (18.9.1977)
Max Deuring (20.12.1984)
Paul Diepgen (2.1.1966)
Hans Diller (15.12.1977)
Alfred Döblin (28.6.1957)
Gerhard Domagk (24.4.1964)
Georges Duhamel (13.4.1966)
Ejnar Dyggve (6.8.1961)

Wolfram Eberhard (15.8.1989)
Christian Eckert (27.6.1952)
Johannes Edfelt (27.8.1997)
Tilly Edinger (27.5.1967)
Kasimir Edschmid (31.8.1966)
Hans Heinrich Eggebrecht (30.8.1999)
Karl Egle (26.10.1975)
Hans Ehrenberg (19.11.2004)
Günter Eich (21.12.1972)
Herbert von Einem (5.8.1983)
Otto Eißfeld (23.4.1973)
Carl August Emge (20.1.1970)
Wilhelm Emrich (7.8.1998)
Heinrich Karl Erben (15.7.1997)
Wolja Erichsen (25.4.1966)
Efim Etkind (22.11.1999)

Karl-Georg Faber (15.9.1982)
Zhi Feng (22.2.1993)

Heinrich von Ficker (29.4.1957)
Kurt von Fischer (27.11.2003)
Robert Folz (5.3.1996)
Hubert Forestier (1975)
Dagobert Frey (13.5.1962)
Hans-Albrecht Freye (24.5.1994)
Hans Freyer (18.1.1969)
Albert Frey-Wyssling (30.8.1988)
Karl von Frisch (12.6.1982)
Hans Jürgen Fröhlich (22.11.1986)
Gerhard Funke (22.1.2006)

Jean Gaston Gagé (1986)
Ernst Gamillscheg (18.3.1971)
Joseph Gantner (7.4.1988)
Lothar Geitler (1.5.1990)
Friedrich Gerke (24.8.1966)
Willy Giese (4.4.1973)
Natalia Ginzburg (8.10.1991)
Helmuth von Glasenapp (25.6.1963)
Kurt Goldammer (7.2.1997)
Gernot Gräff (6.11.1982)
Richard Grammel (26.6.1964)
Johann Hjalmar Granholm (4.2.1972)
Julien Green (13.8.1998)
Charles Grégoire (8.1.2002)
Henri Grégoire (28.9.1964)
Ludwig Greve (12.7.1991)
Kaare Grønbech (21.1.1957)
Margherita Guarducci (2.9.1999)
Wilibald Gurlitt (15.12.1963)

Otto Hachenberg (23.3.2001)
Georg Hamel (4.10.1954)
George M. A. Hanfmann (13.3.1986)
Ernst Hanhart (5.9.1973)
Björn Helland Hansen (7.9.1957)
Kurt Hansen (26.1.2002)
Robert Comte d'Harcourt (18.6.1965)
Hermann Hartmann (22.10.1984)
Nicolai Hartmann (9.10.1950)
Helmut Hasse (26.12.1979)
Otto Haupt (10.11.1988)
Wilhelm Hausenstein (3.6.1957)
Manfred Hausmann (6.8.1986)

Herbert Heckmann (18.10.1999)
Johan Arvid Hedvall (24.12.1974)
Hermann Heimpel (23.12.1988)
Heinz Heimsoeth (10.9.1975)
Helmut Heißenbüttel (19.9.1996)
Walter Heinrich Heitler (15.11.1981)
Werner Helwig (4.2.1985)
Wido Hempel (7.11.2006)
Walter Henn (13.8.2006)
Corneille Heymans (18.7.1968)
Rudolf Hirsch (19.6.1996)
Helmut Hoffmann (8.10.1992)
Herfried Hoinkes (4.4.1975)
Karl August Horst (30.12.1973)
Edouard Houdremont (10.6.1958)
Herbert Hunger (9.7.2000)
Taha Husein (28.10.1973)
Aldous Huxley (22.11.1963)

Hans Herloff Inhoffen (31.12.1992)
Hans Ulrich Instinsky (30.6.1973)
Hellmut Georg Isele (7.3.1987)
Erwin Iserloh (14.4.1996)

Werner Jaeger (19.10.1961)
Hans Henny Jahnn (29.11.1959)
Hubert Jedin (16.7.1980)
Willibald Jentschke (11.3.2002)
Pascual Jordan (31.7.1980)
Richard Jung (25.7.1986)
Christian Junge (18.6.1996)
Eduard Justi (16.12.1986)

Tor G. Karling (23.9.1998)
Erich Kästner (29.7.1974)
Hermann Kasack (10.1.1966)
Marie Luise von Kaschnitz-
  Weinberg (10.10.1974)
Valentin Katajew (12.4.1986)
Bernhard Kellermann (17.10.1951)
Martin Kessel (14.4.1990)
Hermann Kesten (3.5.1996)
Valentin Kiparsky (18.5.1983)
Wilhelm Kisch (9.3.1952)
Ernst Kitzinger (22.1.2003)

Kurt Klöppel (13.8.1985)
Ulrich Klug (7.5.1993)
Werner Koch (30.3.1992)
Max Kohler (31.3.1982)
Annette Kolb (3.12.1967)
August Kopff (24.4.1960)
Paul Koschaker (1.6.1951)
Curt Kosswig (29.3.1982)
Ernest A. Kraft (19.6.1962)
Hans Krahe (25.6.1965)
Ernst Kreuder (24.12.1972)
Paul Oskar Kristeller (7.6.1999)
Karl Krolow (21.6.1999)
Wolfgang Krull (12.4.1971)
Herbert Kühn (25.6.1980)
Ernst Kühnel (5.8.1964)
Karl Küpfmüller (26.12.1977)
Branko Kurelec (27.9.1999)

Horst Lange (6.7.1971)
Elisabeth Langgässer (25.7.1950)
Raymond Lantier (14.4.1980)
Wilhelm Lauer (24.7.2007)
Torbern Laurent (22.9.1981)
Christine Lavant (7.6.1973)
Fritz Laves (12.8.1978)
Halldór Laxness (9.2.1998)
Wilhelm Lehmann (17.11.1968)
Horst Leithoff (25.12.1998)
Widukind Lenz (25.2.1995)
Kurt Leonhard (10.10.2005)
Hans Lewald (10.11.1963)
Mechtilde Lichnowsky (4.6.1958)
Ragnar Liljeblad (13.10.1967)
Bertil Lindblad (25.6.1965)
Zofia Lissa (26.3.1980)
Enno Littmann (4.5.1958)
Fritz Loewe (27.3.1974)
Erhard Lommatzsch (20.1.1975)
Erich Loos (2.7.2006)
Konrad Lorenz (27.2.1989)
Franz Lotze (13.2.1971)
Dietrich W. Lübbers (15.11.2005)
Erich Lüddeckens (1.7.2004)

Alexander Luther (9.8.1970)
Anneliese Maier (2.12.1971)
Rainer Malkowski (1.9.2003)
André Malraux (23.11.1976)
Gunter Mann (16.1.1992)
Ernst Marcus (30.6.1968)
Alfred von Martin (11.6.1979)
Louis Massignon (31.10.1962)
Ernest Matthes (10.9.1958)
Friedrich Matz (3.8.1974)
Klaus Mehnert (2.1.1984)
Max Mell (12.12.1971)
Clemente Merlo (13.1.1960)
Werner Milch (20.4.1950)
Robert Minder (10.9.1980)
Guiseppe Moruzzi (11.3.1986)
Jürgen Moser (16.12.1999)
Kurt Mothes (12.2.1983)
Heiner Müller (30.12.1995)
Hermann Joseph Müller (5.4.1967)

Dimitrij Nikolaevič Nasledov
 (9.1.1975)
Erich Neu (31.12.1999)
Ernst Harald Norinder (6.7.1969)
Hans Erich Nossack (2.11.1977)

Herbert Oelschläger (2.6.2006)
Aziz Ogan (5.10.1956)
Horst Oppel (17.7.1982)
Karl Otten (20.3.1963)

Max Pagenstecher (12.7.1957)
Jean Comte de Pange (20.7.1957)
Leo Pardi (27.12.1991)
Franz Patat (11.12.1982)
Christian Yvon Pauc (8.1.1981)
Konstantin Paustovskij (14.7.1968)
Johannes Pedersen (22.12.1977)
Ernst Penzoldt (27.1.1955)
Wilhelm Peters (29.3.1963)
Max Pfannenstiel (1.1.1976)
André Piganiol (24.5.1968)
Robert Pinget (25.8.1997)
Rudolf Plank (16.6.1973)

Helmuth Plessner (12.6.1985)
Nikolaus Poppe (8.6.1991)
Walter Porzig (14.10.1961)

Gustav Radbruch (23.11.1949)
Peter Rassow (19.5.1961)
Wilhelm Rau (29.12.1999)
Werner Rauh (7.4.2000)
Kurt von Raumer (22.11.1982)
Horst Claus Recktenwald
 (28.4.1990)
Werner Reichardt (18.9.1992)
Fritz Reichert-Facilides (23.10.2003)
Adolf Remane (22.12.1976)
Herbert Riehl (1.6.1997)
Erwin Riezler (14.1.1953)
Yannis Ritsos (11.11.1990)
Joachim Ritter (3.8.1974)
Erich Rothacker (10.8.1965)
Bernhard de Rudder (27.3.1962)
Max Rychner (10.4.1965)
Olof Erik Hans Rydbeck (27.3.1999)

Rolf Sammet (19.1.1997)
Mariano San Nicoló (15.5.1955)
Albrecht Schaeffer (4.12.1950)
Walter Schätzel (9.4.1961)
Fritz Schalk (20.9.1980)
Helmuth Scheel (6.6.1967)
Richard Scherhag (31.8.1970)
Theodor Schieder (8.10.1984)
Hans Friedrich Wilhelm Erich
 Schimank (25.8.1979)
Otto H. Schindewolf (10.6.1971)
Heinrich Schirmbeck (4.7.2005)
Wilhelm Schmidtbonn (3.7.1952)
Arnold Schmitz (1.11.1980)
Günter Schmölders (7.11.1991)
Franz Schnabel (25.2.1966)
Friedrich Schnack (6.3.1977)
Hermann Schneider (9.4.1961)
Reinhold Schneider (6.4.1958)
Gerhard Schramm (3.2.1969)
Rudolf Alexander Schröder
 (22.8.1962)

Karl Schwedhelm (9.3.1988)
Ilse Schwidetzky-Roesing
 (18.3.1997)
Leonardo Sciascia (20.11.1989)
Matthias Seefelder (30.10.2001)
Friedrich Seewald (4.2.1974)
Didrik Arup Seip (3.5.1963)
August Seybold (11.12.1965)
Karl Manne Georg Siegbahn
 (24.9.1978)
Adolf Smekal (7.3.1959)
Wolfram Freiherr von Soden
 (6.10.1996)
Alfred Söllner (9.11.2005)
Hugo Spatz (27.1.1969)
Franz Specht (13.11.1949)
Wilhelm Speyer (1.12.1952)
Heinrich Ritter von Srbik
 (16.2.1951)
Helmut Stimm (30.3.1987)
Bernhard Louis Strehler (13.5.2001)
Jules Supervielle (17.5.1960)
Tomoji Suzuki (1997)
János Szentágothai (8.9.1994)

Franz Tank (22.4.1981)
Gerhard Thews (16.2.2003)
Frank Thiess (22.12.1977)
Wolfgang Thoenes (3.3.1992)
Werner Thomas (1.1.2008)
Carl Troll (21.7.1975)
Wilhelm Troll (28.12.1978)
Poul Tuxen (29.5.1955)

Boris Ottokar Unbegaun (4.3.1973)
Fritz Usinger (9.12.1982)

Giancarlo Vallauri (7.5.1957)
Henri Vallois (26.8.1981)
Max Vasmer (30.11.1962)
Giorgio del Vecchio (28.11.1970)
Otmar Frhr. von Verschuer (8.8.1969)
Richard Vieweg (20.10.1972)
Joseph Vogt (14.7.1986)
Heinrich Vormweg (9.7.2004)

Karl Willy Wagner (4.9.1953)
Kurt Wagner (17.9.1973)
Richard Walzer (16.4.1975)
Adolf Weber (5.1.1963)
Werner Weber (1.12.2005)
Ludwig Weickmann (29.11.1961)
Elias Wessén (30.1.1981)
Karl Wezler (17.7.1987)
Ernest Wickersheimer (6.8.1965)
Erwin Wickert (26.3.2008)
Theodor Wieland (24.11.1995)
Leopold von Wiese und
 Kaiserswaldau (11.1.1969)
Thornton Wilder (7.12.1975)
Julius Wilhelm (5.5.1983)
Karl Winnacker (5.6.1989)
Hermann von Wissmann (5.9.1979)
Emil Woermann (15.9.1980)
Carl Wurster (14.12.1974)

Friedrich E. Zeuner (6.11.1963)
Leopold Ziegler (25.11.1958)
Karl Günter Zimmer (29.2.1988)
Carl Zuckmayer (18.1.1977)
Otto von Zwiedineck-Südenhorst
 (4.8.1957)

VERSTORBENE GENERALSEKRETÄRE
(Todesdaten in Klammern)

Helmuth Scheel (6.6.1967)　　　　　　Günter Brenner (31.10.2007)

Kommissionen

I. MATHEMATISCH-NATURWISSENSCHAFTLICHE KLASSE

Kommission für medizinische Forschung

Vorsitzender: Fleckenstein

Mitglieder: Belmonte, Birbaumer, Dhom, Eichelbaum, Fuchs, Gerok, Grehn, Haberland, Heinze, Lütjen-Drecoll, Meyer zum Büschenfelde, Michaelis, Mutschler, Rammensee, Rapp, Reis, Rittner, Rohen, Schmidt, Schölmerich, Vaupel, Wittern-Sterzel, Zahn

Sachverständige: Illhardt, Raspe, Reiter-Theil, Wiesemann, Winter

Mitarbeiter: PD Dr. med. Frank Neipel, Erlangen; PD Dr. rer. nat. Stefan Pöhlmann, Erlangen; Dr. med. Dr. rer. nat. Heide Reil, Erlangen; PD Dr. med. Barbara Schmidt, Erlangen

Kommission für Biologie

Vorsitzender: Barthlott

Arbeitsgruppe Botanik

Leiter: Barthlott

Mitglieder: Jäger, Schink, Vogel, Weberling

Sachverständige: Borsch, E. Fischer, Hagemann, Porembski, Rafiqpoor, Sell

Mitarbeiter: Prof. Dr. rer. nat. Thomas Stützel, Bochum

Arbeitsgruppe Zoologie

Leiter: Schaefer

Mitglieder: Ax, Bleckmann, Lindauer, Nachtigall

Sachverständige: Bartolomaeus, Scheu, Tautz

Mitarbeiter: Dr. rer. nat. Sonja Migge, Göttingen

Arbeitsgruppe Technische Biologie und Bionik (TBB)

Leiter: Nachtigall

Mitglieder: Barthlott

Sachverständige: Kesel

Mitarbeiter: Knut Braun, Saarbrücken; Dr. rer. nat. Alfred Wisser, Saarbrücken

Kommission für Erdwissenschaftliche Forschung

Vorsitzender: Thiede

Mitglieder: Frenzel, Furrer, Galimov, Messerli, Mosbrugger, Seibold, Strauch, Wedepohl, Welte, Winiger

Sachverständige: Bendix, Frankenberg, Höllermann, Holtmeier

Mitarbeiter: Dr. Henning Bauch, Kiel; Dr. Matthias Gröger, Kiel; Prof. Dr. D. Piepenburg, Kiel; Dipl.-Geogr. Dr. Mohammad Daud Rafiqpoor, Bonn; Dr. Robert Spielhagen, Kiel

Kommission für Mathematik, Physik, Chemie und Ingenieurwissenschaften

Vorsitzender: Hotz

Arbeitsgruppe für Modellierung, Simulation und Visualisierung

Leiter: Wahlster

Mitglieder: Anderl, Binder, Buchmann, Carstensen, Ehlers, Gottstein, Grewing, Hotz, Janicka, Jost, Klingenberg, Maier, Nachtigall, E. W. Otten, Ramm, Röckner, Weiland, Wriggers

Arbeitsgruppe für Neue Werkstoffe

Leiter: Wegner

Mitglieder: Carstensen, Ehrhardt, Gottstein, Kollmann, Krebs, Luckhaus, Maier, Pilkuhn, Ringsdorf, Wriggers

II. GEISTES- UND SOZIALWISSENSCHAFTLICHE KLASSE

Kommission für Philosophie und Begriffsgeschichte

Vorsitzender: Kodalle

Mitglieder: Carrier, Gabriel, Gründer, Hadot, Heitsch, C. W. Müller, Riethmüller, Schmid, Sier, Zeller, Zintzen

Sachverständige: Kambartel, Koselleck, Schmidt-Biggemann, Scholtz

Mitarbeiter: Dr. Helmut Hühn, Berlin; Dr. Margarita Kranz, Berlin

Kommission für die Valentin Weigel-Ausgabe

Vorsitzender: Krummacher

Mitglieder: Dingel, Gärtner, Gründer, G. Müller, W. Schröder

Mitarbeiter: Dr. Horst Pfefferl, Marburg

Kommission für Geschichte des Altertums

Vorsitzender: Heinen

Mitglieder: Andreae, Gall, Heitsch, Himmelmann, von Kaenel, C. W. Müller, Müller-Wille, H. Otten, Radnoti-Alföldi, Rupprecht, Sier, Thissen, Wilhelm, Zintzen

Sachverständiger: Schumacher

Mitarbeiter: „Antike Sklaverei": Prof. Dr. Frank Bernstein, Frankfurt/M.; Dr. Andrea Binsfeld, Trier; Prof. Dr. Jürgen Blänsdorf, Mainz; Prof. Dr. Tiziana J. Chiusi, Saarbrücken; Prof. Dr. Johannes Christes, Freiburg; Dr. Johannes Deißler, Mainz; Prof. Dr. Walter Eder, Bochum; Prof. Dr. Ulrich Eigler, Zürich; Ass.-Prof. Dr. Johanna Filip-Fröschl, Salzburg; Dr. desig. Philipp Fondermann, Zürich; Prof. Dr. Richard Gamauf, Wien; DDr. Markus Gerhold, Wien; Prof. Dr. Heike Grieser, Saarbrücken; Prof. Dr. Peter Gröschler, Mainz; Prof. Dr. Fritz Gschnitzer, Heidelberg; Sven Günther M.A., Mainz; Ass.-Prof. Dr. Verena Halbwachs, Wien; Prof. Dr. Elisabeth Herrmann-Otto, Trier; Prof. Dr. Peter Herz, Regensburg; Prof. Dr. Henner von Hesberg, Rom; Dr. Wolfgang Hoben, Mainz; Priv.-Doz. Dr. Gerhard Horsmann, Mainz; Prof. Dr. Wolfgang Kaiser, Freiburg; Prof. Dr. Hans Klees, Uttenreuth († 2.5.2007); Prof. DDr. Georg Klingenberg, Linz; Prof. Dr. Christoph Krampe, Bochum; Prof. Dr. Inge Kroppenberg, Regensburg; Prof. Dr. Hartmut Leppin, Frankfurt/M.; Dr. Anastassia Maksimova, Kazan; Prof. Dr. Hermann Nehlsen, München; Prof. Dr. Martin Pennitz, Graz; Prof. Dr. Günter Prinzing, Mainz; Prof. DDr. Dr. h.c. J. Michael Rainer, Salzburg; Dr. Silvia Riccardi, Pavia; Dr. Ulrike Roth, Edinburgh; Prof. Dr. Thomas Rüfner, Trier; Prof. Dr. Hans-Albert Rupprecht, Marburg; Prof. Dr. Christoph Schäfer, Hamburg; Dorothea Schäfer M.A. MdL, Mainz; Prof. Dr. Winfried Schmitz, Bonn; Prof. Dr. Reinhold Scholl, Leipzig; Prof.

Dr. Leonhard Schumacher, Mainz; Prof. Dr. Heikki Solin, Helsinki; Prof. Dr. Hans-Dieter Spengler, Erlangen; Dr. Jakob Fortunat Stagl, Bonn; Prof. Dr. Oliver Stoll, Passau; Prof. Dr. Dr. h.c. Zoltán Végh, Salzburg; Prof. Dr. Dr. h.c. mult. Andreas Wacke, Köln; Prof. Dr. Dr. h.c. Wolfgang Waldstein, Salzburg; Prof. Dr. Dr. h.c. Ingomar Weiler, Graz; Dr. Alexander Weiß, Leipzig; Prof. Dr. Karl-Wilhelm Welwei, Bochum; Prof. Dr. Dr. h.c. Hans Wieling, Trier; Prof. Dr. Reinhard Willvonseder, Wien; Prof. Dr. Markus Wimmer, Linz; Prof. Dr. Bernhard Zimmermann, Freiburg

Mitarbeiter: „Fundmünzen der Antike": Dr. Dirk Backendorf, Frankfurt/M.; Ellen Baumann, Frankfurt/M.; Prof. Dr. Michael H. Crawford, London; Dr. Joachim Gorecki, Rosbach; Prof. Dr. Johannes Heinrichs, Bonn; Drs. Fleur Kemmers, Nijmegen; Barbara Kirchner, Langen; Dr. Holger Komnick, Hochheim; Petra Maier, Frankfurt/M.; Dr. Hans-Christoph Noeske, Kelkheim; Barbara Noeske-Winter M.A., Kelkheim; Prof. Dr. Bernd Päffgen, München; Christiane Röder, Dreieich; Frank Ronnsiek, Nidda; Dr. Gerd Rupprecht, Mainz; Jörg Starck M.A., Frankfurt/M.; Dr. David G. Wigg-Wolf, Gelnhausen-Hailer

Kommission für Klassische Philologie

Vorsitzender: Sier

Mitglieder: Andreae, Gall, Hadot, Heinen, Heitsch, Himmelmann, C. W. Müller, H. Otten, Rupprecht, Schmid, Wittern-Sterzel, Zintzen, Zwierlein

Sachverständige: Cardauns, Harth, Jördens, Riemer, Wlosok

Mitarbeiter: Dr. Andreas Grote, Würzburg; Dr. Ursula Rombach, Köln; Veit Valske, Marburg

Kommission für Archäologie

Vorsitzender: von Hesberg

Mitglieder: Andreae, Borbein, Gründer, Haussherr, Heinen, Heitsch, Himmelmann, von Kaenel, Kahsnitz, C.W. Müller, Müller-Wille, H. Otten, Radnoti-Alföldi, W. Schröder, Zintzen

Sachverständige: Deckers

Mitarbeiter: Dr. Walter Müller, Marburg; Prof. Dr. Dr. h.c. Ingo Pini, Marburg

Unterkommission der Kommission für Archäologie: Herausgabe der Werke Johann Joachim Winckelmanns

Vorsitzender: Borbein

Mitglieder: Andreae, Haussherr, von Hesberg, Kahsnitz, Krummacher, Miller, C. W. Müller, Osterkamp

Mitarbeiter: Prof. Dr. Max Kunze, Stendal/Berlin; Dr. Axel Rügler, Stendal/Berlin

Kommission für Kunstgeschichte und Christliche Archäologie

Vorsitzender: Haussherr

Mitglieder: Andreae, Fried, von Hesberg, Himmelmann, Kahsnitz, Osterkamp, Stolleis, Waetzoldt, Zimmermann, Zintzen

Sachverständiger: Deckers

Mitarbeiter: Prof. Dr. Rüdiger Becksmann, Freiburg i. Br.; Gabriele Biehle, Merdingen; Dr. Uwe Gast, Freiburg i. Br.; Dr. Elena Kozina, Freiburg i. Br.; Dr. Daniel Parello, Freiburg i. Br.; Dr. Hartmut Scholz, Freiburg i. Br.; Rüdiger Tonojan, Denzlingen; Rainer Wohlrabe, Kappel-Grafenhausen

Kommission für Vor- und Frühgeschichtliche Archäologie

Vorsitzender: Müller-Wille

Mitglieder: Debus, Frenzel, Heinen, Himmelmann, von Kaenel, Kleiber, F. Otten, Schmid

Sachverständige: Dietz, Engels, Jockenhövel, Willroth

Mitarbeiter: Dipl. Biol. Almuth Alsleben, Schleswig; Bettina Christiansen, Schleswig; Dr. Ursula Eisenhauer, Frankfurt/M.; Gerhard Endlich, Frankfurt/M. (ehrenamtlich); Dipl.-Geol. Gaby Försterling, Frankfurt/M.; Erich Halbwidl M.A., Schleswig; Margitta Krause Frankfurt/M.; Dr. Wolf Kubach, Frankfurt/M. (ehrenamtlich); Dipl.-Prähist. Dr. Dietrich Meier, Schleswig; Rudolf Richardt, Schleswig; Manfred Ritter, Frankfurt/M. (ehrenamtlich); Kerstin Schierhold M.A., Frankfurt/M.; Tilo Schiermeyer, M.A., Münster; Dr. Antje Schmitz, Kiel; Dr. Angelika Sehnert-Seibel, Essen (freie Mitarbeiterin); Dr. Claudia Siemann M.A., Münster; Holger Späth, Schleswig; Marion Uckelmann M.A., Frankfurt/M.; Dr. Frank Verse M.A. Frankfurt/M.; Dr. Ulrike Wels, Frankfurt/M.; Koviljka Zehr-Milić, Frankfurt/M.

Historische Kommission

Vorsitzender: Tennstedt

Mitglieder: Duchhardt, Font, Fried, Henning, Koller, K.-D. Lehmann, Parisse, J. Schröder, G. Schulz, Schwarz, Zimmermann

Sachverständige: Hänlein, Oexle

Mitarbeiter: Prof. Dr. Wolfgang Ayaß, Kassel; Prof. Dr. Ernst-Dieter Hehl, Mainz; Dr. Jörg Müller, Trier; Thomas Peter M.A., Trier; Margit Peterle, Kassel; Dr. Wilfried Rudloff, Kassel; Gisela Rust-Schmöle, Kassel

Inschriften-Kommission

Vorsitzender: Kahsnitz

Mitglieder: Dingel, Fried, Haubrichs, Haussherr, Heinen, Krummacher, Zimmermann, Zwierlein

Mitarbeiter: Brunhilde Escherich, Mainz; Dr. Rüdiger Fuchs, Mainz; Dr. Yvonne Monsees, Mainz; Dr. Eberhard J. Nikitsch, Mainz; PD Dr. Michael Oberweis, Mainz (ab 2.1.2008); Dr. habil. Sebastian Scholz, Mainz (bis 31.8.2007); Thomas G. Tempel, Mainz

Kommission für Kirchengeschichte

Vorsitzende: Dingel

Mitglieder: Fried, Ganzer, Henning, Krummacher, Lienhard, J. Meier, G. Müller, Zimmermann

Sachverständiger: zur Mühlen

Mitarbeiter: Dr. Johannes Hund, Mainz; Dr. Andreas Mohr, Mainz; Hans-Otto Schneider, Mainz; Saskia Schultheis, Bonn

Deutsche Kommission für die Bearbeitung der Regesta Imperii e.V. bei der Akademie der Wissenschaften und der Literatur, Mainz

Vorstand

Vorsitzender: Fried

Stellvertretender Vorsitzender: Prof. Dr. Rudolf Schieffer, München

Sekretär/Geschäftsführer: Prof. Dr. Paul-Joachim Heinig, Mainz/Gießen

Mitglieder: Fried, Diestelkamp, Koller, Zimmermann
sowie Prof. Dr. Peter Acht, München; Prof. Dr. Gerhard Baaken, Tübingen; Prof. Dr. Dr. h.c. mult. Horst Fuhrmann, München; Prof. Dr. Johannes Helmrath, Berlin; Prof. Dr. Klaus Herbers, Erlangen; Prof. Dr. Rudolf Hiestand, Düsseldorf; Dr. Karel Hruza, Wien; Prof. Dr. Kurt-Ulrich Jäschke, Saarbrücken; Prof. Dr. Theo Kölzer, Bonn; Prof. Dr. Michael Menzel, Berlin; Prof. Dr. Dr. h.c. Peter Moraw, Gießen; Prof. Dr. Wolfgang Petke, Göttingen; Prof. Dr. Walter Pohl, Wien; Prof. Dr. Dr. h.c. Roderich Schmidt, Marburg a. d. L.; Prof. Dr. Tilman Struve, Köln; Prof. Dr. Dr. h.c. Hermann Wiesflecker, Graz

Mitarbeiter: Daniel Brauch M.A., Köln/Bochum (ab 1.5.2008); Doris Bulach M.A., München; Mirjam Eisenzimmer M.A., München; Prof. Dr. Irmgard Fees, Marburg a.

d. L. (bis 31.3.2008); Dr. Karl Augustin Frech, Tübingen; Petra Heinicker M.A., Mainz; Prof. Dr. Paul-Joachim Heinig, Mainz/Gießen; Dr. Dirk Jäckel, Köln/Bochum (ab 1.4.2008); Dr. Sigrid Oehler-Klein, Margetshöchheim (ab 1.1.2008); Dr. Dieter Rübsamen, Mainz; Dr. Ulrich Schmidt, Tübingen; Sofia Seeger M.A., Erlangen/Tübingen; Prof. Dr. Peter Thorau, Saarbrücken; Dr. Johannes Wetzel, München; Prof. Dr. Herbert Zielinski, Gießen

Kommission für den Alten Orient

Vorsitzender: Wilhelm

Mitglieder: Heinen, W. W. Müller, H. Otten, Rupprecht, Schmid, Schmidt-Glintzer

Sachverständige: Oettinger, Rieken

Mitarbeiter: Dr. Silvin Košak, Mainz; Dr. Jared L. Miller, Mainz; Christel Rüster, Mainz; Dr. Carlo Corti, Florenz; Dr. Mauro Giorgieri, Rom; Prof. Dr. Theo van den Hout, Chicago; Prof. Dr. Jörg Klinger, Berlin; Priv.-Doz. Dr. Gerfrid G.W. Müller, Würzburg; Dr. Giulia Torri, Florenz; Dr. Marie-Claude Trémouille, Rom

Orientalische Kommission

Vorsitzender: W. W. Müller

Mitglieder: Bazin, Heinen, H. Otten, Rupprecht, Thissen, Wilhelm

Mitarbeiter: Prof. Dr. Günter Vittmann, Würzburg; Prof. Dr. Karl-Theodor Zauzich, Würzburg

Kommission für Indologie

Vorsitzender: von Hinüber

Mitglieder: W. W. Müller, Schmid, Schmidt-Glintzer, Slaje, Thomas

Sachverständige: Buddruss, Hanneder, Hundius

Kommission für Vergleichende Sprachwissenschaft

Vorsitzender: Schmid

Mitglieder: Debus, Gall, von Hinüber, Kleiber, F. Otten, Pfister, Schweickard, Wilhelm, Zintzen

Sachverständiger: Greule

Kommission für Deutsche Philologie

Vorsitzender: Haubrichs

Mitglieder: Debus, Eichinger, Gärtner, Habicht, Kleiber, Krummacher, Mehl, Osterkamp, Pfister, Schmid, W. Schröder, Welzig, B. Zeller, Zwierlein

Sachverständige: Dedner, K.-D. Müller, Tarot, Woesler

Mitarbeiter: Hans-Werner Bartz*, Trier; PD Dr. Maria Besse, Riegelsberg; Theresia Biehl M.A.*, Trier; Andreas Böhme*, Trier; Dr. Niels Bohnert*, Trier; Marco Brösch*, Trier; Stefan Büdenbender M.A.*, Trier; Dr. Thomas Burch*, Trier; Dr. Hannes Greil*, Trier; Nathalie Groß*, Trier; Patrick Heck*, Trier; Vera Hildenbrandt M.A.*, Trier; Prof. Dr. Giles R. Hoyt, Indianapolis (ehrenamtlich); Kerstin Knop M.A.*, Nonnweiler; Andrea Krämer, Kaiserslautern; Michael Leuk*, Perl; Dr. Anett Lütteken, Küsnacht (ehrenamtlich); Patrick Mai*, Trier; Dr. Maria Munding, Wolfenbüttel (ehrenamtlich); Dr. Roland Puhl, Kaiserslautern; Dr. Andrea Rapp*, Trier; Dr. des. Ruth Rosenberger*, Trier; Ansgar Schmitz*, Trier; Christine Siedle M.A.*, Trier

* Mitarbeiter/Mitarbeiterin am Kompetenzzentrum für elektronische Erschließungs- und Publikationsverfahren in den Geisteswissenschaften, Trier (s. S. 145).

Unterkommission der Kommission für Deutsche Philologie:
Historisch-kritische Ausgabe der Sämtlichen Werke und Schriften Georg Büchners

Vorsitzender: Osterkamp

Mitglieder: Gärtner, Krummacher, W. Schröder

Sachverständige: Dedner, K.-D. Müller, Woesler

Mitarbeiter: Dr. Gerald Funk, Marburg; Ingrid Rehme, Marburg; Eva-Maria Vering, Marburg; Dr. Manfred Wenzel, Marburg

Kommission für das Mittelhochdeutsche Wörterbuch

Vorsitzender: Gärtner

Mitglieder: Debus, Haubrichs, Kleiber, Pfister, Schmid, W. Schröder

Sachverständige: Grubmüller, Klein, Moulin, Sappler, Stackmann

Mitarbeiter: Dr. Ralf Plate, Trier; Ute Recker-Hamm M.A., Trier; Dr. Jingning Tao, Trier

Kommission für Namenforschung

Vorsitzender: Kleiber

Mitglieder: Debus, Gärtner, Haubrichs, Pfister, Schmid, W. Schröder

Sachverständige: Greule, Ramge

Kommission für Englische Philologie

Vorsitzender: Mehl

Mitglieder: Gibbons, Habicht, Haussherr, Krummacher, Miller, W. Schröder

Kommission für Romanische Philologie

Vorsitzender: Schweickard

Mitglieder: Baasner, Gall, Pfister, Zintzen

Sachverständiger: Kramer

Mitarbeiter: Dr. Thomas Hohnerlein-Buchinger, Gries/Pfalz; Astrid Rein, Saarbrücken; Dr. Gunnar Tancke, Saarbrücken; Dr. Yvonne Tressel, Stiring-Wendel

Kommission für Slavische Philologie und Kulturgeschichte

Vorsitzender: F. Otten

Mitglieder: Belentschikow, Brang, Pfister, Schmid, Thomas

Sachverständige: Gutschmidt, Lehfeldt

Mitarbeiter: Franziska Klemme M.A., Magdeburg; Sandra Krügel M.A., Magdeburg; Irina Kwascha M.A., Magdeburg; Dr. Ina Müller, Magdeburg (ab 1.10.2007); Dr. Andrea Scheller, Magdeburg; Dr. Elisabeth Timmler M.A., Berlin

Kommission für Musikwissenschaft

Vorsitzender: Riethmüller

Mitglieder: Finscher, Gabriel, Mehl, Steinbeck

Sachverständige: Buschmeier, Croll, G. Schubert

Mitarbeiter: Tanja Gölz M.A., Mainz; Dr. Eva Hanau, Berlin; Prof. Dr. Daniela Philippi, Mainz

Kommission für Geschichte der Medizin und der Naturwissenschaften

Vorsitzende: Wittern-Sterzel

Mitglieder: Michaelis, C. W. Müller, Rittner, Scharf, Schölmerich, Sier, Zintzen

Sachverständige: Fabian, Kümmel, Paul, Roelcke, Winau

Mitarbeiter: Dr. Franz Dumont, Mainz

Kommission für Rechtswissenschaft

Vorsitzender: Stolleis

Mitglieder: Diestelkamp, Lange, J. Schröder, Zimmermann, Zippelius

Mitarbeiter: Dr. Ute Rödel, Frankfurt/M.; Dr. Ekkehart Rotter, Frankfurt/M.

Kommission für Wirtschafts- und Sozialwissenschaften

Vorsitzender: Hesse

Mitglieder: Falter, Issing, Oberreuter, Samuelson, von der Schulenburg, Streit, Zintzen

Kommission für Personalschriften (Leichenpredigten)

Vorsitzender: G. Müller

Mitglieder: Dingel, Ganzer, Haussherr, Henning, Kleiber, Krummacher, J. Meier, W. Schröder, Wittern-Sterzel, Zimmermann

Sachverständiger: Lenz

Mitarbeiter: Dr. Gabriele Bosch, Dresden; Dr. Eva-Maria Dickhaut, Marburg a. d. L.; Jael Dörfer M.A., Marburg a. d. L.; Lic. theol. Werner Hupe, Dresden; Birthe zur Nieden M.A., Marburg a. d. L.; Robin Pack, Marburg a. d. L.; Dr. Hartmut Peter, Marburg a. d L.; Dr. Helga Petzoldt, Dresden; Dr. Jörg Witzel, Marburg a. d. L.

KLASSENÜBERGREIFENDE KOMMISSION

Kommission für Informationstechnologie

Vorsitzender: Gärtner

stellv. Vorsitzender: Wahlster

Mitglieder: Gall, Hotz, von Petersdorff, Wilhelm

Sachverständige: Burch, Kuczera, Meding, G. Müller

III. KLASSE DER LITERATUR

Kommission für „Die Mainzer Reihe"

Vorsitzender: Miller
Mitglieder: Dittberner, Fritz, Pörksen, H. D. Schäfer, Zeller, Zintzen
Sachverständiger: von Wallmoden
Mitarbeiterin: Petra Plättner, Mainz

Kommission für Exilliteratur

Vorsitzender: Bender
Mitglieder: Fritz, Hoffmann, B. Zeller
Sachverständiger: Keim
Mitarbeiterin: Petra Plättner, Mainz

Kommission für die Poetik-Dozentur

Vorsitzender: Hillebrand
Mitglieder: Dittberner, Fritz, Hartung, Kehlmann, B. Zeller

Arbeitsstellen

I. Mathematisch-naturwissenschaftliche Klasse

Biodiversität und Pflanzensystematik
Leitung: Hr. Barthlott
Rheinische Friedrich-Wilhelms-Universität
Nees-Institut für Biodiversität der Pflanzen
Meckenheimer Allee 170, 53115 Bonn
Tel. 02 28/73 25 26, Fax 02 28/73 31 20
E-Mail barthlott@uni-bonn.de
www.nees.uni-bonn.de

Frühwarnsysteme für globale Umweltveränderungen
und ihre historische Dokumentation in natürlichen Klimaarchiven
Leitung: Hr. Thiede
Leibniz-Institut für Meereswissenschaften (IFM-GEOMAR)
Wischhofstraße 1–3, 24148 Kiel
und Universität Kiel, Institut für Polarökologie
Wischhofstraße 1–3, Geb. 12, 24148 Kiel
Tel. 04 31/6 00-12 64, Fax 04 31/6 00-12 10
E-Mail rspielhagen@ifm-geomar.de

Makromolekulare Chemie
Leitung: Hr. Ringsdorf
Institut für Organische Chemie
Johannes Gutenberg-Universität
Duesbergweg 10–14, 55128 Mainz
Tel. 0 61 31/3 92 24 02, Fax 0 61 31/3 92 31 45
E-Mail ringsdor@mail.uni-mainz.de
www.isihighlycited.com

Molekularbiologie
Leitung: Hr. Zahn
Arbeitsstelle Rovinj
Laboratory for Marine Toxicology
Center for Marine Research
Paliaga 5, HR 52210, Rovinj, Kroatien
Tel. 00 38/5 52-80 47 29, Fax 00 38/5 52-81 34 96

Neue persistierende Viren bei Immunopathien und Tumorkrankheiten des
hämatopoetischen Systems
Leitung: Hr. Fleckenstein
Virologisches Institut – Klinische und Molekulare Virologie, Klinikum der Friedrich-
Alexander-Universität Erlangen-Nürnberg
Schloßgarten 4, 91054 Erlangen
Tel. 0 91 31/8 52 35 63, Fax 0 91 31/8 52 21 01
E-Mail fleckenstein@viro.med.uni-erlangen.de
www.viro.med.uni-erlangen.de

Pflanzenmorphologie und Biosystematik
Leitung: Hr. Weberling
Arbeitsgruppe Biosystematik, Universität Ulm
Albert Einstein-Allee 47, 2. St., R. 279, Oberer Eselsberg, 89081 Ulm
Tel. 07 31/5 02 64 13, Fax 0 73 05/2 18 01 (Hr. Weberling priv.)
E-Mail focko.weberling@extern.uni-ulm.de

Pleistozänforschung und Chronologie des Holozäns
Leitung: Hr. Frenzel
Institut für Botanik 210,
Universität Hohenheim, 70593 Stuttgart
Tel. 07 11/4 59-31 94, Fax 07 11/4 59-33 55
E-Mail bfrenzel@uni-hohenheim.de

Technische Biologie und Bionik
Leitung Hr. Nachtigall
Universität des Saarlandes
Arbeitsstelle Technische Biologie und Bionik
Postfach 151150, Geb. 9 – 3. OG, 66041 Saarbrücken
(Paketpost: Geb. 9 – 3. OG, 66123 Saarbrücken)
Tel. 06 81/3 02-32 05, 3 02-32 87, Fax 06 81/3 02-66 51
E-Mail gtbb@mx.uni-saarland.de
www.uni-saarland.de/bionik

II. Geistes- und sozialwissenschaftliche Klasse

Altägyptisches Wörterbuch
Datenbank demotischer Texte
Leitung: Hr. Thissen
Lehrstuhl für Ägyptologie
Residenzplatz 2, Tor A
97070 Würzburg
Tel. 09 31/31 28 16, Fax 09 31/31 24 42
E-Mail guenter.vittmann@mail.uni-wuerzburg.de
http://aaew.bbaw.de/

Anton Ulrich-Ausgabe
Leitung: Hr. Krummacher und Prof. Dr. Rolf Tarot
Anton Ulrich-Ausgabe, Herzog August Bibliothek
Lessingplatz 1, 38304 Wolfenbüttel
Tel. 0 53 31/8 08-2 29 bzw. 0 53 31/53 76 (Munding), 0 61 31/47 75 50 (Krummacher)

Augustinus-Lexikon
Leitung: Prof. Dr. Dr. h.c. Cornelius Mayer
Dominikanerplatz 4, 97070 Würzburg
Tel. 09 31/30 97-3 00, Fax 09 31/30 97-3 01
E-Mail cmayer@augustinus.de
www.augustinus.de

Büchner-Ausgabe
Herausgeber: Prof. Dr. Burghard Dedner
Forschungsstelle Georg Büchner · Literatur und Geschichte des Vormärz
Institut für Neuere Deutsche Literatur und Medien
der Philipps-Universität Marburg, 35032 Marburg
Tel. 0 64 21/2 82 41 77, Fax 0 64 21/2 82 43 00
E-Mail dednerb@staff.uni-marburg.de
web.uni-marburg.de/fgb/

Busoni-Editionen
Leitung: Hr. Riethmüller
Arbeitsstelle Busoni-Editionen, Seminar für Musikwissenschaft
der Freien Universität Berlin
Grunewaldstraße 35, 12165 Berlin
Tel. 0 30/83 85 66 10, Fax 0 30/83 85 30 06
E-Mail writer@zedat.fu-berlin.de
www.fu-berlin.de/musikwissenschaft

Concilia der Willigis-Ära (Arbeitsstelle der Akademie in Verbindung mit den Monumenta Germaniae Historica)
Leitung: Hr. Zimmermann
Concilia der Willigis-Ära, Akademie der Wissenschaften und der Literatur
Geschwister-Scholl-Straße 2, 55131 Mainz
Tel. 0 61 31/5 77-1 07, Fax 0 61 31/5 77-1 11
E-Mail ernst-dieter.hehl@adwmainz.de

Controversia et confessio. Quellenedition zu Bekenntnisbildung und Konfessionalisierung (1548–1580)
Leitung: Frau Dingel
Universität Mainz, FB 01: Evang.-Theolog. Fakultät
Arbeitstelle: Pfeifferweg 12, (Postanschrift: Saarstraße 21), 55099 Mainz
Tel. 0 61 31/3 92 64 21, 3 92 64 22, Fax 0 61 31/3 92 68 35
E-Mail dingel@uni-mainz.de, haschnei@uni-mainz.de, hund@uni-mainz.de, mohra@uni-mainz.de
www.litdb.evtheol.uni-mainz.de/datenbank/

Corpus der Minoischen und Mykenischen Siegel
Leitung: Hr. von Hesberg und Dr. Walter Müller
CMS
Schwanallee 19, 35037 Marburg
Tel. 0 64 21/2 58 17, Fax 0 64 21/21 07 98
E-Mail wmueller@staff.uni-marburg.de

Corpus der Quellen zur mittelalterlichen Geschichte der Juden im Reichsgebiet
Leitung: Prof. em. Dr. Alfred Haverkamp
Arye Maymon-Institut für Geschichte der Juden, Universität Trier
Universitätsring 15, DM 223, Postfach 12
54286 Trier
Tel. 06 51/2 01 33 12, Fax 06 51/2 01 32 93
E-Mail haverkamp@uni-trier.de

Corpus Vitrearum Medii Aevi Deutschland
Leitung: Hr. Haussherr und Dr. Hartmut Scholz
Forschungszentrum für mittelalterliche Glasmalerei
Lugostraße 13, 79100 Freiburg i. Br.
Tel. 07 61/7 55 02, Fax 07 61/70 93 19
E-Mail scholz@cvma-freiburg.de
www.cvma-freiburg.de

Forschungen zur antiken Sklaverei
Leitung: Hr. Heinen
Arbeitsstelle Mainz
Akademie der Wissenschaften und der Literatur
Geschwister-Scholl-Straße 2, 55131 Mainz
Tel. 0 61 31/5 77-2 51
E-Mail antike.sklaverei@adwmainz.de, johannes.deissler@adwmainz.de

Arbeitsstelle Trier
Universität Trier, FB III, Alte Geschichte
54286 Trier
Tel. 06 51/2 01-24 39
E-Mail heinen@uni-trier.de, binsfeld@uni-trier.de

Forschungsstelle für Personalschriften
Leitung: Hr. G. Müller und Prof. Dr. Dr. h.c. Rudolf Lenz
Forschungsstelle für Personalschriften an der Philipps-Universität Marburg
Biegenstraße 36, 35037 Marburg
Tel. 0 64 21/28-2 38 00, 28-2 31 62, Fax 0 64 21/28-2 45 01
E-Mail lenzs@staff.uni-marburg.de
www.uni-marburg.de/fpmr

Forschungsstelle für Personalschriften an der Technischen Universität Dresden
01062 Dresden
Tel. 03 51/4 63-3 28 16, Fax 03 51/4 63-3 71 39
E-Mail fpdd@mailbox.tu-dresden.de
www.uni-marburg.de/fpmr

Funde der älteren Bronzezeit des nordischen Kreises in Dänemark, Schleswig-Holstein
und Niedersachsen und Siedlungen der Bronzezeit
Leitung: Prof. Dr. Karl-Heinz Willroth
Seminar für Ur- und Frühgeschichte
Georg-August-Universität
Nikolausberger Weg 15, 37073 Göttingen
Tel. 05 51/39-50 81, Fax 05 51/39-64 59
E-Mail kwillro@uni-goettingen.de

In Verbindung mit dem Archäologischen Landesmuseum Schleswig-Holstein
Direktor: Prof. Dr. Claus von Carnap-Bornheim
Schloss Gottorf
24387 Schleswig
Tel. 0 46 21/81 33 10, Fax 0 46 21/81 35 55
E-Mail carnap@t-online.de

Fundmünzen der Antike
Leitung: Frau Radnoti-Alföldi und Hr. von Kaenel
Institut für Archäologische Wissenschaften, Abt. II
Archäologie und Geschichte der römischen Provinzen
sowie Hilfswissenschaften der Altertumskunde
Johann Wolfgang Goethe-Universität, 60629 Frankfurt/M. – Fach 136
Tel. 0 69/79 83 22 97, 79 83 22 65, Fax 0 69/79 83 22 68
E-Mail fda@em.uni-frankfurt.de

German Film Music Project
Leitung: Hr. Riethmüller
Seminar für Musikwissenschaft der Freien Universität Berlin
Grunewaldstraße 35, 12165 Berlin
Tel. 0 30/83 85-66 10, Fax 0 30/83 85-30 06
E-Mail albrieth@zedat.fu-berlin.de
www.fu-berlin.de/musikwissenschaft

Griechische Papyrusurkunden
Leitung: Hr. Rupprecht
Institut für Rechtsgeschichte und Papyrusforschung
Philipps-Universität
Universitätsstraße 7, 35032 Marburg
Tel. 0 64 21/2 82 31 40, -41, Fax 0 64 21/2 82 31 81
E-Mail hansalbertrupprecht@t-online.de
www.jura.uni-marburg.de/zivilr/rupprecht/welcome.html

Hethitische Forschungen
Leitung: Hr. Wilhelm und Hr. H. Otten
Akademie der Wissenschaften und der Literatur
Geschwister-Scholl-Straße 2, 55131 Mainz
Tel. 0 61 31/5 77-2 31, Fax 0 61 31/5 77-1 11
E-Mail gernot.wilhelm@mail.uni-wuerzburg.de, silvin.kosak@adwmainz.de,
jared.miller@adwmainz.de, gerfrid.müller@adwmainz.de,
christel.ruester@adwmainz.de
www.hethiter.net

Historiographie und Geisteskultur Kaschmirs
Vorsitz: Hr. von Hinüber, Leitung: Hr. Slaje
Martin-Luther-Universität Halle-Wittenberg, Seminar für Indologie
H.- u. Th.-Mann-Straße 26, 06108 Halle (Saale)
Tel. 03 45/5 52 36 50, Fax 03 45/5 52 71 39
E-Mail slaje@indologie.uni-halle.de
http://adwm.indologie.uni-halle.de

Die Deutschen Inschriften
Leitung: Hr. Kahsnitz und Dr. Rüdiger Fuchs
Akademie der Wissenschaften und der Literatur
Geschwister-Scholl-Straße 2, 55131 Mainz
Tel. 0 61 31/5 77-2 20, Fax 0 61 31/5 77-2 25
E-Mail ruediger.fuchs@adwmainz.de

Kompetenzzentrum für elektronische Erschließungs- und Publikationsverfahren
in den Geisteswissenschaften
Leitung: Hr. Gärtner, Prof. Dr. Claudine Moulin, Dr. Thomas Burch und Dr. Andrea Rapp
Fachbereich II Sprach- und Literaturwissenschaften der Universität Trier
Postfach 3825, 54286 Trier
Tel. 06 51/2 01 33 69, 2 01 33 64, Fax 06 51/2 01 39 09
E-Mail burch@uni-trier.de
www.kompetenzzentrum.uni-trier.de

Lateinische Literatur der Renaissance
Leitung: Hr. Zintzen (Köln/Mainz), Frau Dorothee Gall (Köln/Bonn), Prof. Dr. Peter Riemer (Saarbrücken)
Arbeitsstelle Mainz, Akademie der Wissenschaften und der Literatur
Geschwister-Scholl-Straße 2, 55131 Mainz
Tel. 0 61 31/5 77-2 01, Fax 0 61 31/5 77-2 06
E-Mail juliane.klein@adwmainz.de

Arbeitsstelle Köln, Institut für Altertumskunde
Universität zu Köln, 50923 Köln
Tel. 02 21/4 70-24 14, Fax 02 21/4 70-59 31
E-Mail clemens.zintzen@t-online.de

Arbeitsstelle Bonn, Seminar für Griechische und Lateinische Philologie
Universität Bonn, Am Hof 1 e, 53013 Bonn
Tel. 02 28/73 73 49, Fax 02 28/73 77 48
E-Mail dgall@uni-bonn.de

Arbeitsstelle Saarbrücken, Institut für Klassische Philologie der Universität
des Saarlandes, 66041 Saarbrücken
Tel. 0 61/3 02 23 05, Fax 06 81/3 02 37 11
E-Mail p.riemer@mx.uni-saarland.de

Lessico Etimologico Italiano
Leitung: Hr. Max Pfister und Hr. Wolfgang Schweickard
Lessico etimologico italiano, Universität des Saarlandes
Philosophische Fakultät II, FR. 4.2 Romanistik
Postfach 15 11 50, 66041 Saarbrücken
Tel. 06 81/3 02 33 07, 30 26 40 51, Fax 06 81/3 02 45 88
E-Mail m.pfister@rz.uni-saarland.de, wolfgang.schweickard@mx.uni-saarland.de

Medizinhistorisches Journal
Leitung: Prof. Dr. Johanna Bleker
Zentrum für Human- und Gesundheitswissenschaften der Berliner Hochschulmedizin (ZHGB),
Institut für Geschichte der Medizin
Klingsorstraße 119, 12203 Berlin
Tel. 0 30/83 00 92-30, Fax 0 30/83 00 92-37
E-Mail johanna.bleker@charite.de

Mittelhochdeutsches Wörterbuch
Leitung: Hr. Gärtner und Dr. Ralf Plate
Fachbereich II Sprach- und Literaturwissenschaften der Universität Trier
54286 Trier
Tel. 06 51/2 01 33 69, 2 01 33 72, Fax 06 51/2 01 35 89
E-Mail gaertner@uni-trier.de, plate@uni-trier.de
www.mhdwb.uni-trier.de

Pfälzisches Wörterbuch Archiv
Ansprechpartnerin: PD Dr. Maria Besse
Benzinoring 6, 67657 Kaiserslautern
Tel. 06 31/3 60 15 31, Fax 06 31/3 60 19 74
E-Mail wdw@winzersprache.de
www.winzersprache.de

Platon-Werke
Leitung: Hr. Heitsch und Hr. C.W. Müller
Prof. Dr. Ernst Heitsch
Mattinger Straße 1, 93049 Regensburg
Tel. 09 41/3 19 44

Prof. Dr. Carl Werner Müller
Institut für Klassische Philologie, Universität des Saarlandes
66041 Saarbrücken
Tel. 06 81/3 02 23 05, Fax 06 81/3 02 37 11
E-Mail cwm@mx.uni-saarland.de

Prähistorische Bronzefunde
Leitung: Prof. Dr. Albrecht Jockenhövel (Münster) und Dr. Ute Luise Dietz (Frankfurt a.M.)
Institut für Archäologische Wissenschaften der Johann Wolfgang Goethe-Universität,
Abt. Vor- und Frühgeschichte, Arbeitsstelle Frankfurt a. M.
Grüneburgplatz 1, Hauspostfach 134, 60323 Frankfurt a.M.
Tel. 0 69/79 83 21 42, Fax 0 69/79 83 21 21
E-Mail dietz@em.uni-frankfurt.de
http://web.uni-frankfurt.de/fb09/vfg/

Historisches Seminar der Westfälischen Wilhelms-Universität, Abt. für Ur- und Frühgeschichtliche Archäologie, Arbeitsstelle Münster
Robert-Koch-Straße 29, 48149 Münster
Tel. 02 51/8 33 28 00, Fax 02 51/8 33 28 05
E-Mail jockenh@uni-muenster.de
www.uni-muenster.de/UrFruehGeschichte/pbfmain.htm

Quellensammlung zur Geschichte der deutschen Sozialpolitik 1867–1914
Leitung: Hr. Henning, Hr. Tennstedt und Prof. Dr. Wolfgang Ayaß
Arbeitsstelle Universität Kassel, FB 4/Sozialwesen
Arnold-Bode-Str. 10, 34127 Kassel
Tel. 05 61/8 04 29 03, 8 04 34 66, Fax 05 61/8 04 29 03
E-Mail ayass@uni-kassel.de
www.uni-kassel.de/fb4/akademie/

Max Reger, Auswahlausgabe
Leitung: Prof. Dr. Susanne Popp, Prof. Dr. Thomas Seedorf
Max-Reger-Institut
Pfinztalstr. 7, 76227 Karlsruhe
Tel. 07 21/85 45 01, Fax 07 21/85 45 02
E-Mail mri@uni-karlsruhe.de

Deutsche Kommission für die Bearbeitung der Regesta Imperii e.V
bei der Akademie der Wissenschaften und der Literatur Mainz
Leitung: Hr. Fried, Prof. Dr. Rudolf Schieffer und Prof. Dr. Paul-Joachim Heinig
Akademie der Wissenschaften und der Literatur
Geschwister-Scholl-Straße 2, 55131 Mainz
Tel. 0 61 31/5 77-2 10, Fax 0 61 31/5 77-2 14
E-Mail regimpmz@adwmainz.de
www. regesta-imperii.de
Arbeitsstellen in Erlangen, Gießen-Marburg, Köln, Mainz, München, Saarbrücken und Tübingen

regionalsprache.de (REDE)
Leitung: Prof. Dr. Jürgen Erich Schmidt, Prof. Dr. Joachim Herrgen
Philipps-Universität Marburg
Forschungszentrum Deutscher Sprachatlas
Hermann-Jacobsohn-Weg 3, 35032 Marburg
Tel. 0 64 21/28-2 24 83, Fax 0 64 21/28-2 89 36
E-Mail dsa@staff.uni-marburg.de
www.sprachatlas.de

Rheinhessisch-Pfälzisches Flurnamenarchiv
(das Archiv ist in die Obhut der Universität Mainz übergegangen)
Universitätsarchiv
Leitung: Dr. Jürgen Siggemann
Forum 2, Universität
55099 Mainz
Tel. 0 61 31/2 59 59
E-Mail uarchiv@verwaltung.uni-mainz.de

Russisch-Deutsches Wörterbuch
Leitung: Frau Belentschikow (Magdeburg)
Arbeitsstelle Magdeburg: Otto-von-Guericke-Universität
Institut für fremdsprachliche Philologien, Slavistische Linguistik
Zschokkestraße 32, 39104 Magdeburg
Tel. 03 91/6 71 65 14, Fax 03 91/6 71 65 53
E-Mail renate.belentschikow@gse-w.uni-magdeburg.de

Arbeitsstelle Berlin: Humboldt-Universität zu Berlin
Institut für Slawistik
Unter den Linden 6, 10099 Berlin
Tel. 0 30/20 93-51 90, Fax 0 30/20 93-51 84
E-Mail fred.otten@rz.hu-berlin.de

Samuel Thomas Soemmerring, Edition der Tagebücher
Leitung: Prof. Dr. Werner Kümmel
Arbeitsstelle: Medizinhistorisches Institut
der Johannes Gutenberg-Universität Mainz
Am Pulverturm 13, 55131 Mainz
Tel. 0 61 31/3 93 32 58, Fax 0 61 31/3 93 66 82
E-Mail wekuemme@mail.uni-mz.de

Staatsrecht und Staatstheorie
Leitung: Hr. Zippelius
Arbeitsstelle für Staatsrecht und Staatstheorie
Schillerstraße 1, 91054 Erlangen
Tel. 0 91 31/85-2 69 66, 85-2 64 20, Fax 0 91 31/85-2 69 65

Urkundenregesten zur Tätigkeit des Deutschen Königs- und Hofgerichts bis 1451
Leitung: Hr. Diestelkamp
Arbeitsstelle Frankfurt: J. W. Goethe Universität Frankfurt
Sophienstraße 1–3, IV, 60487 Frankfurt/M.
(Postanschrift: Haus-Fach 23, 60054 Frankfurt/M.)
Tel. 0 69/79 82-38 97, -87 99
Fax 0 69/79 82-87 98 (Dr. Rotter), Fax 0 61 31/47 78 37 (Dr. Rödel)
E-Mail e.rotter@em.uni-frankfurt.de, E-Mail ute.roedel@adwmainz.de

Valentin Weigel-Ausgabe
Leitung: Hr. Krummacher und Hr. G. Müller
Alter Kirchhainer Weg 21, 35039 Marburg
Tel. 0 64 21/2 26 96
E-Mail pfefferl@staff.uni-marburg.de

Winckelmann-Ausgabe
Leitung: Hr. Borbein und Prof. Dr. Max Kunze
c/o Winckelmann-Museum
Winckelmannstraße 36/37, 39576 Stendal
Tel. 0 39 31/21 52 26, Fax 0 39 31/21 52 27
E-Mail max.kunze@t-online.de

WDW · Wörterbuch der deutschen Winzersprache
Leitung: Hr. Haubrichs und PD Dr. Maria Besse
Benzinoring 6, 67657 Kaiserslautern
Tel. 06 31/9 28 96, 3 60 15 31, Fax 06 31/3 60 19 74
E-Mail wdw@winzersprache.de
www.winzersprache.de

III. Klasse der Literatur

Exilliteratur
Leitung: Hr. Bender
Akademie der Wissenschaften und der Literatur
Geschwister-Scholl-Straße 2, 55131 Mainz
Tel. 0 61 31/5 77-1 02, Fax 0 61 31/5 77-1 03
E-Mail petra.plaettner@adwmainz.de

Mainzer Reihe
Leitung: Hr. Miller
Akademie der Wissenschaften und der Literatur
Geschwister-Scholl-Straße 2, 55131 Mainz
Tel. 0 61 31/5 77-1 02, Fax 0 61 31/5 77-1 03
E-Mail petra.plaettner@adwmainz.de

Arbeitsstelle Hans Erich Nossack
Leitung: Hr. Miller
Akademie der Wissenschaften und der Literatur
Geschwister-Scholl-Straße 2, 55131 Mainz
Tel. 0 61 31/5 77-1 02, Fax 0 61 31/5 77-1 03
E-Mail petra.plaettner@adwmainz.de

Personenregister
zu den Seiten 9–11, 21, 36–37, 68–150

Abderhalden, Emil 123
Acht, Peter 133
Adam, Klaus G. 111
Ahlmann, Hans W. 123
Aichinger, Ilse 114
Alföldi, Andreas 123
Alker, Ernst 123
Almagro-Basch, Martin 123
Alp, Sedat 123
Alsdorf, Ludwig 123
Alsleben, Almuth 132
Altmeier, Peter 112
Anderl, Reiner 68, 106, 129
Andreae, Bernard 68, 103, 130, 131, 132
Andreae, Clemens-August 123
Appleton, Sir Edward Victor 123
Arf, Cahit 123
Arias, Paolo Enrico 123
Artelt, Walter 123
Ax, Peter 68, 103, 128
Ayaß, Wolfgang 133, 147

Baade, Walter 123
Baaken, Gerhard 133
Baasner, Frank 68, 105, 136
Backendorf, Dirk 131
Backsmann, Horst 112
Baldus, Christian 115
Balke, Siegfried 112
Bandmann, Günter 123
Bárány, Ernst H. 123
Bardong, Otto 112
Bargmann, Wolfgang 123
Barthlott, Wilhelm 11, 68, 104, 128, 139
Bartolomaeus, Thomas 95, 128
Bartz, Hans-Werner 135
Battaglia, Felice 123
Bauch, Henning 129
Bauer, Roger 123

Baumann, Ellen 131
Baumgartner, Günter 123
Baumgärtner, Franz 68, 107
Bayer, Otto 123
Bazin, Louis 68, 107, 134
Beaucamp, Eduard 113
Beck, Hanno 95
Becker, Friedrich 123
Becker, Jürgen 68, 104, 120
Becker, Walter P. 111
Becker-Obolenskaja, Wilhelm 123
Becksmann, Rüdiger 132
Bégouën, Henri Graf 123
Békésy, Georg von 123
Belentschikow, Renate 68, 109, 136, 148
Bellen, Heinz 123
Bellow, Saul 123
Belmonte, Carlos 69, 109, 128
Belzner, Emil 123
Bender, Hans 69, 103, 120, 122, 138, 150
Bendix, Jörg 95, 115, 129
Benedum, Jost 123
Benninghoff, Alfred 123
Benyoëtz, Elazar 114
Benz, Ernst 123
Benzing, Johannes 123
Bergengruen, Werner 123
Bernstein, Frank 130
Berve, Helmut 123
Besse, Maria 135, 146, 149
Beumann, Helmut 123
Beutel, Jens 111
Białostocki, Jan 123
Biehl, Theresia 135
Biehle, Gabriele 132
Biersch, Gabriele 10
Binder, Kurt 69, 105, 129
Binsfeld, Andrea 130
Birbaumer, Niels-Peter 69, 104, 128

Bischoff, Friedrich 123
Bischoff, Karl 123
Bittel, Kurt 123
Blänsdorf, Jürgen 130
Blaschke, Wilhelm 123
Bleckmann, Horst 69, 105, 128
Bleker, Johanna 146
Blumenberg, Hans 123
Bock, Hans 21, 123
Boesch, Hans 114
Böhme, Andreas 135
Böhner, Kurt 21, 123
Bohnert, Niels 135
Bohr, Niels 123
Bohrer, Karl Heinz 113
Böldl, Klaus 37, 69, 106
Böll, Heinrich 123
Borbein, Adolf Heinrich 69, 108, 131, 132, 149
Borchers, Elisabeth 69, 103, 120
Borg, Karola 10
Borkovskij, Viktor Ivanovič 123
Born, Karl Erich 123
Born, Nicolas 123
van den Borren, Charles 123
Borrmann, Stephan 115
Borsch, Thomas 95, 128
Bosch, Gabriele 137
Brandt, Hugo 112
Brang, Peter 69, 108, 136
Brauch, Daniel 133
Bräuer, Herbert 123
Braun, Knut 128
Braun, Volker 69, 107
Bredt, Heinrich 121, 123
Brennecke, Peter 95
Brenner, Günter 122, 127
Brentano, Bernard von 123
Breuil, Henri 123
Broglie, Louis-César Duc de 123

Brösch, Marco 135
Brück, Hermann Alexander 123
Bruer, Stephanie-Gerrit 116
Brunner, Otto 123
Büchel, Karl Heinz 70, 108
Buchmann, Johannes 70, 105, 129
Buddenbrock-Hettersdorf, Wolfgang Freiherr von 123
Buddruss, Georg 95, 134
Büdel, Julius 123
Büdenbender, Stefan 135
Bulach, Doris 133
Burch, Thomas 95, 135, 137, 145
Burkart, Erika 114
Buschmeier, Gabriele 10, 95, 136
Butor, Michel 113
Buzzati, Dino 123

Cady, Walter 123
Cardauns, Burkhart 95, 131
Carnap-Bornheim, Claus von 143
Carrier, Martin 70, 105, 130
Carstensen, Carsten 70, 109, 129
Caullery, Maurice 123
Chantraine, Heinrich 124
Chiusi, Tiziana J. 130
Christes, Johannes 130
Christiansen, Bettina 132
Christmann, Hans Helmut 124
Claußen, Martin 70, 109
Cocteau, Jean 124
Conforto, Fabio 124
Corrêa, Antonio Augusto Esteves Mendes 124
Corti, Carlo 134
Corzelius, Gabriele 10
Crawford, Michael H. 131
Croce, Elena 124
Croll, Gerhard 96, 136
Cullmann, Oscar 124
Czechowski, Heinz 120

Dabelow, Adolf 124
Dahlmann, Hellfried 124
Damm, Sigrid 70, 105
Danzmann, Karsten 70, 106
Debus, Friedhelm 70, 107, 132, 134, 135
Deckers, Johannes Georg 96, 131, 132
Dedecius, Karl 114
Dedner, Burghard 96, 135, 141
Defant, Albert 124
Dehio, Ludwig 124
Deichgräber, Karl 124
Deißler, Johannes 130
Delgado, Honorio 124
Delius, Friedrich Christian 114
Delp, Heinrich 112
Demargne, Pierre 124
Demus, Otto 124
Déry, Tibor 124
Detering, Heinrich 70, 105, 120
Deuring, Max 124
Dhom, Georg 71, 107, 128
Dickhaut, Eva-Maria 137
Diepgen, Paul 121, 124
Diestelkamp, Bernhard 71, 108, 133, 137, 148
Dietz, Ute Luise 96, 132, 146
Diller, Hans 124
Dingel, Irene 71, 105, 130, 133, 137, 142
Dittberner, Hugo 71, 104, 120, 138
Döblin, Alfred 122, 123, 124
Doemming, Klaus-Berto von 112
Domagk, Gerhard 124
Domin, Hilde 120
Dörfer, Jael 137
Dorst, Tankred 71, 103
Draesner, Ulrike 120
Duchhardt, Heinz 71, 105, 132
Duden, Anne 71, 109
Duhamel, Georges 124

Dumont, Franz 136
Duncan, Ruth 71, 109
Duvnjak, Mario 10
Dyggve, Ejnar 124

Eberhard, Wolfram 124
Eckert, Christian 121, 124
Eder, Claudia 115
Eder, Walter 130
Edfelt, Johannes 124
Edinger, Tilly 124
Edschmid, Kasimir 124
Eggebrecht, Hans Heinrich 124
Egle, Karl 124
Ehlers, Jürgen 71, 107, 129
Ehrenberg, Hans 124
Ehrhardt, Helmut 71, 108, 129
Eich, Günter 124
Eichelbaum, Michel 72, 109, 128
Eicher, Hermann 112
Eichinger, Ludwig Maximilian 72, 109, 135
Eigler, Ulrich 130
Einem, Herbert von 124
Eisenhauer, Ursula 132
Eisenzimmer, Mirjam 133
Eißfeld, Otto 124
Emge, Carl August 124
Emrich, Wilhelm 124
Endlich, Gerhard 132
Engels, Heinrich-Josef 96, 132
Erben, Heinrich Karl 124
Erichsen, Wolja 124
Escherich, Brunhilde 133
Etkind, Efim 124
Ewe, Henning 96

Faber, Karl-Georg 124
Fabian, Bernhard 96, 136
Fabri, Albrecht 113
Falter, Jürgen 72, 109, 137
Fees, Irmgard 133
Feng, Zhi 124
Ficker, Heinrich von 124

Filip-Fröschl, Johanna 130
Finscher, Ludwig 72, 107, 136
Fischer, Alfred G. 72, 107
Fischer, Eberhard 96, 128
Fischer, Hubertus 115
Fischer, Kurt von 124
Flasch, Kurt 116
Fleckenstein, Bernhard 72, 104, 128, 140
Fleischanderl, Karin 113
Folz, Robert 124
Fondermann, Philipp 130
Font, Márta 72, 109, 132
Forestier, Hubert 124
Forster, Karl-August 112
Försterling, Gaby 132
Franke, Herbert 110
Frankenberg, Peter 96, 129
Franzen, Hans 112
Frech, Karl Augustin 134
Frenzel, Burkhard 72, 104, 129, 132, 140
Frey, Dagobert 124
Freye, Hans-Albrecht 124
Freyer, Hans 124
Frey-Wyssling, Albert 124
Friauf, Eckhard 115
Fried, Johannes 11, 73, 105, 132, 133, 147
Frisch, Karl von 124
Fritz, Walter Helmut 73, 103, 120, 122, 138
Fröhlich, Hans Jürgen 120, 124
Fröhlich, Jürg 109
Frölich, August 111
Fuchs, Christoph 73, 108, 128
Fuchs, Jockel 112
Fuchs, Rüdiger 11, 133, 145
Fuhrmann, Horst 133
Funk, Gerald 135
Funke, Gerhard 124
Furrer, Gerhard 73, 108, 129

Gabriel, Gottfried 73, 109, 130, 136
Gagé, Jean Gaston 124
Gahse, Zsuzsanna 120
Galimov, Eric Mikhailovich 73, 108, 129
Gall, Dorothee 73, 105, 130, 131, 134, 136, 137, 145
Gamauf, Richard 130
Gambke, Gotthard 112
Gamillscheg, Ernst 124
Gantenberg, Mathilde 112
Gantner, Joseph 124
Ganzer, Klaus 73, 104, 133, 137
Gärtner, Kurt 73, 108, 130, 135, 137, 145, 146
Gast, Uwe 132
Geisler, Claudius 10, 11, 122
Geitler, Lothar 124
Gerhold, Markus 130
Gerke, Friedrich 124
Gerok, Wolfgang 74, 107, 128
Gibbons, Brian Charles 74, 108, 136
Giese, Willy 124
Gill, Sabine 10, 11
Ginzburg, Natalia 124
Giorgieri, Mauro 134
Giron, Irène 112
Glasenapp, Helmuth von 124
Goldammer, Kurt 124
Goldschmidt, Georges-Arthur 114
Gölz, Tanja 11, 136
Gorecki, Joachim 131
Gossauer, Albert 96
Gottstein, Günter 74, 105, 129
Götz, Karl Georg 74, 107
Gräff, Gernot 124
Grammel, Richard 124
Granholm, Johann Hjalmar 124
Grauert, Hans 74, 107
Green, Julien 124
Grégoire, Charles 124
Grégoire, Henri 124
Grehn, Franz 74, 109, 128

Greil, Hannes 135
Greule, Albrecht 97, 134, 135
Greve, Ludwig 124
Grewing, Michael 74, 104, 129
Grieser, Heike 130
Grimm, Christoph 111
Gröger, Matthias 129
Grønbech, Kaare 124
Gröschler, Peter 130
Groß, Nathalie 135
Grosse, Siegfried 111
Grote, Andreas J. 11, 131
Grubmüller, Klaus 97, 135
Grünbein, Durs 120
Gründer, Karlfried 74, 107, 130, 131
Grünewald, Herbert 112
Gschnitzer, Fritz 130
Guarducci, Margherita 124
Günther, Sven 130
Gurlitt, Wilibald 124
Gustafsson, Lars 74, 107, 113
Gutschmidt, Karl 97, 136

Haavikko, Paavo 114
Haberland, Gert L. 75, 107, 128
Habicht, Werner 75, 108, 135, 136
Hachenberg, Otto 124
Hadot, Pierre 75, 107, 130, 131
Haftmann, Werner 113
Hagemann, Wolfgang 97, 128
Hahn, Otto 123
Halbwachs, Verena 130
Halfwassen, Jens 116
Halbwidl, Erich 132
Hamburger, Michael 112
Hamel, Georg 124
Hanau, Eva 136
Hanfmann, George M. A. 124
Hanhart, Ernst 124
Hänlein, Andreas 97, 132
Hanneder, Jürgen 97, 134

Hansen, Björn Helland 124
Hansen, Kurt 124
d'Harcourt, Robert Comte 124
Harig, Ludwig 75, 103, 120
Harnisch, Heinz 75, 108
Harris, Edward Paxton 97
Harth, Helene 97, 131
Härtling, Peter 75, 103
Hartmann, Hermann 124
Hartmann, Nicolai 124
Hartung, Harald 75, 104, 120, 138
Hasse, Helmut 124
Hatzinger, Birgitt 10
Haubrichs, Wolfgang 75, 105, 133, 135, 149
Haupt, Otto 124
Hausenstein, Wilhelm 124
Hausmann, Manfred 124
Haussherr, Reiner 75, 103, 131, 132, 133, 136, 137, 142
Haverkamp, Alfred 115, 142
Heck, Patrick 135
Heckmann, Herbert 120, 125
Hedvall, Johan Arvid 125
Hehl, Ernst-Dieter 11, 133
Heimpel, Hermann 125
Heimsoeth, Heinz 125
Hein, Manfred Peter 114
Heinen, Heinz 75, 105, 130, 131, 132, 133, 134, 143
Heinicker, Petra 134
Heinig, Paul-Joachim 133, 134, 147
Heinrichs, Johannes 131
Heinze, Hans-Jochen 76, 109, 128
Heinzelmann-ter Beck, Barbara 10
Heise, Hans Jürgen 120
Heißenbüttel, Helmut 120, 125
Heitler, Walter Heinrich 125
Heitsch, Ernst 76, 103, 130, 131, 146
Hellpach, Willy 123

Helmrath, Johannes 133
Helwig, Werner 125
Helzer, Hans 110
Hempel, Wido 125
Henn, Walter 125
Henning, Hansjoachim 76, 104, 132, 133, 137, 147
Herbers, Klaus 133
Herrgen, Joachim 147
Herrmann, Günter 76, 107
Herrmann, Wolfgang A. 76, 108
Herrmann-Otto, Elisabeth 130
Herz, Peter 130
Herzog, Roman 76, 103
Hesberg, Henner von 76, 105, 130, 131, 132, 142
Hesse, Helmut 11, 76, 104, 121, 137
Hettche, Thomas 120
Heuss, Theodor 123
Heymans, Corneille 125
Hiestand, Rudolf 133
Hildenbrandt, Vera 135
Hillebrand, Bruno 76, 103, 138
Himmelmann, Nikolaus 76, 107, 130, 131, 132
Hinüber, Oskar von 77, 104, 134, 144
Hirsch, Rudolf 125
Hirzebruch, Friedrich 77, 107
Hoben, Wolfgang 130
Hoffer, Klaus 120
Hoffmann, Dieter 77, 103, 113, 120, 122, 138
Hoffmann, Helmut 125
Hohnerlein-Buchinger, Thomas 136
Hoinkes, Herfried 125
Höllermann, Peter 97, 129
Holtmeier, Friedrich-Karl 97, 129
Honigmann, Barbara 37, 77, 109
Hoogers, Gregor 115
Hoppe, Felicitas 120

Horsmann, Gerhard 130
Horst, Karl August 125
Hotz, Günter 77, 104, 129, 137
Houdremont, Edouard 125
Hout, Theo van den 134
Hoyt, Giles R. 135
Hradil, Stefan 77, 109
Hruza, Karel 133
Huber, Franz 77, 107
Huhn, Kuno 110
Hühn, Helmut 130
Hund, Johannes 133
Hundius, Harald 97, 134
Hunger, Herbert 125
Hupe, Werner 137
Hürlimann, Thomas 114
Husein, Taha 125
Huxley, Aldous 125

Ibisch, Pierre Leonhard 117
Illhardt, Franz Josef 98, 128
Inhoffen, Hans Herloff 125
Instinsky, Hans Ulrich 125
Isele, Hellmut Georg 121, 125
Iserloh, Erwin 125
Issing, Otmar 77, 104, 137

Jaccottet, Philippe 113
Jäckel, Dirk 134
Jacobs, Steffen 36, 77, 106
Jaeger, Werner 125
Jäger, Eckehart J. 77, 108, 128
Jahnn, Hans Henny 125
Janicka, Johannes 78, 109, 129
Jänicke, Gisbert 114
Jansohn, Christa 78, 105, 116
Jäschke, Kurt-Ulrich 133
Jedin, Hubert 125
Jenny, Zoë 120
Jentschke, Willibald 125
Jirgl, Reinhard 114
Jockenhövel, Albrecht 98, 132, 146
Jordan, Pascual 121, 125

Jördens, Andrea 98, 131
Jost, Jürgen 78, 105, 129
Jung, Richard 125
Junge, Christian 125
Justi, Eduard 121, 125

Kaenel, Hans-Markus von 78, 109, 130, 131, 132, 144
Kahsnitz, Rainer 78, 108, 131, 132, 133, 145
Kaiser, Jochen 115
Kaiser, Wolfgang 130
Kalkhof-Rose, Sibylle 78, 103, 111, 115, 118
Kalkhof-Rose, Walter 112, 115, 123
Kambartel, Friedrich 98, 130
Kandel, Eric Richard 78, 108
Karling, Tor G. 125
Kasack, Hermann 125
Kaschnitz-Weinberg, Marie Luise von 125
Kästner, Erich 125
Katajew, Valentin 125
Kehlmann, Daniel 78, 105, 120, 138
Keim, Anton M. 98, 138
Kellermann, Bernhard 125
Kemmers, Fleur 131
Kemp, Friedhelm 114
Kern, Adolf 112
Kesel, Antonia B. 98, 128
Kessel, Martin 125
Kesten, Hermann 125
Kier, Gerold 117
Kiparsky, Valentin 125
Kirchgässner, Klaus 78, 108
Kirchner, Barbara 131
Kirsten, Wulf 79, 104, 114, 120, 129
Kisch, Wilhelm 125
Kitzinger, Ernst 125
Klees, Hans 130
Kleiber, Wolfgang 79, 107, 132, 134, 135, 137
Klein, Alexandra 117
Klein, Juliane 9
Klein, Thomas 98, 135

Klemme, Franziska 136
Kleßmann, Eckart 79, 104
Kling, Thomas 120
Klinger, Jörg 134
Klingenberg, Georg 130
Klingenberg, Wilhelm 79, 103, 129
Klöppel, Kurt 125
Klug, Ulrich 125
Knop, Kerstin 135
Koch, Claudia 117
Koch, Werner 125
Kodalle, Klaus-Michael 79, 105, 130
Kohler, Max 125
Kolb, Annette 125
Koller, Heinrich 79, 108, 132, 133
Kollmann, Franz Gustav 79, 104, 129
Kölzer, Theo 133
Komnick, Holger 131
König, Barbara 79, 103, 122
Konrád, György 79, 108, 113
Kopff, August 125
Košak, Silvin 134
Koschaker, Paul 125
Koselleck, Reinhart 98, 130
Kosswig, Curt 125
Kozina, Elena 132
Kraft, Ernest A. 125
Kraft, Werner 113
Krahe, Hans 125
Krämer, Andrea 135
Krämer, Werner 112
Kramer, Johannes 98, 136
Krampe, Christoph 130
Kranz, Margarita 130
Krause, Margitta 132
Krauß, Angela 79, 106
Krebs, Bernt 80, 104
Kresten, Otto 80, 108
Kreuder, Ernst 125
Kristeller, Paul Oskar 125
Krolow, Karl 125
Kronauer, Brigitte 114
Kroppenberg, Inge 130
Krüger, Michael 80, 104

Krügel, Sandra 136
Krull, Wilhelm 111
Krull, Wolfgang 125
Krummacher, Hans-Henrik 80, 104, 130, 132, 133, 135, 136, 137, 141, 149
Kubach, Wolf 132
Kuczera, Andreas 10, 11, 98, 137
Kühn, Dieter 80, 104
Kuhn, Hans 80, 103
Kühn, Herbert 125
Kühnel, Ernst 125
Kümmel, Werner F. 99, 136, 148
Kunze, Max 132, 149
Kunze, Ulrich 99
Küpfmüller, Karl 121, 125
Kurelec, Branko 125
Kwascha, Irina 136

Lambsdorff, Johann Graf 115
Lange, Hermann 80, 103, 137
Lange, Horst 125
Langgässer, Elisabeth 125
Lantier, Raymond 125
Lauer, Wilhelm 21, 118, 121, 125
Laurent, Torbern 125
Laurien, Hanna-Renate 110
Lautz, Günter 80, 103
Lavant, Christine 125
Laves, Fritz 125
Laxness, Halldór 125
Lehfeldt, Werner 99, 136
Lehmann, Karl 80, 108
Lehmann, Klaus-Dieter 80, 108, 132
Lehmann, Wilhelm 125
Lehn, Jean-Marie 81, 108
Leithoff, Horst 125
Lentz, Michael 120
Lenz, Rudolf 99, 137, 143
Lenz, Widukind 125
Leonardi, Claudio 116
Leonhard, Kurt 125
Lepenies, Wolf 114
Leppin, Hartmut 130

Leuk, Michael 135
Leupold, Dagmar 120
Lewald, Hans 125
Lichnowsky, Mechtilde 125
Lienhard, Marc 81, 108, 133
Liljeblad, Ragnar 125
Lindauer, Martin 81, 103, 128
Lindblad, Bertil 125
Linder, Hans Peter 37, 81, 109
Lissa, Zofia 125
Littmann, Enno 125
Loewe, Fritz 125
Loher, Werner 81, 107
Lombardi, Luigi 123
Lommatzsch, Erhard 125
Loos, Erich 125
Lorenz, Konrad 125
Lotze, Franz 125
Lübbe, Hermann 81, 107
Lübbe, Weyma 116
Lübbers, Dietrich W. 125
Luckhaus, Stephan 11, 81, 105, 129
Lüddeckens, Erich 125
Ludwig, Günther 81, 107, 129
Lukas, Reinhard 10, 11
Luther, Alexander 126
Lütjen-Drecoll, Elke 9, 11, 81, 104, 121, 128
Lütteken, Anett 135
Lütteken, Laurenz 115
Lützeler, Paul Michael 82, 108

Magris, Claudio 82, 109
Mai, Patrick 135
Maier, Andreas 120
Maier, Anneliese 126
Maier, Joachim 82, 105, 129
Maier, Petra 131
Maksimova, Anastassia 130
Malkowski, Rainer 114, 120, 126
Malraux, André 126

Manganelli, Giorgio 113
Mann, Gunter 126
Marcus, Ernst 126
Martin, Albrecht 82, 103, 110
Martin, Alfred von 126
Massignon, Louis 126
Matthes, Ernest 126
Matz, Friedrich 126
Maul, Stefan 116
Mayer, Cornelius 141
Mažiulis, Vytautas 82, 107
Meckel, Christoph 114, 120
Meding, Olaf 10, 11, 99, 137
Mehl, Dieter 82, 104, 135, 136
Mehnert, Klaus 126
Meier, Dietrich 132
Meier, Johannes 82, 105, 133, 137
Meimberg, Rudolf 111, 116
Mell, Max 126
Menasse, Robert 114
Menzel, Michael 133
Menzel, Randolf 82, 108
Merlo, Clemente 126
Messerli, Bruno 82, 108
Metken, Günter 113
Meyer zum Büschenfelde, Karl-Hermann 83, 108, 128
Michaelis, Jörg 83, 108, 112, 128, 136
Michelsen, Axel 83, 108
Migge, Sonja 117
Milch, Werner 126
Miller, Jared L. 134
Miller, Norbert 83, 104, 132, 136, 138, 150
Miltenburger, Herbert G. 83, 108
Minder, Robert 126
Mohr, Andreas 133
Möller, Rolf 111
Molo, Walter von 122, 123
Mon, Franz 120
Monsees, Yvonne 133
Moraw, Peter 133
Moruzzi, Guiseppe 126

Mosbrugger, Volker 83, 105, 129
Moser, Jürgen 126
Mothes, Kurt 126
Moulin, Claudine 99, 135, 145
zur Mühlen, Karl-Heinz 99, 133
Müller, Bianca 10
Müller, Carl Werner 83, 107, 130, 131, 132, 136, 146
Müller, Christa 10
Müller, Gerfrid G. W. 99, 134, 137
Müller, Gerhard 83, 103, 130, 133, 137, 143, 149
Müller, Heiner 126
Müller, Hermann Joseph 126
Müller, Herta 114
Müller, Ina 136
Müller, Jörg 133
Müller, Kai 117
Müller, Klaus-Detlef 99, 135
Müller, Walter 131, 142
Müller, Walter W. 83, 104, 134
Müller-Wille, Michael 84, 104, 130, 131, 132
Munding, Maria 135
Muschg, Adolf 84, 107
Mutke, Jens 117
Mutschler, Ernst 84, 104, 128

Nachtigall, Werner 84, 103, 128, 129, 140
Nasledov, Dimitrij Nikolaevič 126
Nehlsen, Hermann 130
Neipel, Frank 128
Neu, Erich 126
Neuheuser, Gisela 10
Neunzert, Helmut 115
Nickel, Herbert 117
Nieden, Birthe zur 137
Nikitsch, Eberhard J. 133
Noeske, Hans-Christoph 11, 131
Noeske-Winter, Barbara 131

Nord, Ernst 112
Norinder, Ernst Harald 126
Nossack, Hans Erich 113, 122, 126

Oberreuter, Heinrich 84, 108, 137
Oberweis, Michael 133
Oehler-Klein, Sigrid 134
Oelschläger, Herbert 126
Oesterhelt, Dieter 84, 107
Oettinger, Norbert 99, 134
Oexle, Otto Gerhard 100, 132
Ogan, Aziz 126
Oleschinski, Brigitte 120
Olszowy, Sieglinde 10
Oppel, Horst 126
Orth, Eduard 112
Osche, Günther 84, 107
Osten, Manfred 84, 105
Osterkamp, Ernst 84, 105, 132, 135
Ott, Karl-Heinz 84, 106, 120
Otten, Ernst Wilhelm 85, 104, 129
Otten, Fred 85, 104, 132, 134, 136
Otten, Heinrich 11, 85, 103, 121, 130, 131, 134, 144
Otten, Karl 126

Pack, Robin 137
Päffgen, Bernd 131
Pagenstecher, Max 126
de Pange, Jean Comte 126
Pardi, Leo 126
Parello, Daniel 132
Parisse, Michel 85, 108, 132
Patat, Franz 126
Pauc, Christian Yvon 126
Paul, Norbert W. 100, 136
Paulig, Wolfgang 111
Paustovskij, Konstantin 126
Paz, Octavio 113
Pedersen, Johannes 126
Pei, Ieoh Ming 114
Pennitz, Martin 130
Penzoldt, Ernst 126

Peter, Hartmut 137
Peter, Thomas 133
Peterle, Margit 133
Peters, Christoph 120
Peters, Wilhelm 126
Petersdorff, Dirk von 85, 105, 137
Petersen, Konrad 112
Petke, Wolfgang 133
Petzoldt, Helga 137
Pfannenstiel, Max 126
Pfefferl, Horst 130
Pfister, Max 85, 107, 134, 135, 136, 145
Philippi, Daniela 11, 136
Piepenburg, Dieter 129
Piganiol, André 126
Pilkuhn, Manfred 85, 104, 129
Pinget, Robert 126
Pini, Ingo 131
Plank, Rudolf 126
Plate, Ralf 135, 146
Plättner, Petra 10, 138
Plessner, Helmuth 126
Pohl, Walter 133
Pöhlmann, Stefan 128
Politycki, Matthias 120
Popp, Susanne 147
Poppe, Nikolaus 126
Porembski, Stefan 100
Pörksen, Uwe 11, 85, 104, 138
Porzig, Walter 126
Preuss, Fritz 110
Prinzing, Günter 130
Puhl, Roland 135
Pyritz, Lennart Wolfgang 117

Radbruch, Gustav 126
Radnoti-Alföldi, Maria 85, 108, 130, 131, 144
Rafiqpoor, Mohammed Daud 100, 128, 129
Rainer, J. Michael 130
Ramge, Hans 100, 135

Ramm, Ekkehard 86, 105, 129
Rammensee, Hans-Georg 86, 109, 128
Rapp, Andrea 135
Rapp, Ulf R. 86, 105, 128, 145
Raspe, Hans Heinrich 100, 128
Rassow, Peter 121, 126
Rau, Wilhelm 126
Rauh, Werner 126
Raumer, Kurt von 126
Recker-Hamm, Ute 135
Recktenwald, Horst Claus 126
Reese, Stefanie 115
Rehme, Ingrid 135
Reichardt, Werner 126
Reichel, Verena 113
Reichert-Facilides, Fritz 126
Reich-Ranicki, Marcel 113
Reil, Heide 128
Rein, Astrid 136
Reis, André 86, 109, 128
Reiter, Josef 111
Reiter-Theil, Stella 100, 128
Remane, Adolf 126
Riccardi, Silvia 130
Richardt, Rudolf 132
Riehl, Herbert 126
Rieken, Elisabeth 100, 134
Riemer, Peter 100, 131, 145
Riethmüller, Albrecht 86, 104, 130, 136, 141, 144
Riezler, Erwin 126
Ringsdorf, Helmut 86, 103, 129, 139
Ritsos, Yannis 126
Ritter, Joachim 126
Ritter, Manfred 132
Rittgen, Helmut 11
Rittner, Christian 86, 108, 128, 136
Röckner, Michael 86, 105, 129
Rödel, Ute 137, 148
Röder, Christiane 131

Roelcke, Volker 101, 136
Rohen, Johannes W. 87, 103, 121, 128
Rombach, Ursula 131
Ronnsiek, Frank 131
Rosenberger, Ruth 135
Rosendorfer, Herbert 87, 104, 120
Rösler, Johannes Baptist 110
Rostosky, Sylvester 112
Roth, Ulrike 130
Rothacker, Erich 126
Rothenbücher, Judith 117
Rotter, Ekkehart 137, 148
Rübner, Tuvia 87, 109
Rübsamen, Dieter 11, 134
Rudder, Bernhard de 126
Rudloff, Wilfried 133
Rüfner, Thomas 130
Rügler, Axel 132
Rupprecht, Gerd 131
Rupprecht, Hans-Albert 87, 109, 130, 131, 134, 144
Rüster, Christel 134
Rust-Schmöle, Gisela 133
Rychner, Max 126
Rydbeck, Olof Erik Hans 126

Safranski, Rüdiger 113, 120
Sammet, Rolf 126
Samuelson, Paul A. 87, 108, 137
Sanctis, Gaetano de 123
Sandeman, David 87, 108
San Nicoló, Mariano 126
Sappler, Paul 101, 135
Schäck, Ernst 112
Schaefer, Matthias 87, 104, 128
Schaeffer, Albrecht 126
Schäfer, Christoph 130
Schäfer, Dorothea 130
Schäfer, Fritz Peter 87, 107
Schäfer, Hans Dieter 11, 87, 105, 138
Schalk, Fritz 126
Scharf, Joachim-Hermann 87, 107, 136

Schätzel, Walter 126
Schaurte, Werner T. 112
Scheel, Helmuth 122, 126, 127
Scheffel, Helmut 113
Scheibe, Erhard 88, 107
Scheller, Andrea 136
Scherhag, Richard 126
Scheu, Stefan 101, 128
Scheuermann, Silke 120
Schieder, Theodor 126
Schieffer, Rudolf 133, 147
Schierhold, Kerstin 132
Schiermeyer, Tilo 132
Schimank, Hans Friedrich Wilhelm Erich 126
Schindel, Robert 120
Schindewolf, Otto H. 126
Schink, Bernhard 88, 105, 128
Schirmbeck, Heinrich 126
Schirnding, Albert von 9, 11, 88, 105, 120, 122
Schlögl, Reinhard W. 88, 107
Schmid, Wolfgang P. 88, 103, 121, 130, 131, 132, 134, 135, 136
Schmidt, Barbara 128
Schmidt, Jürgen Erich 147
Schmidt, Robert F. 88, 104, 128
Schmidt, Roderich 133
Schmidt, Ulrich 134
Schmidt-Biggemann, Wilhelm 101, 130
Schmidtbonn, Wilhelm 126
Schmidt-Glintzer, Helwig 88, 105, 134
Schmitz, Ansgar 135
Schmitz, Antje 132
Schmitz, Arnold 126
Schmitz, Winfried 130
Schmölders, Günter 126
Schnabel, Franz 126
Schnack, Friedrich 126
Schneider, Hans-Otto 133
Schneider, Hermann 126
Schneider, Reinhold 126

Scholl, Reinhold 130
Schölmerich, Paul 88, 107, 128, 136
Scholtz, Gunter 101, 130
Scholz, Hartmut 132, 142
Scholz, Sebastian 133
Schramm, Gerhard 126
Schröder, Jan 88, 105, 132, 137
Schröder, Rudolf Alexander 126
Schröder, Werner 89, 103, 130, 131, 135, 136, 137
Schrott, Raoul 114
Schubert, Giselher 101, 136
Schulenburg, Graf Johann-Matthias von der 89, 105, 137
Schultheis, Saskia 133
Schulz, Günther 89, 105, 132
Schulze, Ingo 114
Schumacher, Leonhard 101, 130, 131
Schütz, Helga 89, 104
Schwab-Felisch, Hans 113
Schwarz, Hans-Peter 89, 108, 132
Schwedhelm, Karl 127
Schweickard, Wolfgang 89, 105, 134, 136, 145
Schwenkmezger, Peter 111
Schwerdtfeger, Malin 120
Schwidetzky-Roesing, Ilse 127
Sciascia, Leonardo 127
Sebald, W. G. 114
Seebach, Dieter 89, 108
Seedorf, Thomas 147
Seefelder, Matthias 127
Seeger, Sofia 134
Seewald, Friedrich 127
Sehnert-Seibel, Angelika 132
Seibold, Eugen 89, 103, 129
Seiler, Lutz 36, 90, 106
Seip, Didrik Arup 127
Sell, Yves 101, 128
Seybold, August 127
Siedle, Christine 135

Siegbahn, Karl Manne Georg 127
Siemann, Claudia 132
Sier, Kurt 90, 105, 116, 130, 131, 136
Siggemann, Jürgen 148
Simon, Arndt 90, 108
Sinn, Hansjörg 90, 107
Slaje, Walter 90, 109, 134, 144
Smekal, Adolf 127
Soden, Wolfram Freiherr von 127
Solin, Heikki 131
Söllner, Alfred 127
Sommerfeld, Arnold 123
Sontag, Susan 112
Späth, Holger 132
Spatz, Hugo 127
Specht, Franz 127
Spengler, Hans-Dieter 131
Speyer, Wilhelm 127
Spielhagen, Robert 129
Srbik, Heinrich Ritter von 127
Stackmann, Karl 101, 135
Stadler, Arnold 90, 105, 120
Stadler, Toni 112
Stagl, Jakob Fortunat 131
Starck, Jörg 131
Steinbeck, Wolfram 80, 109, 136
Steinhofer, Adolf 112
Stent, Günther S. 90, 108
Stern, Carola 113
Sternberger, Dolf 113
Stimm, Helmut 127
Stocker, Thomas 90, 109
Stoll, Oliver 131
Stolleis, Michael 11, 91, 104, 132, 137
Strauch, Friedrich 91, 104, 129
Streeruwitz, Marlene 120
Strehler, Bernhard Louis 127
Streit, Manfred E. 91, 108, 137
Strubel, Antje Rávic 120

Struve, Tilman 133
Stuckenschmidt, Hans Heinz 113
Stütz, Marc 10
Stützel, Thomas 128
Supervielle, Jules 127
Süssmuth, Rita 110
Süsterhenn, Adolf 112
Suzuki, Tomoji 127
Szentágothai, János 127

Tabucchi, Antonio 113
Tamm, Ernst 115
Tancke, Gunnar 136
Tank, Franz 127
Tao, Jingning 135
Tarot, Rolf 101, 135, 141
Tautz, Jürgen 102, 128
Tempel, Thomas G. 133
Tennstedt, Florian 91, 109, 132, 147
Thenior, Ralph 120
Thews, Gerhard 121, 127
Thiede, Jörn 91, 104, 129, 139
Thierolf, Heidi 10
Thiess, Frank 122, 127
Thissen, Heinz Josef 91, 108, 130, 134, 141
Thoenes, Wolfgang 127
Thomas, Werner 21, 127, 134, 136
Thommel, Wulf 122
Thorau, Peter 134
Thränhardt, Angela 119
Timmler, Elisabeth 136
Tonojan, Rüdiger 132
Töpfer, Klaus 110
Torri, Giulia 134
Trappen, Stefan 115
Treichel, Hans-Ulrich 120
Trémouille, Marie-Claude 134
Tressel, Yvonne 136
Treue, Wolfgang 112
Troll, Carl 127
Troll, Wilhelm 127
Tuxen, Poul 127

Uckelmann, Marion 132
Unbegaun, Boris Ottokar 127
Usinger, Fritz 127

Vallauri, Giancarlo 127
Vallois, Henri 127
Valske, Veit 131
Vasmer, Max 127
Vaupel, Peter W. 91, 105, 128
Vec, Miloš 115
Vecchio, Giorgio del 127
Végh, Zoltán 131
Veith, Michael 91, 109
Verhoeven-van Elsbergen, Ursula 115
Vering, Eva-Maria 135
Verschuer, Otmar Frhr. von 127
Verse, Frank 132
Vesper, Guntram 92, 104, 120
Vieweg, Richard 121, 127
Virnau, Peter 115
Vittmann, Günter 134
Vogel, Bernhard 110
Vogel, Hans Rüdiger 110
Vogel, Paul Stefan 92, 107, 128
Vogt, Joseph 121, 127
Voigt, Richard 112
Volkert, Heinz Peter 111
Volxem, Otto van 112
Vormweg, Heinrich 127

Wacke, Andreas 131
Waetzoldt, Stephan 92, 107, 132
Wagner, Karl Willy 121, 127
Wagner, Kurt 127
Wahlster, Wolfgang 92, 105, 129, 137
Waldstein, Wolfgang 131
Wallmoden, Thedel von 102, 138
Walser, Martin 113
Walzer, Richard 127
Weber, Adolf 127

159

Weber, Anne 120
Weber, Hans 102
Weber, Werner 127
Weberling, Focko 92, 107, 128, 140
Weberskirch, Ralf 115
Wedepohl, Karl Hans 92, 103, 129
Wegner, Gerhard 9, 11, 92, 105, 121, 129
Wegner, Otto 112
Wehner, Rüdiger 92, 107
Weickmann, Ludwig 127
Weiland, Thomas 92, 104, 129
Weiler, Ingomar 131
Weinrich, Harald 114
Weiß, Alexander 131
Wellershoff, Dieter 93, 103, 114
Wels, Ulrike 132
Welte, Dietrich H. 93, 108, 129
Welwei, Karl-Wilhelm 131
Welzig, Werner 93, 108, 135
Wenzel, Manfred 11, 135
Werner, Markus 114
Wessén, Elias 127
Westphal, Otto H. E. 93, 107
Wetzel, Johannes 134
Wezler, Karl 127
Wickersheimer, Ernest 127
Wickert, Erwin 21, 118, 127
Wieland, Theodor 127
Wieling, Hans 131
Wiener, Malcom 116

Wiese und Kaiserswaldau, Leopold von 127
Wiesemann, Claudia 102, 128
Wiesflecker, Hermann 133
Wigg-Wolf, David G. 11, 131
Wilder, Thornton 127
Wilhelm, Gernot 9, 11, 93, 105, 121, 130, 134, 137, 144
Wilhelm, Julius 127
Willroth, Karl-Heinz 102, 132, 143
Willson, A. Leslie 93, 107
Willvonseder, Reinhard 131
Wimmer, Markus 131
Winau, Rolf 136
Winiger, Josef 117
Winiger, Matthias 93, 104, 129
Winnacker, Karl 127
Winter, Stefan 102, 128
Wisser, Alfred 128
Wissmann, Hermann von 127
Wittern-Sterzel, Renate 93, 105, 128, 131, 136, 137
Wittinger, Michaela 119
Wittstock, Uwe 120
Witzel, Jörg 137
Wlosok, Antonie 102, 131
Woelk, Ulrich 120
Woermann, Emil 127
Woesler, Winfried 102, 135
Wohlrabe, Rainer 132
Wohmann, Gabriele 120
Wriggers, Peter 93, 105, 129
Wühr, Paul 120

Wurster, Carl 127
Würtenberger, Thomas 94, 109

Zagajewski, Adam 94, 109, 114
Zahn, Rudolf K. 94, 103, 128, 139
Zarnitz, Marie-Luise 110
Zauzich, Karl-Theodor 134
Zehr-Milić, Koviljka 132
Zeller, Bernhard 94, 103, 122, 130, 135, 138
Zeller, Eva 94, 104, 120
Zeller, Michael 120
Zeltner-Neukomm, Gerda 94, 107
Zeuner, Friedrich E. 127
Ziegler, Leopold 127
Zielinski, Herbert 134
Zimmer, Karl Günter 127
Zimmermann, Bernhard 131
Zimmermann, Harald 94, 103, 132, 133, 137, 142
Zimmermann, Ruth 10
Zintzen, Clemens 11, 94, 103, 121, 130, 131, 132, 134, 136, 137, 138, 145
Zippelius, Reinhold 94, 104, 137, 148
Zöllner, Jürgen 111
Zuckmayer, Carl 127
Zwiedineck-Südenhorst, Otto von 127
Zwierlein, Otto 94, 107, 131, 133, 135